香港·開港

歷史新編

The Beginning of an Entrepot

Hong Kong Historical Revisit

林準祥　著

Otto C.C. Lam

中華書局

香港・開港

—— 歷史新編

林準祥　著

責任編輯　黎耀強
裝幀設計　高　林
排　　版　賴艷萍
印　　務　劉漢舉

出版　　中華書局（香港）有限公司
　　　　香港北角英皇道 499 號北角工業大廈一樓 B
　　　　電話：（852）2137 2338　傳真：（852）2713 8202
　　　　電子郵件：info@chunghwabook.com.hk
　　　　網址：http://www.chunghwabook.com.hk

發行　　香港聯合書刊物流有限公司
　　　　香港新界荃灣德士古道 220-248 號
　　　　荃灣工業中心 16 樓
　　　　電話：（852）2150 2100　傳真：（852）2407 3062
　　　　電子郵件：info@suplogistics.com.hk

印刷　　中華商務彩色印刷有限公司
　　　　香港大埔汀麗路 36 號中華商務印刷大廈

版次　　2019 年 7 月初版
　　　　2024 年 7 月第三次印刷
　　　　© 2019 2024 中華書局（香港）有限公司

規格　　16 開（230mm×170mm）

ISBN　　978-988-8573-15-8

目錄
Contents

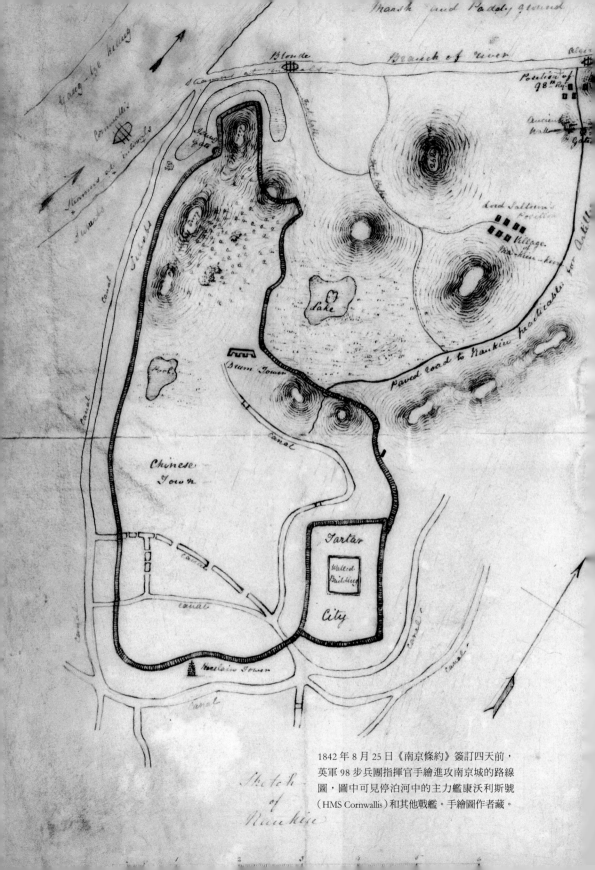

1842 年 8 月 25 日《南京條約》簽訂四天前，英軍 98 步兵團指揮官手繪進攻南京城的路線圖，圖中可見停泊河中的主力艦康沃利斯號（HMS Cornwallis）和其他戰艦。手繪圖作者藏。

前言
Preface

　　十八世紀初，當英國仍未壟斷東亞地區的貿易時，荷蘭、瑞典和葡萄牙正是中國主要的海上貿易夥伴，西方商旅來華的目的，是從中國採購利潤豐厚的絲綢和瓷器。踏入十八世紀後半期，英國船隻已取代西班牙，處於遠洋中國的領導地位，從英國到東亞的商船隨之大幅增加。正當西方與中國的海上貿易集中以廣州為中心的時候，香港島只一個荒涼和以漁業活動為主的小島，對西方船隊來說，香港島的南岸，是提供食水、補給和避風的優良海灣，完全沒有考慮作為貿易港或中轉港的想法。

　　由於中國出口到英國的絲綢並不是一級的品質，已不能與波斯和印度的出品作出競爭，故中國綢緞出口到英國開始衰落，只有生絲出口仍是活躍。幸好茗茶風氣在英國盛行，中國茶葉開始取代真絲大批進口英國，引致大量白銀流進中國，形成極嚴重的貿易順差。當兩國的貿易出現極大差異時，流失的一方定必找出平衡或逆轉的辦法，其中的辦法多不是對方樂見的。英國商人發現鴉片進口中國十分有利，鴉片貿易在十八世紀後期到十九世紀因而出現大幅增長。

　　鴉片販運在中國屬非法活動，故東印度公司盡量避免直接參與鴉片貿易，但在印度將生產鴉片國營化和作定期拍賣，並大力支持英印私商和散商販運鴉片到中國。中國由原來的貿易順差，很快便轉為逆差，情況愈來愈嚴重和失控。為了阻止金銀外流和鴉片廣泛流通的禍害，清政府加強禁止進口鴉片的政策。但是利之所在，出現愈禁愈旺的情況。而

香港的命運，亦因中國政府多次企圖禁止鴉片進口的情況下，出現於西方對華海上貿易的路線圖上。

　　香港命運的改變，若説是因為鴉片戰爭戰敗，被割讓給英國作為殖民地而開始，那是將因果關係弄錯。香港的重要性，全是因為鴉片貿易禁運，引致中、印、歐航線的中轉站出現改變。西方商船往來中國廣州和澳門的航道，一般取道担竿群島和萬山群島以北，進入大嶼山以南，再北上珠江。部分船隻會靠近沿岸航道，行走港島南部，通過南丫島海峽，穿過急水門，進入內伶仃北上珠江。因為清政府實施鴉片禁運，來自印度的大小鴉片船便不停更改貨物進口的路線和停泊的港口。亦因為如此，東印度公司也於 1810 年前，多次在珠江河道和珠江口的水道作詳細的測繪，環繞着香港島的水道亦開始備受注視。踏入 1825 年，香港島已出現在中、英、印的航運路線圖上，但販運鴉片為主的中外貿易貨船仍然以伶仃島和金星門為主要的中轉站。

　　1834 年東印度公司與華貿易專利完結後，導致私商大舉進入中國，鴉片販運的問題和中英間的摩擦日增。清政府禁煙的政策不斷改變，大小鴉片商人已察覺到需要比較安全的轉運停泊港口。香港北岸的水道擁有廣闊的海灣和三不管的獨特地理優勢，遂開始被鴉片貨運船長和進出口洋商採納作為中轉站之一，發生的時間應該不晚於 1838 年。不少原駐於廣州和澳門的巴斯商人，已利用香港作為鴉片輸入中國的中轉站，亦將出售鴉片所得的白銀和黃金，以香港作為中轉站運回印度孟買。

　　中英兩國因鴉片問題開戰，英政府以取得中國沿海一個島嶼作永久英屬貿易居所為重要方向，當年舟山、廈門、台灣和香港都屬考慮之列。最終由義律選擇了香港島，這個結果並不是偶然的決定，而是港島的海灣早已是大部分鴉片商人利用作中轉港的地點，其中極力推薦香港

島的人正是怡和大班。在中英交戰期間，原本停泊於廣州和澳門一帶的西方船隻，幾乎全部轉移到香港北岸的海灣，其中包括英政府的談判代表義律在內，也是在香港水域的船上處理事務。

香港新的命運因鴉片貿易而開始，亦因中國於鴉片戰爭戰敗後出現改變。港英時期歷史教科書的編寫，多是沿於 1960 年代英國教授為香港開埠作出的判斷：香港是一個天然的深水港，大型船隻可停泊港內避風，故發展成重要的貿易港口城市，立論完全避開談及不光彩的重要因素。實情是深水港並不是選擇香港島的主要因素，香港的開埠是由英國的鴉片販子所推動，開埠後的經貿金融活動，也是以販運鴉片為主，至於香港政府的營運資金和港島初期的建設，也是從中國政府鴉片戰敗賠款中資助。簡單地說，做成香港的開埠和初期的發展，完全離不開英國商人的鴉片貿易。

本書的內容主要是利用原始檔案，重新梳理香港開埠前後的歷史，時段追溯到香港島被西方發現開始，直到開埠十五年後，香港的經貿金融已蓋過廣州的 1856 年止。這段時期的香港歷史，前人學者的著作十分豐富，故本書的主題盡量避免前人已作詳細談論的內容，集中討論其中被忽略或是歷史觀點出現商榷的地方。亦因如此，書中有不少篇幅觸及香港地名的變化和地理位置的變更。至於香港開埠初期辦學的情況，更重新梳理雜亂的資料，有系統地展現出來。書內各章亦以新的角度探討開埠初期的司法、土地發展、商貿經濟和金融活動，得出的判斷或與前人的結論出現分歧。希望本書的出版能填補香港早期歷史的一些空隙，並增強讀者研讀香港歷史的興趣。

林準祥

2019 年 6 月 30 日

第一章

發現香港

　　從開埠到今天，香港一直處於中外交流的路線上，至於何時和如何被西方發現，是值得探討的題目。香港的開埠，始於《穿鼻草約》割讓給英國的 1841 年，故研究重點應集中於香港島被西方的發現，範圍並不包括其後租借的九龍、新界或主要離島。香港島出現於西方的航海圖上，應始於東印度公司的船隻往來印度至中國的航道，也是西方發現香港島和鄰近島嶼的最早記錄。

　　「香港」的名字最早出現於明萬曆二十三年（1595 年）《粵大記》的附圖內（參見圖 1.1），那時的香港，是指港島內的一個港口名叫「香港」，並不是整個港島的名字。在同一地圖上，港島和九龍半島的海面上，繪有船舶兩艘，在擔竿洲與港島間的海面有一艘船，表示這一段是船隻往來的航道。[1] 明代這方面的記載，與西方來華的航線非常吻合。明末西方來華航線主要是從歐洲到達中國的廣州和澳門，但是與香港島有關的地名未見有記錄。至於西方現存香港島的記載，最早是出現於清代的航海圖上，資料源自來華貿易航海家和傳教士所作的記錄。

　　記錄始於 1775 年，由亞歷山大・達爾林普（Alexander Dalrymple）為浸信會士尼古拉斯・曼利維萊特（Jean Baptist Nicholas D. De Mannevillette）著作的《東方海神》（*Neptune Oriental*）一書內附「中國海圖」中出現。附註說明淺水區的標記是依據 1755 年西班牙船隻從馬尼拉遠航到澳門的航行記錄。[2] 此圖內首見 "Fanchin Cheo"（泛春洲）於香港島的位置、"Lantao Island"（大嶼山）和 "Lamma"（南丫島）、"Ling

---

1　參閱萬曆二十三年（1595 年）由郭棐用了十八年才編著完成的《粵大記》。

2　參閱 Alexander Dalrymple / Jean Baptist Nicholas D. De Mannevillette, "A Chart of the China Sea Inscribed to Monsr. d'Apres de Mannevillette the Ingenious Author of the Neptune Oriental: As a Tribute Due to his Labours for the Benefit of Navigation"; and in acknowledgement of his many signal Favours to A. Dalrymple, 1775。此航海圖最早於 1771 年在英國倫敦印製，現存於大英圖書館（British Library）。

▲　圖 1.1

明萬曆二十三年（1595 年）由郭棐編的《粵大記》，其中三十二卷，第三十八至四十頁中的插圖，
詳列香港在明代的地區名字，其中香港、九龍、新界和離島區內的名字達八十多處，屬中國古地
圖中記載香港地區資料最詳盡的地圖。

▶　圖 1.2

從現存繪製於 1775 年由澳門至馬尼拉的法國航海圖中，已出現 "Fan-Chin-Cheu"（泛春洲） 的地
標。Alexander Dalrymple / Jean Baptist Nicholas D. De Mannevillette, A Chart of the China Sea Inscribed
to Monsr. d'Apres de Mannevillette the Ingenious Author of the Neptune Oriental: As a Tribute Due to his
Labours for the Benefit of Navigation; and in acknowledgement of his many signal Favours to A. Dalrymple,
1775。航海圖影像由香港大學馮錦榮教授提供。

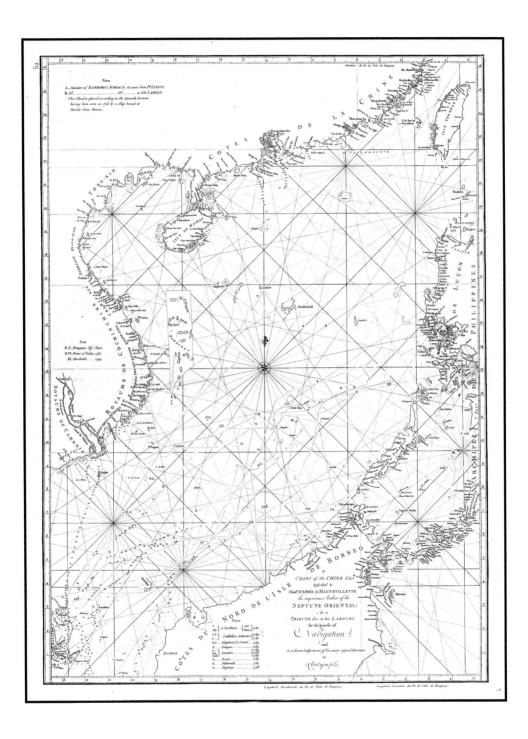

Ting"（伶仃島）、"Great Lema"（利馬群島，Lema Islands，即今天的担竿群島）的地標（參見圖 1.2）。[3] 從時間推算，應是英國海上霸權冒起的 1740 年代，打敗西班牙在太平洋和東南亞所屬地區海域後，回程經中國沿海時的航線記錄中出現。雖然西方航海圖上出現香港島的位置，但是完整的文字記錄，應始於英國東印度公司船隻往來印度至中國的航海日誌。其他從東南亞地區到達中國南部沿海航線的記載，也是西方開始發現香港島和鄰近島嶼的重要記錄。

關於香港島最早的文字記錄

從有限的資料看，文字記錄最早應是 1744 年，英國派遣準將喬治・安森（Commodore George Anson）帶領八艘戰艦攻打西班牙太平洋屬地後，回程經過中國南海時所作的記錄，其中有關安森航程的插圖中，有担竿群島（Islands of Lema）和萬山群島（Ladrone Islands）陸地橫面及多角度的畫像記錄。從西文地名看，担竿群島是 Lema Islands，即「利馬群島」，而名稱是取自西班牙利馬和秘魯屬地利馬的海岸地區名字，可見首先發現担竿群島，作定名的是西班牙的航海家，時間大約是十七年紀末至十八世紀初之間。至於萬山群島的西文名稱是 "Ladrone Islands"，即西班牙語 "Thieves islands"（賊島），此列島的西文用上「賊島」，是西方船隻航行到澳門時，取道澳門航道（Macao Roads）所必經的島嶼群。西方船隊到達中國水域前，先於萬山群島停留，再由中國的領航員上船帶領才可駛進澳門靠岸。但因為船隻多載有貨物和貴金屬作貿易，亦成為海盜掠奪的目標，故這一帶島嶼經常有海盜出現。不少西方商船曾被劫掠，遂給予島嶼惡名。萬山群島海盜騎劫事件，曾發生於 1809 年伊利侯爵（Marquis of Ely）擁有的商船，四名船上官員和十二名

---

3   同上註。.

船員被海盜擄走，索取贖金七千西班牙銀元，事件轟動東印度公司廣州夷館。

英國東印度公司早於十七世紀前半期為採購中國的絲綢和瓷器而遠航至中國。東印度公司的夷館於 1672 年在台灣和越南北部建立，並於四年後，獲准於廈門、廣州和舟山通商。至於「廣州一口通商」的改變，是始於 1762 年。在此之前，東印度公司僱用印尼萬丹（Bantam）「港腳商」的船隻（country ships）從事與華貿易，到了 1680 年，才決定使用從英國直航中國的船隻。1754 年，公司於廣州設立公班衙（Councils of supercargoes）的職位，以固定管理來華貿易的船務。有關香港島和鄰近島嶼的記錄，亦因船隻往來的增加，也開始出現於與華貿易的航道上。以 "He-ong-kong"（香江）標注的地圖，首見於英國船長艾泰（Captain Hayter）於 1780 年繪製的《廣東地區海岸圖》，圖中可見 "Fan-Chin-Cheo or He-ong-kong"（泛春洲或香江）標籤的島嶼，[4] 旁邊有 Lammon（南丫島）、Poo Toy（蒲台島）；也見 Co-long（九龍）和 Chin-falo（春花落，即青衣島）等地標。[5] 這是除了大嶼山、担竿群島和萬山群島外，香港島和附近的島嶼正式被納入西方航海圖的記錄。

雖然航海圖上有這些島嶼的名字，但並不代表這一帶地區被正式探索。香港島記載於航海家的日誌上，以 1760 年由船長費利克斯‧門多薩（Felix Mendoza）駛進港島南部「大潭灣」的記錄應是最早的，船長記錄海灣以北水深 12 海噚（fathoms，一海噚等於 6 英呎深，或 1.829

4　本書第二章詳盡探討 He-ong-kong 名字的來源。

5　英國船長艾泰（Captain Hayter）於 1780 年繪製的《廣東地區海岸圖》（*A Chart of the China Sea from the Island of Sanciam to Pedra Branca with the Course of the River Tigris from Canton to Macao*, c.1780, cited from Hal Empson, *Mapping Hong Kong — A historical Atlas*）, pp. 94-95，圖中首見「泛春洲或香港」（Fan-Chin-Cheo or He-ong-kong）標籤的島嶼。旁邊有「南丫島」（Lammon）、蒲台島（Poo Toy）；也見「九龍」（Co-long）和「春花落」（Chinfalo，即青衣島）等地標。

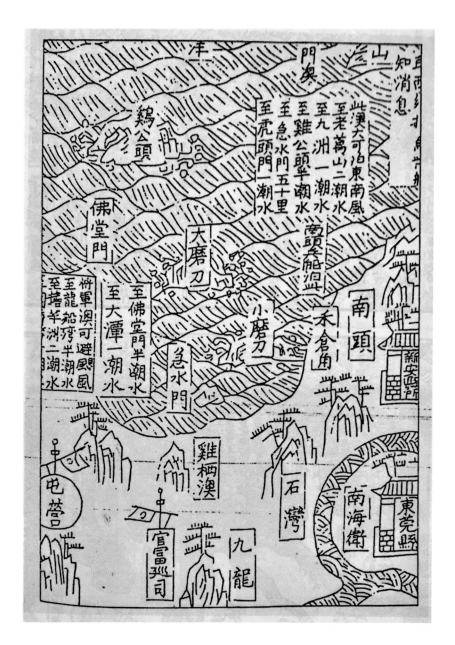

▲　圖 1.4

嘉靖三十二年（1553 年），應檟鐫《全廣海國》圖內，於「官富巡司」位置對出海灣的標注，寫上航海靠岸「至大潭一潮水」和「至佛堂門半潮水」的潮水資料。是現存最早記錄香港島內地名的中國地圖。

◀ 圖 1.3

1792 年，美國商船華盛頓夫人號（Lady Washington），由船長約‧肯德里克（John Kendrick）領航抵達港島南部的大潭。此照是華盛頓夫人號二十世紀的複製船，照片網上提供。

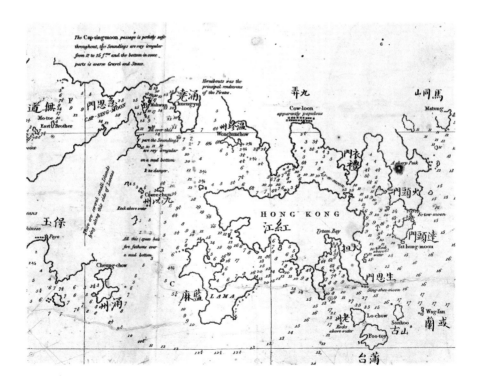

▲ 圖 1.5

受東印度公司委託由丹尼爾‧羅斯（Daniel Ross）船長於 1810 年繪製的《澳門航道圖》（Macao Roads），是首次出現 Hong Kong 英文名字記錄的地圖。

米深），內灣水深 8 至 10 海噚。到了 1792 年，美國商船華盛頓夫人號（*Lady Washington*），由船長約・肯德里克（John Kendrick）領航到達澳門，將船改裝為雙桅帆船，在船駛經「澳門航道」前，於港島大潭灣內取食水、採購一些生豬、家禽和魚類（參考圖 1.3）。這也是香港島內最早有西方接觸的文字記錄。至於相應的中文文檔記錄，是明嘉靖三十二年（1553 年），應檟鑴《全廣海國》圖內（參考圖 1.4），於「官富巡司」位置對出海灣的標注，寫上航海靠岸「至大潭一潮水」和「至佛堂門半潮水」的潮水資料，「大潭」海灣的名字，應是在明代的地圖中最早出現於香港島內的地名，其時仍未提及因莞香出口而得名「香港」的地方名字。[6] 由此可見，「大潭」港或海灣，不論是中西方記錄，應是香港島內最早被注視的地方，而不是「香港」村或港口。

至於詳盡的文字記錄，應是由詹姆斯・霍斯伯格（James Horsburgh）編寫的《印度名錄指南：東印度群島和中國等地的航道》。這套由東印度公司定期更新的航道指南，於 1809 至 1811 年初版，是英國唯一介紹中國貿易的航海著作。之前只有 1802 年由埃爾莫爾（H. M. Elmore）編寫的《英國水手於印度和中國貿易的航海目錄和指南》，但書中只着重廣州和澳門的貿易事項，並沒有提及主要航線。至於《印度名錄指南》的初版，亦沒有提及「香港」的名稱，只有沿線和其他島嶼的名字和介紹。相信到了第二版作更新的 1817 年，才見與香港島有關的介紹。其中到了 1827 年的第三版，更詳細記錄了由英國東印度公司委託丹尼爾・羅斯（Daniel Ross）船長於 1810 年繪製《澳門航道圖》（Macao Roads）

6　參閱應檟於明嘉靖三十一年（1552 年）編《蒼梧總督軍門志》（台北：學生書局，1970）及 1553 年鑴的《全廣海圖》，cited from Hal Empson, *Mapping Hong Kong — A historical Atlas*, pp. 82-83。《全廣海圖》內，除了有「大潭」的地名，也提及港島鄰近的「佛堂門」、「急水門」、「九龍」、「屯門澳」、「將軍澳」、「大磨刀」和「小磨刀」等地名，但因與香港開埠時的港島割讓沒有直接關係，故不作詳細研讀。

時的測量記錄，也是唯一利用羅斯的航海記錄，以文字形式記載中國沿岸島嶼的詳細資料，其中有關香港島和鄰近一帶的島嶼，資料之詳盡，應是現存香港島最早的航海記錄，部分地名和島嶼的名稱，更可引證香港開埠前的情況，其中不少島嶼的名字早已消失於歷史洪流中（參考圖 1.5）。[7]

　　正因為有了這些早於 1817 年至 1827 年的航海路線指南目錄，對於發現香港島，便有更深入的了解。指南內有關中國南部沿岸五條航道中，「中國沿岸東部接近廣州河的島嶼、航道、海灣或港口的方向」內的章節，清楚而詳細地介紹香港島的資料。現節錄如下：

　　香港島（HONG-KONG ISLAND），西北點北緯 22 度 17 分。位於南丫島（Lamma）北部以北處，距離約兩英哩；在西北方向短距離，有兩個綠色小島，其中正西面的高點是其中之一（按：即指青洲 Green Island）；於西面再遠 1－3/4 英哩外的正是個小島嶼，與另一個高出的綠色島嶼名為交椅洲（Cow-ee-chow），形成交椅航道（Cow-ee Passage，按：亦即今天的博寮海峽 Lamma Channel），航道水深 10 和 12 噚。

　　西南部是「大潭灣」（Tytam Bay），位於北緯 22 度 12－1/4 分，東經 114 度 12 分 40 秒，處於香港島的正南部；於此海灣和港島西北點間，有多處小海灣，對於小型船舶是安全的，但使用並不多，原因是附近有其他更好的庇護處。在南丫島東北偏北一英哩的地點，有一個很小，但高的島嶼，有鮮綠的景觀，其間的水深有 13 和 15 噚，在接近南丫島的東部處水深達 20 噚；在香港島的小灣

7　丹尼爾・羅斯（Daniel Ross）船長和菲利普・莫恩（Philip Maughan）於 1810 年繪製的《澳門航道圖》（*Macao Roads*），其中的中文譯名出現不少錯誤。

區，即綠島（按：應指現今的鴨脷洲）以北的灣區，水深通常是 7 或 8 噚，淡水可於海灘處取得（按：指出石排灣有淡水流出海灣，也是取水的位置）。

　　至於東北偏東處，即南丫島北部，靠近香港島深灣處的西面，有個很好水質的小瀑布，取水非常方便：在小瀑布的東南方不遠處，於深灣口對出，有個石島，名螺洲（Lo-chow），島旁是乾的石床，島的東南方，石澗的水深有 12 和 13 噚，而海灣有 7 和 8 噚的水深，適合船舶作清洗。在香港島的南端，船舶可以找到很好和清潔的小石卵，作船隻平衡穩定之用；不少漁民帶同這些小石卵於一兩天內安放於船舶內。

　　大潭港或灣（TYTAM HARBOUR or BAY），亦稱作香港港口（HONG-KONG HARBOUR），位於西南偏北點，東經 64 度，於伶仃（Lin-ting）以北 11 英哩處，亦即是螺洲西面近乾石處 1 − 3/4 英哩西北偏西的位置；在最高點旁的水深有 13 或 14 噚：由這處向西一直以北的方向，有一個小灣，內有一條村或市鎮，名叫「大潭」（Tytam）。港口在東面方向，沿岸向北 3/4 英哩伸展到一處小沙灘，沙灘外有石坵，形成一個灣形長 3/4 英哩的港灣，由北面的石坵和沙灘組成的西面港灣，那處可取淡水，位置距離大潭村不遠。在大潭港東部，即香港島的東南部，對外有兩個綠色的小丘或是石坵形成的山崗，位於螺洲以北 1 − 1/4 英哩處。港口有一哩闊，東岸從北向西約 2 英哩，港口盡頭有兩個海灣，西北方那個海灣是淺灘和岩石，有淡水溪流，但低潮時取水並不方便。大潭港是沒有危險的，有 6 或 7 噚水深。

　　至於大小船隻取道進入大潭港，亦有詳盡的指引：主要是取道橫瀾島（Waglan）、宋崗（Soon-koo）和螺洲（Lo-chow）以北的「雙四門航

道」（Sing-shee-moon）；或是取道這些島嶼以南的「担竿列島通道」（Lema Channel）。大潭港被形容為大小船舶最合適的港灣，當船於傍晚快將天黑時駛至橫瀾島，就算遇上晚上翻大風（Ty-foong），這港灣仍然是晚上最佳的舒適停泊港，港灣沙灘上有提供船隻平衡用的小石卵。

　　從 1827 年出版的《印度名錄指南》內對香港島和大潭灣的介紹，可察覺到西方發現香港島，或西方在港島最早的接觸點，是南部的大潭港灣和西南一帶的海灣地區，目的是方便船隻停泊取水，也是獲取石卵之處，並曾記錄有漁民提供糧食補給給西方船隻，而不是後來港島北岸的維多利亞港灣。這個發現，與前人研究香港城市發展的歷史判斷作出比較，得出不同的結論。前人研究只着重香港開埠後的建設形勢，便作出「在海上貿易的年代，地理位置和港灣的深度是開發貿易港的先決條件，甚至比自然資源的蘊藏量更重要」的判斷。[8] 海上貿易的歷史發展階段中，香港島內的大潭灣早於明嘉靖年間已受到航海家的重視，它的重要性，正是它的自然資源，而不只是港灣的深度，本書第四章「早期的『維多利亞』港灣」將詳細探討這方面的歷史背景。

8　參閱何佩然：《城傳立新 —— 香港城市規劃發展史 1841－2015》（香港：中華書局，2016），頁 4。

第
二
章

香港名稱的來源

　　香港由開埠前名不經傳的漁村海島，變成今天的國際金融中心。研讀它的歷史，少不了名稱的起源，正名的重要性，不可不知。

　　「香港」一名，早於英人取得香港島前已有談論和記載。一直以來，民間傳說、歷代文檔和西方記錄，出現了不同版本的說法。對這種混亂的情況，雖然有學者曾作出梳理、分析和解讀，但是其中的關鍵和史料間出現的分歧，也是導致今天仍未有確實答案的原因，並增添「香港」的吸引力和迷思。

　　歷年來，「香港」名稱的出處，有以下不同的說法：

　　第一、是源於清嘉慶年間，出沒於伶仃洋海盜林某的妻子「香姑」，她曾盤據於香港島多年，島的名稱因而得名。

　　第二、「香港島」亦稱「裙帶路」，是英軍登陸赤柱時，由當地一名叫陳裙的蜑家人帶領，經香港村，走遍薄扶林、到北部灣區等地，故「裙帶路」成為北岸的地名，也慢慢成為整個島的泛稱。

　　第三、清代地圖的記載中，多以「紅香爐」標注於香港島的位置上，故「紅香爐」曾是清代香港島的統稱。

　　第四、明代至清初，石排灣一帶為莞香出口的港口，故得名「香港」，及後被用作全島的名字。

　　第五、香港島上有瀑布甘泉，西方船隊取水，覺得水質味淡而甘，故稱此江水為「香江」，亦因江水流入海灣的港口，故稱為「香港」。

　　對於「香港」名稱的起源，第一和第二種說法，均屬民間傳說；第二至第五種說法，都有歷史文獻根據，可惜資料並不全面，導致歷史學者得出不同的結論。原因是中文和英文的檔案，特別在地圖記錄上，表現的方式各有所異，若不小心梳理，相互反覆求證，很容易墮入了各取所需、各自表述的錯誤判斷。

解答「香港」名稱由來的不同說法

為了解答「香港」名稱的由來，以上五種說法均值得重溫。若有商榷的地方，須作深入的梳理和探討，找出更合理的判斷。

第一種說法，指海盜香姑曾盤據於港島多年，「香港」因而得名的民間傳說，一直在坊間流傳。無他，海盜的故事，不論中西，都是吸引的題材和娛樂性高的故事。翻查記錄，明清年代都沒有出現過香姑這個人物，[1] 至於香姑的傳說，相信是明崇禎六年，海盜劉香掠劫新安沿海歷時三年之久，當年賊船多達二百餘艘，其後被福建撫將鄭芝龍平定。海盜故事一直流傳，更演變成香姑的傳說。[2]

第二種說法，指「裙帶路」是香港全島的泛稱。傳說由一名叫陳裙的蜑家女子帶領英兵走遍港島南北而得名，但是英兵登島最早是 1841 年 1 月，而「裙帶路」的地名，早於明末錦田人鄧元勳兄弟購買土地安葬祖墳，提及他們開拓的農地中，包括裙帶路的地區。及至清康熙年間，鄧氏田稅納糧的糧冊中寫上：「裙帶路地方某處、某處、田糧多少……。」可能因為糧冊沒有清楚交代田土在「裙帶路」的什麼地方，故後人何時秋於《香山詩話》卷十〈義馬行〉的小序中，曾作出「裙帶路」泛指香港全島名稱的說法。[3]

早於清道光二十一年（1841 年）五月，清官奕山等人曾上奏，指出：「夷船駛放外洋者二十餘隻，尚有十餘隻拋泊伶仃洋之也來香港背面

1　明清年代，對於海盜在沿海滋擾的記載都十分清楚，除了各沿海地區的縣志中的〈海防略〉有記錄外，朝廷的奏摺也經常提及，原因是海盜搶掠沿海地區，負責海防的官員一定上呈皇帝，提出增加兵員、軍費和軍糧，作平定之用。著名的海盜包括清順治年的李萬榮、乾隆年的鄭連昌、嘉慶年間的張保仔。他們都在香港地區留有足跡。

2　參閱王崇熙 1819 年纂《新安縣志》卷十二〈海防略〉。

3　參閱羅香林：《一八四二年以前之香港及其對外交通》（香港：中國學社，1963 年再版），頁 110－111。初版著於 1959 年，增註十二。

之裙帶路地方……」[4] 此外，又奏說：「英夷停泊裙帶路，修築石路、建蓋寮篷。」但是另一奏摺的內容提到「裙帶路」的位置時，文字間使人感覺「裙帶路」即是香港島：「奴才等思裙帶路雖有外洋，離虎門二百餘里……裙帶路並非出入虎門必由之路。……且裙帶路該逆亦未必終能久居。」[5]

從錦田鄧氏先祖所藏清道光二十三年《稅畝總呈》上呈新安縣知縣的田稅總冊，明確指出其先祖鄧春魁等人，在乾隆年間買入屬東莞縣管轄的田土，包括「香港」和「群大路」（廣州同音別字，即指「裙帶路」）等地方名字。由此可見，清乾隆年間的「裙帶路」是有別於「香港」，故不可能是「香港島」的泛稱。「裙帶路」並非源自蜑家人阿裙帶路而來，而是港島北岸灣區的形狀，似裙帶而得名。英人佔領港島後，「裙帶路」北岸的地區已被規劃為「三灣」（其後改稱「三環」），即上灣、中灣和下灣（下灣是今天的金鐘），接着是灣仔（即三灣之仔，代表最小的海灣）地區。但是「裙帶路」一名，在華人圈子裏一直使用，形成英佔初年香港地名同時出現「裙帶路」、「上環」、「中環」和「下環」的混亂情況。

「紅香爐」是否香港島的總稱？

第三種，以「紅香爐」作港島統稱的說法，曾有當代歷史學者以「紅香爐」專題作詳盡分析，結論指出中國的沿海地圖和文獻中，「『紅香爐』一名，至遲於乾隆年間已出現，而且已是整個島的總稱」。[6] 這個立論值得深思和商榷，原因是其判斷是依據現存海外博物館和圖書館所藏的多

4　《籌辦夷務始末》道光朝第二冊，卷二十九〈奕山等又奏英船退出虎門並查勘各砲臺情況片〉，頁 1060。

5　同上，卷二，〈奕山等又奏查明裙帶路情況片〉，頁 1075－1076。

6　參閱丁新豹：〈紅香爐與紅香爐天后廟〉，1999 年，香港歷史博物館專題文章。

幅海圖，都不約而同在港島的位置標注着「紅香爐」、「紅香爐山」或「紅香爐汛」的名稱。這個情況與陳倫炯於乾隆九年（1744 年）纂《海國聞見錄》的沿海圖中，香港島位置也是標示「紅香爐山」的情況相同。分析更指出一幅藏於巴黎法國國家圖書館的《粵東洋面地圖》手繪圖，可能是依據陳倫炯《海國聞見錄》作藍本。其中判斷最主要是引用閩浙總督顏伯燾於 1841 年的奏摺中說：「香港為商船內駛必由之路，其島曰紅香爐，上有營汛居民，並非偏僻小島可比。」[7] 可惜這種判斷方式值得商榷。

　　以筆者曾經收藏和接觸過十多幅不同年代清代手繪沿海地圖的分析，每一張地圖內所載的地形和標注的名稱，大部分是摹本，蕭規曹隨，依樣畫葫蘆，沒有作出重要的勘察和修訂，坊間現存清代的沿海地圖，多是抄襲模仿。相信是康乾年間負責海防的官員，繪製了大型沿海地圖後，便上呈皇室。地方官員以臨摹的方法，抄繪作記錄，每個年代一張傳一張的抄襲，並流存下來。所以用這類地圖標注着「紅香爐」作香港島總稱的說法，是靠不住的。

　　若是以接觸過不同年代多張沿海地圖均標示「紅香爐」於港島的位置，便認為代表整個香港島的名字，判斷港島曾經定名為「紅香爐」，是非常大的錯誤。這種錯誤的判斷，完全是出於學者對清代繪製地圖缺乏足夠的了解。早在 1959 年，香港大學教授已推翻「紅香爐」作為香港全島總名的說法，[8] 其中的論點，引用王崇熙 1819 年纂《新安縣志》卷二〈輿地略〉中的附圖，「紅香爐山」和「香港村」是同時存在，並分別列於不同的地點，故「紅香爐」不能代表整個香港島（參見圖 2.2）。

7　　同上註。參閱註 10；引自文慶等編《道光朝籌辦夷務始末》卷三十，頁 17。因為該論文是香港歷史博物館前館長的文章，對歷史的判斷，將直接影響香港歷史的正確觀點，是不能有誤的。

8　　參閱羅香林：《一八四二年以前之香港及其對外交通》（1963 年再版），頁 110−111。

　　同樣的史料，兩個著名香港歷史學家居然作出完全相反的看法。清代在地理和地圖上表現的特色，必須深入探討和了解，這亦是解答第四和第五種說法的部分分析。

　　清代的地方史，官方以各縣市的地方志為重。其中在地理上述說各縣市、州府和村鎮，都是編列於〈輿地略〉、〈山川略〉、〈海防略〉和〈建置略〉中，其中的〈輿地略〉及〈海防略〉均有詳細的篇幅和附圖介紹。亦因為如此的規範和分類，地方志內的附圖，標示的重點第一是府縣、州郡、村鎮的位置；第二是海防的汛站和軍營的地點；第三是標示沿海的島嶼和港灣。

　　若翻閱明末至清道光年代各類縣志中的沿海附圖，〈輿地略〉和〈山川略〉的繪製基本是一致的。地名以山嶺為先，次之為主要的河道，然後才是城鎮。至於沿海的地圖，也是受到這種繪圖特色的影響。名稱上幾乎沒有用上「島」的名字，各種大小的島嶼，只是以「某某山」、「某某洲」或是以島上的村莊名稱作標示。這種形式的標示，也不難理解，原因是中國自古以農立國，故以「名山大川」為重。《說文解字》和《康熙字典》等古代字典，對「山」、「洲」、「嶼」和「島」，有明確的解釋。「山」，宣也；宣氣散生萬物，有石而高也。「洲」，本作州，水中可居曰州；聚也；人及鳥物所聚息之處也。「嶼」，海中洲；島也。「島」，海中有山可依止曰島。若從古代文字應用上，根本不須要用上「島」字，原因是「有山可依」才叫島，若是已有山名，那麼就直接稱呼山的名字好了。故「大奚山」或是「大嶼山」，也不稱作島。一般很大的島嶼都有大山，故地圖上的大島，都稱作「某某山」。而次級的「洲」，是「水中可居」或是「人和鳥聚息之處」。[9] 故有人住的小島，便稱作洲了。至於

9　參考許慎、桂馥編：《說文解字義證》〔50 卷〕（上海：上海古籍出版社，1995）；張玉書編：《康熙字典》（香港：中華書局，1963）。

▲ 圖 2.1

　　由香港副督德忌笠少將（Major General
　　George Charles D'Agular）於 1845 年 6 月
　　繪畫的香港海港水彩畫景象。黃昏美景
　　非常配合「香港」的名稱。

▲ 圖 2.2

《新安縣志》圖內可見「紅香爐」標誌於香
港島的位置上，也是清代沿海圖的特色。
王崇熙等編《新安縣志》內插圖部分，嘉
慶廿四年（1819）。

沒有人住或荒無人煙的島嶼，更可以不標示名稱了。[10] 至於「嶼」，因為解釋作海中洲，通常用於離岸近大海的島嶼，才用上「某某嶼」。至於用上「嶼」的島，通常對岸或海灣的地方多是「某某港」，而另一邊多是大海洋，沒有其他重要的島嶼。

至於在〈海防略〉的附圖中，除了基本的島嶼位置和水道外，幾乎所有汛站、軍營、城府、司署和炮台的位置，都列於地圖上。反而村鎮的名字，不一定須要列入〈海防略〉的沿海圖中。有了這方面的理解，再檢示「紅香爐」的標示，不難看出「紅香爐山」、「紅香爐洲」或是「紅香爐」（沒有汛站形狀的標誌），都是〈輿地略〉中附圖，表示該處的山名或是有人居住的村鎮。[11] 至於「紅香爐汛」的標注，是〈海防略〉沿海地圖中，標示該地點有汛站的地方。地圖若出現「紅香爐洲」而沒有特別汛站標記，是指「燈籠洲」或「奇力島」的位置。從這方面的理解，再回看同一批文檔和地圖，便解答了為何一些地圖沒有「紅香爐」，一些只有「紅香爐汛」、「紅香爐」、「紅香爐山」或「紅香爐洲」。其中混亂的原因，也是出於不少現存手繪清代沿海地圖都是抄襲模仿，沒有清楚作出〈輿地略〉或屬於〈海防略〉的分類，故一些地圖便同時存在「香港」和「紅香爐」的地名。

結論是清代的沿海地圖，從來沒有將「紅香爐」作為香港島全島的名稱。至於顏伯燾於 1841 年的奏摺中指「香港曰紅香爐」，時間已經是鴉片戰爭後期，英人早已把香港島作一個統稱，但清代宮廷一般只知島

10　原因是明清兩代，命名有人居住的島嶼，主要採用島上村莊的名稱或是高山的名字，沒有以「島」題一個整體的名字。「洲」多用於細小島嶼的定名，「山」用於比較大的島嶼上的高山名字，但並不是整個島嶼的名稱。如明代萬曆年的香港島位置上，分別出現香港、鐵坑、春磡、赤柱、黃坭涌、大潭、稍箕灣的地名。而「大嶼山」以島上的大山命名，原意指「山」，並不是指島。這是不同於「香山」、「廣州」和「瓊」等特大地區的定名。

11　參閱陳炯倫的《海國聞見錄》，卷首的「沿海全圖」和魏源的《海國圖志》卷一「沿海全圖」中香港島位置標注的「紅香爐山」，正是屬於〈輿地略〉的地理分類，並不屬於〈海防略〉。

上有「紅香爐汛」，有營汛居民，但仍然沒有整個島嶼名稱的概念。故顏伯燾將「紅香爐」作為香港島全島名稱的說法，只是在溝通上對清廷的表達方式而已。

「紅香爐」的位置

「紅香爐」一直不是用作全島名字，那麼它的正確位置在香港島哪裏？要解答這個問題，現存的文獻和中文地圖存在一定的缺陷，最重要是在鴉片戰爭前，香港島仍是一個並不重要的地方，清政府沒有需要為它作詳細的考察和繪製詳盡的地圖。相對上，西方的航海圖繪製技術經多年的優化，到了明末清初以後，繪製中國和沿岸有關的地圖，早已超越中國的水平。亦因為如此，研究香港島的地名，便多了一些西文檔案和地圖資料，填補中文檔案的缺漏。

在填補中文資料上，最早可追溯到 1827 年前，英國航海家途經港島北面水域時，也曾記載東角附近有廟宇，經常香火鼎盛，遠看是赤紅色的。[12] 這個現象，與銅鑼灣天后廟創建的傳說不謀而合。據說來自淡水姓戴的客家人，先居於九龍蒲崗地區，後渡海至港島岸邊，發現一樽天后像，便於發現地建一簡陋神龕供奉，後來香火漸盛，並擴建成廟宇。[13] 但最突破性的發現，是英軍測量官卑路乍上尉於 1841 年測繪香港首張地形圖，圖中在東角對出的一個小島上，標記着「Hong Heong」，

12　參閱《1827 年西方航海指南》中記錄香港島北岸的情景，文中形容在進入鯉魚門海峽後「的西南位置，有一片紅色的地，其中有一座廟宇，或廟堂，和一個沙灘……」。James Horsburgh, *India Directory, Directions for sailing to and from the East Indies, China*, Vol. Second, London, 1827, p. 339.

13　參考 James Hayes, "Visit to the Tung Lin Kok Yuen, Tam Kung Temple, Happy Valley, and Tin Hau Temple, Causeway Bay, Saturday, 7th November 1970", *JHKBRAS* Vol.11 (1971), pp. 195-197。

▼ 圖 2.3

1842 年英軍繪畫的香港北岸建築地形圖,首次在燈籠洲的位置上標示 Kellet Island & Fort(奇力島和堡壘,圖上紅圈位置)。當年英軍一般不以「堡壘」來形容英軍的軍事設施,從當年多張英軍在香港和九龍的測量圖看,Fort(堡壘)通常是用於標示中國軍事汛站的位置。HK-PRO Map MM-0279, "Plan of North Shore of HK Island and immediate Hinderland from the vicinity of West Point to North Point, 1842"。

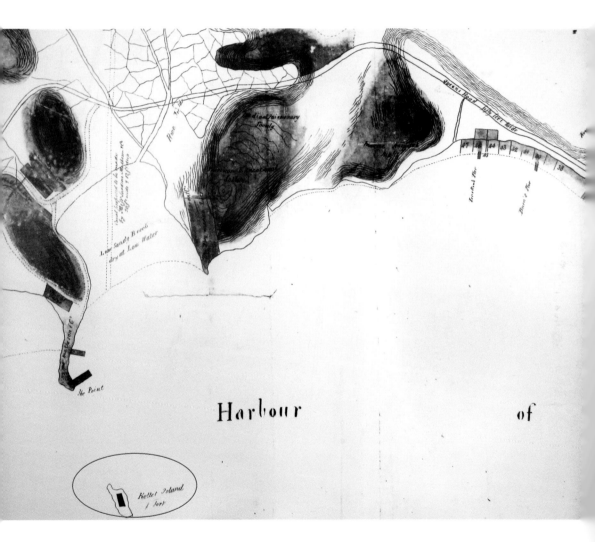

▼ 圖 2.4

卑路乍 1841 年的香港島測量地圖上，清
楚標示當年燈籠島的名字是 Hong Heong
即「紅香」。圖中紅圈位置正是「紅香爐」
地區整體的位置。

亦即是客家話語音拼寫「紅香」，[14] 其位置正是「燈籠洲」或其後命名的「奇力島」（即現今香港遊艇會所在位置）。再從這一條線索，追查 1842 年英海軍繪畫港島北岸的發展圖，發現卑路乍上尉 1841 年地圖內標示着「Hong Heong」（紅香）島嶼相同的位置，已定名為「Kellet Island & Fort」（奇力島和堡壘）（參見圖 2.3 及圖 2.4）。[15] 可見「奇力島」的命名應始於 1842 年，將原本的中文名「紅香」改為「奇力島」。其中最重要的發現是地圖上加上一座稱作「Fort」（堡壘）的建築物，而這個建設並不屬於對岸東角怡和洋行的物業。翻查英軍於 1841 年和 1842 年都沒有在這個島上建築城堡的記錄，可見 1842 年地圖上出現的「堡壘」應指中國的汛站。至於英軍於 1841 年 1 月進佔香港島前，英軍總司令伯麥（Commodore James Gordon Bremer）曾通知清大鵬營協鎮賴恩爵，盡快「將該島全處所有貴國官兵撤回」。[16] 可見原駐於「紅香」島或「燈籠島」上汛站的官兵，早於英軍佔領香港島前，已撤出該島。[17] 故該處的汛站，即 1842 年地圖上的「堡壘」，是一座丟空了的建築物。至於英軍對「奇力島」重要性的評估和軍事建設，是始於 1844 年才出現有關的設計圖和建成島上的防衛工程。[18] 由此推斷，英軍進佔香港前，「紅香爐汛」的清軍駐兵汛站正是在「燈籠洲」或「奇力島」上。到了 1851 年，華人只用上「燈籠洲」作「奇力島」的位置名稱，而圍繞着「燈籠洲」的海灣只

---

14   參閱 Nautical Chart "China- Hongkong surveyed by Capt. Sir Edward Belcher in H.M.S. Sulphur 1841"，HK-PRO, Map MM-289。

15   參閱 HK-PRO Map MM-0279, "Plan of North Shore of HK Island and immediate Hinderland from the vicinity of West Point to North Point, 1842"。

16   參閱丁新豹：〈紅香爐與紅香爐天后廟〉，文中註 11；另見佐佐木正哉編：《鴉片戰爭之研究（資料篇）》（東京：1964），頁 75。

17   清兵撤出「紅香爐汛」的時間，很可能早於英軍於鴉片戰爭戰勝之前。原因是英商船於 1835 年至 1840 年間，已曾停泊於港島北岸海灣，但均沒有報道或記載「燈籠島」上有官兵駐防。

18   參閱 "Plan of Kellets Island Hong Kong — Surveyed by Lt. Collinson R.E. 1844" HK-PRO, Map MM-0417；英軍於香港的 1844 年報中，已提及「奇力島」上建設了堡壘作防衛，其中也提及東岸軍營外加設九支大砲，和西岸的軍營加了六支大砲。參閱 Hong Kong Blue Book, Year 1844, "military expense", p. 33。

是大量大小船艇聚集的位置，與「紅香爐」是指內陸近岸的位置是有區別的。[19]

　　至於「紅香爐」的位置，從 1841 年至 1845 年村民聚居位置分佈圖細看，[20] 當年「紅香爐」村落的位置正是今天銅鑼灣東角一帶至天后古廟的地區，當中有一片海灣和淺灘分隔。當年西方船隻從鯉魚門海峽進入維多利亞港時，面向西南方，便見到明顯的小島「紅香」（即燈籠島），其背後的海灣和淺灘，左後邊便是「紅香爐天后廟」，右邊東角（即今天的銅鑼灣）背後一帶的耕地和村莊，便是當年的「紅香爐」。至於香港開埠到 1851 年，仍未見「銅鑼灣」這個中文名稱的地方，故當年已有村民聚居和耕地的東角背後一帶地區，正是「紅香爐」村所在的位置。1851 年，「紅香爐」已記錄有茶店、繒棚處（即岸邊捕魚的繒柵），沿岸邊的道路往筲箕灣，有石塘造工處、打石廠、招石工處、「三利店」、「和盛店」、「合盛店」、「義利店」和「義興店」等商店。[21] 至於「紅香爐山」的位置，應是指天后古廟坐落的小山丘。

　　現存最早提及香港地名的中文信札資料，應是郭士立牧師創辦的「福漢會」華人傳導者信札。1851 年 6 月份內，由一百多位華人傳道者走遍香港島內主要華人居住的地區傳道，記錄了香港當年主要地方名字和店舖名稱。其中「紅香爐」一直與「七姊妹」並論，可見「紅香爐」是在「七姊妹」附近。[22] 其中一封 1851 年農曆五月二十四日的信札，郭牧師的華人傳道者蕭道通、蕭道明兩兄弟與陳榮光和曾德生共四人一起前

19　參閱作者藏《漢會眾兄弟宣道行為》140 封中文手寫信札，香港，1851 年農曆五月初一至六月初一。農曆五月初七禮拜五到訪燈籠洲的記錄。

20　參閱丁新豹：〈紅香爐與紅香爐天后廟〉有關「紅香爐天后廟」的歷史背景，香港歷史博物館 1999 年歷史專題文章。

21　參閱作者藏《漢會眾兄弟宣道行為》140 封中文手寫信札，香港，1851 年農曆五月初一至六月初一。農曆五月二十三日星期日到訪紅香爐至筲箕灣的記錄。

22　同上。五月十三日禮拜四到訪紅香爐，七姊妹等地的信札。

▲　圖 2.5

圖中遠景是由舊有的香港鑄錢局轉為怡和公司的糖廠和怡和洋
行一帶的物業群，右方的小島正是燈籠洲，島上仍見英軍後期
的建築物。該位置正是清乾嘉年間，地圖上標記「紅香爐汛」
所在的正確位置，照片拍攝於「紅香爐天后廟」前。照片拍攝
於 1870 年代的銅鑼灣，作者藏舊照。

▲ 圖 2.6

「紅香爐天后廟」（即今天的天后廟）正面照片，拍攝於 1870 年代海岸邊。作者藏。

往「紅香爐」並「七姊妹」地方傳道，其後寫下信札作記錄。內文可見，「七姊妹」地區的宣道有明確住戶的門牌資料，但「紅香爐」地區則是普通的集體傳道，從香港早年地形圖可見，「七姊妹」村是由兩行排列的村屋組成，十分清晰，是有規劃建設的村落，而「紅香爐」一帶的村落十分疏散，故當年傳道人到訪「紅香爐」地區時，村民便要結集起來。[23]

「紅香爐」的位置正式被香港政府確認是 1857 年的時候，政府將港島作分區規劃的公告內容，明確指出維多利亞城區的位置是由西角的石礦場至「紅香爐」，即是東角的廟宇（指現今銅鑼灣的天后廟一帶）。[24]

「香港」源自香料的港口貿易？

至於第四種說法，源自明代至清初，因在石排灣海灣一帶莞香出口旺盛，故得名「香港」，其後更被採納成為香港全島的名字。這個說法，是得到歷史學者普遍的認同，主要原因是「香港」一名，與香料出口貿易有直接關聯。早在上世紀五六十年代，香港史學家在研究中國香料貿易上，已指出不同種類的密香樹，從越南北部交趾的地方，傳入廣東東莞等地繁殖，因土壤適宜，所生產輸出的香品，品種有沉香、雞骨香、青桂香、馬蹄香、雞舌香等。因產植於東莞，故通稱「莞香」，其中的「女兒香」更名極一時。[25]「莞香」的貿易，在明代至清初得到重視。[26] 明

23　同上。從信札的報道，很可能是清代歷年駐守於「紅香爐」上營汛的兵員，早已散居於這一帶，形成比較疏落的村莊。

24　參閱香港政府公報 1857 年第 69 號，1857 年 5 月 6 日公告：香港島分作九個分區：1. 維多利亞區，2. 筲箕灣，3. 柴灣，4. 石澳，5. 大潭篤，6. 赤柱，7. 香港村，8. 石排灣，9. 薄扶林。至於維多利亞城區內，則細分為七個約：1. 西營盤，2. 上環，3. 太平山，4. 中環，5. 下環，6. 黃泥涌，7. 掃竿浦。

25　參閱陳伯陶等纂《東莞縣志》，卷十四，「物產」中引嵇含著《南方草木狀》介紹交趾的香密樹不同的品種和特色。

26　香港在上世紀五六十年代研究中國香料貿易，包括林天蔚：《宋代香藥貿易史》（香港：中國學社，1960）；張月娥：〈香港村與九龍新界等地香品之種植與出口〉，收錄於羅香林：《一八四二年以前之香港及其對外交通》，第五章，頁 109–128；黎晉偉編：《香港百年史》。

代每年貿易總額曾高達數萬兩銀錠。產自新安縣各地的香品，連同瀝源堡（即沙田）出產的香料，[27] 先運到尖沙嘴的草排村，以便在尖沙頭的香埗頭（其意指上落香料的舊碼頭），由小艇載運至石排灣位置的港灣，然後改用大眼雞的內河艚船，轉運至廣州。到達廣州之香品，也有從北江水道北上，經梅嶺出江西九江，再沿長江東下，至浙江和江蘇一帶。[28] 故位於石排灣位置的港灣，在明代時期已得名「香港」，代表香料貿易的港口，而不是稱作「石排灣」。[29]

「香港」的地名早於「石排灣」

因為轉運香料貿易的旺盛，該灣區在清初之前，已是香料重要轉運港口，大小艚船都停泊此灣區。其中灣區已有村民定居，在東面的一大片農地亦聚居了來自淡水的客家人，形成了「香港村」。在清順治年間至康熙十五年（1644－1684 年），因新安縣沿海有李萬榮之亂，「香港村」亦建圍牆，以防禦寇亂。[30]「香港圍村」建築的特色，有別於新界各處的圍村，是依山而建的特別圍牆。英軍測量官歌連臣居於赤柱營地，於 1845 年曾造訪「香港圍村」和附近一帶的地方，應是現存最早的報道資料。[31]

27　參閱王崇熙纂《新安縣志》，卷二，〈輿地略〉：物產；內文指出：「香樹、邑內多植之，東路出於瀝源、沙螺灣等處為佳。」所謂瀝源，即今天的沙田頭至虎頭山北麓，即望夫山一帶範圍。另外近沙田白田村附近，清光緒年間，有「香粉寮」的地名，是製作長壽香的地方。沙螺灣是大嶼山以北的地區，也曾是香木出產的地方。

28　參閱屈大均著《廣東新語》，卷二十六，「香語 ‧ 莞香條」。

29　「香港」在地圖上顯現的名字，首見於明萬曆年間郭棐編撰的《粵大記》的附海圖內。其特點是「香港」獨立繪成一個島嶼上，與其他香港島的六處地名分開。可見「香港」是一個獨立而重要的貿易港口，有別於香港島上其他的村莊。至於「香港圍村」的詳細介紹，見本書第四章。

30　參閱王崇熙纂《新安縣志》，卷十三，「防省志 ‧ 寇盜條」的記載。

31　參閱 Nautical Chart "China- Hongkong surveyed by Capt. Sir Edward Belcher in H.M.S. Sulphur 1841". HK-PRO Map MM-289。

　　至於同一個海灣，載運香料的「香港」為何稱作「石排灣」？原因是康熙皇帝於元年二月，下令沿海居民遷入內陸五十里，奉命遷界，執行最嚴格的是粵省，凡三遷才能定界。因此新安縣東莞沿海地區，連帶瀝源與沙螺灣等地，居民皆被迫內遷，種香人家流離轉徙，導致香業中衰。[32] 到了雍正年間，又因為承旨在東莞採購異香不果，負責里役的縣令被杖殺，為免禍及自身，香戶人家便盡禿香樹。莞香貿易自此一蹶不振，作為轉口莞香的「香港」港灣，其業務已再不是香料了。

　　代之而起的是用作石磚運載的港灣，原因是香港島的土質，以火成岩的花崗石所構成，其中石塘嘴、水坑口和北角一帶的山崖，岩石特多，是用作建屋的好材料。據記載，石塘嘴一帶的打石工人，多來自惠州的客家人，早於乾隆三十六年，已有長樂石匠名朱居元，在石塘嘴定居，以打石為主業，石磚被搬運到「香港」落艇，再出口到廣州，作建屋用的青磚、石腳和牌樓。當石磚石牌未落艇前，是停放於「香港」的海灣，該處隨後便稱作「石牌灣」（直到 1843 年，仍見「石牌灣」的中文名稱）。[33] 因石牌石磚是分行排列，在港灣堤岸旁等待下載船上，久而久之，後來改作「石排灣」（參見圖 2.7）。[34]

　　由此可見，「香港」的名稱早於明代已出現，但到了清雍正年間已沒有莞香轉運，到乾隆年間，該港灣已是以載運石磚為主，也是香港最早的本土工業出口。在清雍正年，「香港」港灣的名稱早已被「石牌灣」取代，而該區一帶的村民仍保留舊名，並稱作「香港仔」，以示源自「香港」之名，位置在石排灣港口沿岸的村莊。至於在「香港」港灣東面（近今

32　參閱王崇熙纂《新安縣志》，卷十二，「海防略‧遷復條」的記載。

33　從 1843 年的中文記錄看，石排灣當年是稱作「石牌灣」，並不是「石排灣」，採用的文字和背後的意思有別，追溯歷史的發展，是不能混淆的。參 *The Chinese Repository*, year 1843 Canton, pp. 436-437。

34　參閱黎晉偉編《香港百年史》中據永言著〈水坑口與石塘嘴〉一文。

▲ 圖 2.7

石牌灣的名稱出現於 1841 年卑路乍的《香港地形圖》內，可見開埠時「香港仔」的
名稱並不存在於石牌灣的位置。Nautical Chart "China- Hongkong surveyed by Capt. Sir
Edward Belcher in H.M.S. Sulphur 1841", HK-PRO, Map MM-289。

天黃竹坑），以務農為主的「香港圍村」，英國人到了該處，更直接譯作
"Little Hongkong"（小香港）。至於英人初到港島時，是否因為接觸到蜑
家人，並以「香港」的舊名拼讀成"Hong Kong"，最終作為全島的名稱？
這個推斷，是沒有任何文書檔案作支持。只是因為蜑家話語，是唯一最
接近將「香港」拼寫作"Hong Kong"。正因如此，第五種說法的來源，
更值得深入探討。

Hong Kong 是不是源自「香港」？

「香港」一名的出處的第五種說法，來自西方船隊於港島南部取水
時，覺得水質味淡而甘，故稱此江水的島嶼為「香港」。亦因為這個說
法是源於西方記錄，故追查和分析，須利用英文檔案和有關的地圖作分

析。至於西方對中國的地方和島嶼的命名，多是以本地人的話語，拼寫成西方近音的文字，若地方沒有中文名字的依據，便給予英文命名。

　　從西方早期不同的記載，追尋「香港」名字的由來，所得到的結論幾乎是一致的，即是以西方船隻到達香港島南端一處山溪取水時，頓感水質清甜芬香，故名為 "Fragrant Stream"，意即清香的流水，記載的時間應早於 1819 年。[35] 翻查西文的記載，並沒有提及 "Hong Kong" 的名字與載運莞香的港口有直接關連，而東印度公司從廣州進出口貨品種類目錄，並沒有莞香或類似的貨品。[36] 故「香港」的名稱，於西方記錄，不會源於莞香或類似貨品轉運到歐美，只可能是運到東南亞或其他中國內陸地區。

　　西文記錄中，1810 年由英國東印度公司委託孟買海軍中尉羅斯（Daniel Ross）和莫恩（Philip Maughan）測繪的《澳門航道圖》（*Macao Roads*）沿岸圖，香港島首次寫上 "Hong Kong" 的英文名字，並於位於現今「香港村」的位置上，寫上「紅江」的譯名。[37] 這也是英文地名 "Hong Kong" 發現最早的地圖記載，可是中文標注是「紅江」，不少學者都指出是當年錯誤的譯音，原因是 1810 年的廣州東印度公司內，沒有一個西方人士的中文水平可以勝任，就連公認中文水平最好的傳教士馬禮遜（Rev. Robert Morrison），也只是剛到達廣州和澳門不久，中文仍未達到

35　參看 J. R. Morrison, *Chinese Commercial Guide*, Canton, 1848, p. 70-72。"On the southwest side, there is a cove and a cascade, where ships used to water, named Hiangkiang 香港 'Fragrant streams', which has given name to the whole island."；A.R. Johnston, "Note on the island of Hongkong", *The London Geographical Journal*, Vol. XIV, cited at *The Hongkong Almanack and Directory for 1846*, Hongkong: China Mail 1846。

36　參考 William Milburn, *Oriental Commerce, a geographical description of the principal places in The East Indies, China and Japan, 1813*, London, Black, Parry & Co., pp. 480-546，廣州出入口的商品目錄和每項貨品資料詳情。

37　參閱 Daniel Ross & Philip Maughan, "This Chart of the different passages leading to Macao Roads, is respectfully dedicated to the Honorable the Court of Directors for the Affairs of the United East India Company, 1810"。

高水準。[38] 參考馬禮遜於 1819 年編著的第一部中英字典《五車韻府》，也沒有收錄「香港」的名字，但字典內「紅」字的英文解釋，就出現了 "Hung keang" 紅江，並以英文解說 "the stream Hong-kong"。[39] 未曾到訪過香港島的馬禮遜，應該是依據 1810 年的《澳門航道圖》中的中文地名「紅江」來介紹 "Hong-kong"。由此可見，發展到 1819 年，香港島在英語世界上，雖然用上 "Hong Kong" 的名字，但背後的意思和名字的來源，仍是指向香港島上的溪流，並不是運載莞香的「香港」港口。

這個理解，一直到 1844 年，仍有香港殖民地官員在介紹香港名字源頭的通訊中錯誤地指出 "Hong Kong" 的中文名字是「紅江」（"Red Harbour"）。[40] 但另一名英國駐華商務總監於《香港島 1843 年調查報告》中，指出 "Heong-kong" village（即香港村）就是整個島嶼名字的根據。[41] 這個描述，又將 "Hong Kong" 的名字，與明萬曆年已出現「香港」村名字拉上關係。

考究文字，追溯香港用上「港」字的源由

「香港」的名字早於明代已出現，而華南沿海一帶也用上「港」字為地名的，有欽州的「龍門港」、「文港」；永平的「白沙港」、「白黎港」、

38　馬禮遜於 1807 年進入中國，雖然積極學習中文，但要到 1813 年才於廣州完成翻譯第一本新約聖經《耶穌基督新遺詔書》。

39　參閱 Robert Morrison, *Dictionary of the Chinese Language* 五車韻府, *in three parts*, Part II — Vol. I. 1819, Macao, The Honorable East India Company Press, words No. 4168「紅」字。

40　參閱 A. R. Johnston, "Note on the island of Hongkong (The account has reference to the beginning of 1843) Her Majesty's Deputy Superintendent of Trade", (source from *The London Geographical Journal*, Vol. XIV), cited from *The Hongkong Almanack and Directory for 1846*, Hongkong, China Mail。

41　參閱 R. Montgomery Martin, "Report on the Island of Hong Kong", Encl. 1 in No. 1 of the letter from J. F. Davis to Lord Stanley dated 20 August 1844 HongKong. "Papers relating to the Colony of Hong Kong, 1841-1886", p. 5. 當年 R. M. Martin 是香港開埠時英皇御派的殖民地財政司，兼中國外交官和香港行政局成員。

「流水港」；高州的「赤水港」；碣石的「大星港」、「船員港」、「黃河港」、「後門港」和「鐵海港」等等。以明代常用的字典《字韻》、《正字通》、《字彙》或更早期金代的《新修絫音引證群籍玉篇》，對「港」字的解釋，全是以「水的分流和水中行舟道」。若單以文字的解釋看，明代的「香港」，應是指「芳香的溪流水道」，這也和西文的記載相應。但再看字源的演變，小篆的「港」字，明顯表示是在河道旁有「邑」，故也可作河道運輸旁的邑地。可見明代用上「港」字，多是水溪河流至海邊的地名，屬內河出海岸運輸的地方。

再深入研究明代廣東沿岸的地名。海岸商埠或商船往來停泊的地方，多是用上「澳」字。古文「澳」的意思，是「隈厓又水之內曰澳」，即近海灣內深水之處，並沒有說明其所在之處是否存在河流。[42] 明顯的例子是現稱澳門的「濠鏡澳」、近蓮頭的「番船澳」和「番貨澳」。[43] 以「澳」字為名的，多是在海灣處，並可作泊船避風的地方。可見明代時用上「澳」字的港灣，不少是與對外出入口船運有關。

這個情況與「港」字比較，「港」字多用於河道入海岸邊地方，用作內河出海道的運輸，與「澳」字的運用有一定的分別。故若以明代「香港」村的名字與莞香拉上，很可能是指附近有溪流河道的「香港」村，曾用作行舟載運莞香到內陸地區，粗略也算作明代內河漕運的一個分支，並不是對外經海路出口運輸的「澳」。

至於何時「港口」與英文 Harbour 的意思正式拉上關係？英語 Harbour 的解釋是："a place of shelter for ships or a shelter; a place of

---

42　參考明代字典《字韻》、《正字通》、《字彙》或更早期金代的《新修絫音引證群籍玉篇》，其中有關「港」字和「澳」字的解說。

43　1595 年郭棐編著刊印的《粵大記》三十二卷中的沿海圖，「蓮頭」對出的島嶼，有見「番貨澳」和「番船澳」地名。

refuse or protection"。[44] 意思是一處可庇護船隻的地方，這個解釋和運輸的港口有點分別。中文「港口」用於英文 Harbour 的意思或接近的功能，相信陳倫炯於雍正八年（1730 年）撰的《海國聞見錄》，可提供一點線索。書中的《沿海全圖》，標示了廣東沿岸不少地名，其中在陽江茂名一帶的海岸，很多於河流出海的地點，都標上「某某港」或「某某港口」的地名。[45] 自此，「港」字已開始用於「港口」的意思，並不是「水的分流」，而是岸邊可停泊船隻避風和載運的地方。

從 "He-ong-kong" 到 "Hong Kong"，方言的考證

　　最重要的發現是港島早於 1780 年已出現的英文拼寫標注是 "He-ong Kong"，而不是「Hong Kong」。很明顯，這種拼寫並不接近粵音，也不是來自蜑家話（接近粵語的方言），那麼最大可能，便是於明末清初時期已在香港村一帶定居的客家人。[46] 但著名的客家籍歷史學者指出，客家語讀「香」作 Shong，為翹舌尖音。反而認為廣府話讀「香」作 Heong，淺喉音；而蜑家語讀「香」作 Hong，為深喉音。故以 Hong Kong 的英文拼讀名稱應來自蜑家話的「香港」。[47] 但近代香港客語的研究指出，廣東客家話於不同的地區，有其特別的語音，其中梅縣、興寧、五華、河

44　參考 Judy Pearsall & Bill Trumble (ed.) *Oxford English Reference Dictionary*, second revised edition, Oxford, 2003, p. 640。

45　參閱陳倫炯撰《海國聞見錄》，雍正八年版，其中《沿海全圖》廣東部分大量的「港」口地標名字。

46　據學者研究，一批客家石匠於 1685 年從嶺南移居新界，其中朱居元家人遷至石排灣處，並聚居於「香港村」，故石排灣一帶多為客家人居住。參考魏白蒂：《香港得名源流考》（香港：明報出版社，2014），頁 98－100、112。引自許劍冰，〈獅子嶺與清初香港九龍新界之遷海與復界〉，載羅香林等：《一八四二年以前之香港及其對外交通：香港前代史》（1959），頁 129－150，註 19、21、頁 147－149。

47　參閱羅香林：《一八四二年以前之香港及其對外交通》，1963 年再版，中國學社，頁 122，「增註十一」。

源、惠州和淡水，部分用語和發音都有出入。[48] 若以梅州市客家話音讀「香」是 Shong 的拼音，與歷史學者羅香林的分析是一致的，相信他是以其興寧和梅縣的語音拼讀，得出 Shong。[49] 為求正音，筆者走遍廣東各區客家人主要的縣鎮，發現最接近拼讀 "He-ong" 作為「香」的客家語音，是來自大鵬灣近岸區域的客家人。除了「香」是 He-ong 外，他們將「江」讀作 Kong，那麼香港最早的英文名 "He-ong Kong"，應是來自大鵬灣岸邊客家人的話語「香江」。[50] 曾有前人指出「香江」這個稱號，到了清末才出現於書本著作，並沒有實體地圖記錄用上這個名字，故當年英文譯名來自「香江」的可能不大。[51] 但從西文的理解，He-ong Kong 是指香甜的溪水，故拼寫源自客家語所指的「香江」，應是當年西方最早套用於香港島的名稱，而不是「香港」。[52]

香港島作為商港的開始

從西方地圖記錄看，英國船隊路經《澳門航道》時，首先見到港島，

48　參考張雙慶、莊初昇：《香港新界方言》（香港：商務印書館，2003）；莊初昇、黃婷婷：《19 世紀香港新界的客家方言》（廣州：廣東人民出版社，2014）。

49　依據祖籍梅州市、香港梅縣同鄉會司庫林世銖先生，提供客家語真人話音考證；並參考 MacIver, Donald, *A Chinese-English Dictionary: Hakka-dialect, as spoken in Kwang-tung province*, Shanghai: Presbyterian Mission Press, 1905, pp. 198-201.「香」字以「Hiong」標音，與「Heong」同音，頁 214 至 216，「Hong」的中文字是「糠」、「杭」、「巷」，頁 362 至 367 中，「Kong」的中文字是「江」、「講」、「鋼」；再參考莊初昇、黃婷婷：《19 世紀香港新界的客家方言》，其中有關廣東客家方言的變化。

50　筆者為考證英文拼寫 "He-ong Kong" 的最早語音來源，曾於 2019 年初，走遍廣東省各處客家人聚居的地方，包括梅州市、興寧、五華、河源、惠州、淡水和大亞灣等地。發現語音以大亞灣近岸地區的客語讀「香江」正是 "He-ong Kong"，而不是「香港」。語音的考證，特別向賴龍先生、林春友先生、陳群好女仕、林世銖先生和不記名的客籍人士致謝。

51　參閱羅香林：《一八四二年以前之香港及其對外交通》，1963 年再版，中國學社，頁 122，「增註十一」。羅香林以廣東話讀作 "Heong"，而客家話讀作 "Shong"，國語讀作 "Hsiang"，只有蜑家話讀作 "Hong"，故早年讀「香港」，是來自蜑家的讀音 "Hong Kong"。

52　「香江」的「香」字，清代《康熙字典》等字典，指出「香」字也用於水的形容，如「香水溪」。曾有近代學者指出「水」是不能用「香」字形容，相信其判斷是沒有基於古代用字的考慮。

得到的名稱是 "Fanchin Chow"（泛春洲）。[53] 其後於港島南端取水時，依據當時接觸的客家話語傳譯「香甜的溪水」，英文拼寫才變作 "Fan-Chin-Cheo or He-ong-kong"（泛春洲或香江；兩個地名都是來自同一地區的客家語音的拼寫）。[54] 其後於 1809 年前後，再演變成以蜑家話讀「香港」作 Hong Kong 的英文寫法。相信從 1779 年至 1809 年的三十年間，到達港島南部海灣取水的西方船隻，曾於不同海灣位置取水，到後期接觸的蜑家船伕，是依據「香港」村莊的地名說出島名，而不是依據「香江」的舊傳譯作出拼讀。對於西方用語，"Hong Kong" 不論是音律或發音的暢順，都比 "He-ong Kong" 更容易記憶，也是樂於採用的名稱。這種改變，西方記錄於開埠前，仍沒有將 "Hong Kong" 不等於「香江」（Fragrant Stream）作出明確交待。最主要原因，是西方已開始採用了羅斯船長於 1810 年繪製《澳門航道圖》標記香港島的英文地名 Hong Kong，雖然當時西方一直以「香甜的溪水」作為定名的歷史背景，但發展到開埠前的 1838 年，已有西方文檔指出 Hong Kong 的英文名字是源於「香港村」的拼寫。

　　鴉片戰爭前後，中英雙方對香港島的定義和爭論，也是沿自中英各自對「香港」名字所概括的地方理解不同。[55] 1841 年 1 月 26 日，英海軍上將伯麥依據《穿鼻草約》，帶兵在香港島水坑口登陸和升起英國國旗，香港正式被英國佔領。1842 年 8 月 24 日《南京條約》確定，並於 1843 年 6 月 23 日，耆英由廣州到達香港，交換《南京條約》，確認英文和中文版本無誤，並於同月 26 日與砵典乍發佈聯合公告。[56] 自此，「香港」和

53　參閱 Alexander Dalrymple, "A Chart of part of The Coast of China, … 1764", cited from Hal Empson, *Mapping Hong Kong — A Historical Atlas*, 1992, page 92。

54　這兩個最早英文地名的拼寫讀音，作者於 2019 年 3 月 12 日在大亞灣海岸，得當地的客家籍原居民賴龍先生真人拼讀確定。

55　詳閱丁新豹：〈鴉片戰爭時期琦善和義律有關「香港」定義的爭論〉。

56　同上，頁 124－125，F.O.682/82-84, 87-92。

▲　圖 2.8

由英國船長 Captain Hayter 於 1780 年繪製的《廣東地區海岸圖》，首見「泛春洲或香江」（Fan-Chin-Cheo or He-ong-kong）標籤的島嶼。旁邊有「南丫島」（Lammon）、蒲台島（Poo Toy）；也見九龍（Co-long）和春花落（Chin-falo，即青衣島）等地標。A Chart of the China Sea from the Island of Sanciam to Pedra Branca with the course of the River Tigris from Canton to Macao, from a Portuguese Draught and compared with the Chinese Chart of the Macao Pilots, 1780。

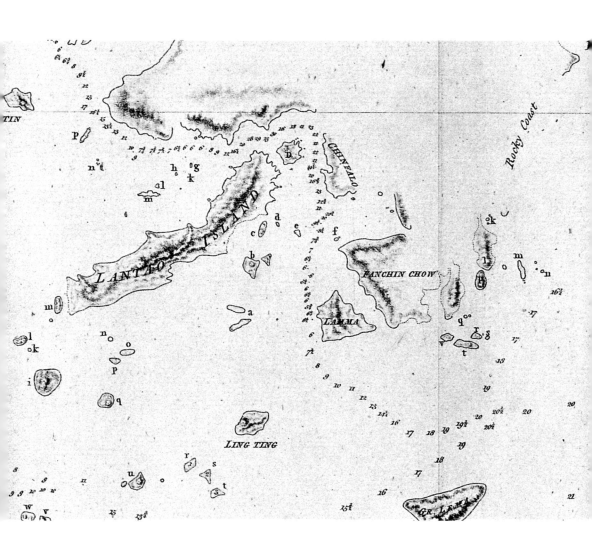

▲ 圖 2.9

1780 年西方地圖上已見 Fanchin Chow 標注於香港島上，另外在青衣島上標注 Chinfalo（春花落）。Captain Hayter, *A Chart of the China Sea from the Island of Sanciam to Pedra Branca with the course of the River Tigris from Canton to Macao, from a Portuguese Draught and compared with the Chinese Chart of the Macao Pilots, 1780*，取自 Hal Empson, *Mapping Hong Kong, A Historical Atlas*，《香港地圖繪製史》，1992，版圖 1－12，頁 94－95。

Hong Kong 的中英文名字，正式代表整個香港島，並不是指「香港村」。但初期英國駐港官員，對「香港村」的英文名稱，仍以客家話的 "Heong-kong" village 稱之，而不是用上蜑家話的 "Hong Kong" village。

歷史疑團，仍有待解答

研究的結論，是英國東印度公司來華前，「香港」的名字沒有出現於任何西方的記錄中，只有「大嶼山」和一些航行到廣州和澳門航道上的島嶼。直到英國東印度公司在廣州有固定的夷館作辦事地點，往來船隻增多，舊有的拉丁文或葡萄牙文地圖不足應用，對航道資料更新也有需求。現存繪製於 1775 年由澳門至馬尼拉的法國航海圖中，出現 "FanChin Chow"（泛春洲）的地標。圖中更指出所依據的資料，是由一艘西班牙船於 1752 年至 1763 年間在該區收集的記錄。[57] 直到約 1780 年，英國 Captain Hayter 繪製的《廣東地區海岸圖》，正是增補舊有地圖之不足，亦首次加上 "Fan-Chin-Cheo or He-ong-kong"（泛春洲或香江）（參見圖 2.8）。

至於 "He-ong Kong" 是「香江」的客家語音，是源於大亞灣近岸的客家話，並不是前人所指的蜑家語音的「香港」。原因是港島沿岸石排灣一帶是客家人聚居的地方，其中包括「香港村」。故相信西方對港島的稱號來自「香江」，應始於大約 1756 年至 1780 年間。但當時西方對整個港島的稱號，與中國人對「香港」所指是一條村莊的看法，並不一

57　此航海圖最早於 1771 年在英國倫敦印製，現存於大英圖書館 British Library。此圖是由法國 D'Apres de Mannevillette 依據英國原圖於 1775 年編印，屬 Le Neptune Oriental 地圖系列中的一圖：Alexander Dalrymple / Jean Baptist Nicholas D. De Mannevillette, "A Chart of the China Sea Inscribed to Monsr. d'Apres de Mannevillette the Ingenious Author of the Neptune Oriental: As a Tribute Due to his Labours for the Benefit of Navigation"; and in acknowledgement of his many signal Favours to A. Dalrymple, 1775。航海圖影像由香港大學馮錦榮教授提供。

樣。情況如同西方航海家以 Lantao Island 等於「大嶼山」整個島嶼的稱號，與中國人對「大嶼山」是指島上一個高山，是不一樣的理解。[58]

　　可是，仍待解答的問題也有不少。如香港島在西方拼讀「香江」或其後「香港」名字之前，曾記錄有「泛春洲」的名稱。查遍中文檔案和古地圖，未曾見有此名字出現。但是與「春」字有關的地名，在同一時間，中文文檔早於明萬曆年出現了「春花落」（指現今的青衣島），[59] 而英文拼讀正是 Chinfalo，中英文名字互相呼應，在西方部分海圖和航道記錄上，於昂船洲的位置亦曾標注 "Wan Chun Chow"（譯作「萬春洲」）。從地名用字看，「泛春洲」、「春花落」和「萬春洲」都是同一意境。但是「泛春洲」用作一個島的名稱，通常用上「洲」作島名，都是島上人跡不多。回看歷史，最大可能是康熙初年至十年（1670 年），下令沿岸遷界，香港島、鄰近離島全部屬遷界的範圍，香港島、昂船洲和青衣島都人去樓空。明萬曆年代著名的莞香出口港「香港」，貿易幾乎停頓。島上留下來的，相信只有大鵬營管轄下的汛站和兵營，也解釋了為何香港島於清代地圖上，只標示「紅香爐汛」。也可能香港島、青衣島經遷界後，已是荒涼的島嶼，故於 1660 年至 1690 年間，曾被文人給予充滿感性的地名「泛春洲」，也是接着「春花落」的花落後意境，期待春天再來的願望，「泛春洲」代表充滿活力的島嶼。香港島於康熙十年已復

58　西方地圖上，標誌「大嶼山」的外文是 "Lantoe" 或更早叫 "Magpyes Island"，在地圖上，也特別指出島上山頭之處（The Peak）。後期的地圖更説明 "Lantao" 這個名字是歐洲人的稱號 "Lantao by Europeans"，而中國人是叫「大奧」"Tyho according to the Chinese"，而地圖上也標了「大奧」村的位置。參考 Captain Hayter, "A Chart of the China Sea from the Island of Sanciam to Pedra Branca with the course of the River Tigris from Canton to Macao", from a Portuguese Draught and compared with the Chinese Chart of the Macao Pilots, 1780；參考 Daniel Ross & Philip Maughan, "This Chart of the different passages leading to Macao Roads", is respectfully dedicated to the Honorable the Court of Directors for the Affairs of the United East India Company, 1810。

59　參閱明郭棐撰《粵大記》中〈廣東沿海圖〉中「春花落」正是葵涌對出的島嶼。

▲ 圖 2.10

位於華富邨的瀑布灣 Waterfall Bay，一直被西方文獻認定是「香港」名字 Fragrant Streams 的由來。
該處瀑布，被形容為全年流之不盡的水源。圖片由香港水警拍攝提供。

界，故香港島於遷界時取名「泛春洲」的可能性是存在的，時間可能只
有十至二十年間，只是仍未找到中文檔案的記錄。[60] 而「泛春洲」這一個
特別的名稱，可能在民間一直流傳到 1775 年，被西方船隊收錄作為香港
島的名稱（參見圖 2.9）。

結論是，香港島名字的源由，應從西方船隊到達香港島時開始，而
不是由明代因莞香轉運港得名「香港」的港灣地名。原因是明代的「香

60　錦田人鄧天祿於康熙十年（1670 年）墾復原遷的土地記錄，包括新界部分地名，到了康熙
　　三十三年（1693 年），墾復原遷的土地記錄，已包括大潭、香港（指香港村）在內，故「泛春洲」
　　的名字，應不可能早於墾復原遷前的 1670 年。參閱羅香林：《一八四二年以前之香港及其對外
　　交通》，1963 年再版，中國學社，頁 110－111。初版著於 1959 年，頁 120，增註七。

港」，是一個港灣村鎮的地方名字，不是整個島的名稱。至於西方訪客到達港島南部取水的水源所在地，仍有一點須待考證。一般的看法，是以位於港島南端華富邨的流水瀑布（參見圖 2.10），視作當年航海家所指取水之處，亦於香港開埠後的地形圖上標上 Waterfall Bay（瀑布灣）。這個位置，亦因有一幅由 William Havell 繪於約 1816 年的實景彩圖比較，歷史學家便接納取水之處正是瀑布灣所在的地點。[61] 但情況是早於 1760 年，西方船隊已有記錄在港島南部的「大潭灣」內取水。可見取水的位置應不只一處。但最奇怪的是，英海軍首次於 1841 年對整個香港島進行測繪時，居然沒有將這條有名的瀑布或相關港灣地名作任何標記。反而在石排灣旁，近香港村地點的海邊，寫上 "Waterfall" 的字樣。[62] 其後英皇家工程隊的哥連臣（Lieut. Collinson）受英海軍部委託，於 1845 年作更詳盡的香港島地圖測繪工作，增加了瀑布灣 "Waterfall Bay" 和河道的資料，亦在石排灣近香港仔處，加上了兩條河流出海的地標。[63] 可見「香港」這個名字，有可能是西方船隊到了「香港村」旁的水道取水時所得的名字，也可能取水的地點不止一處，「香港村」旁的溪水可能是 1810 年以前取水處，而華富邨的瀑布可能是十九世紀初及其後取水之處，西方船隊查詢的船家或當地的領航員，可能是石排灣附近的蜑家人，並以「香港」所在的位置拼讀而成。這個推測，也解釋了為何西方船隊最初是以客家話拼寫「香江」作 He-ong Kong，及後發展到以蜑家話拼寫「香港」作 Hong Kong 的改變。

61　參閱 "The Waterfall at Hong Kong" c.1816, attributed to William Havell，《歷史繪畫》香港藝術館藏品選粹，1991 年版，頁 16。

62　參閱卑路乍（Captain Edward Belcher）利用硫磺號（*HMS Sulphur*）軍艦測繪的 "China Hongkong map 1841"，HKPRO Map MM-0289。

63　參考 Lieut. Collinson, R.E, "The Ordinance Map of Hong Kong, 1845"，HKPRO HKRSS207-12, 53-57。

第三章

1841 年環島行

　　香港島開埠前，只是華南沿岸的一個漁港小島。島內重要的港口，並不是今天的維多利亞港，而是大潭灣、赤柱和石排灣一帶的海灣。若說香港從一個漁港，變成商貿港口，再發展到今天的國際金融中心，所指應是港島內不同地區的發展發生了變化，也即是港島內的港灣發生了重要性的轉移。因為屬史地學的課題，這一個觀點是不能混淆的。其中的變化，包括島內的村落，也因開埠後的急速發展，不少原有地名已消失於歷史洪流中。追尋開埠前港島內地名的資料，英軍測量師卑路乍1841 年和哥連臣 1845 年的香港地形圖，提供了一些重要的線索。

明代記載的地名

　　香港島內最早有地名記錄，是出現於明萬曆《粵大記》卷三十二的插圖內，其中香港島的地名有七處，包括「香港」、「鉄坑」、「舂磑」、「赤柱」、「大潭」、「黃泥埇」和「稍箕灣」（參見圖 1.1）。當中「香港」是標記於一個獨立的島上，與其他六個地名標注於同一島嶼內，有明顯的分別，原因是明萬曆年的地圖，已將「香港」列作莞香轉運港的重要地標，故作出獨立的標注，有別於港島上其他的村莊和海灣。「黃泥埇」的中文寫法，明代是用上「埇」字，而不是「涌」字，意指甬道上出現的黃泥。香港開埠後的 1843 年已見寫作為「黃坭埇」，其後再演變為「黃泥涌」。至於「稍箕灣」，於 1843 年已見寫作「筲箕灣」。至於今天的「舂坎」，在清代時期，已將明代的「磑」字改為「礵」，1843 年寫作「砍」，其後變為「坎」字，沿用至今天。很明顯，除了「鉄坑」的正確位置須要進一步考究外，其他地名仍然保留至今天。[1]

　　發展到清道光年，已知港島內地方的名字，不只七個村莊。可惜現

1　　參考明萬曆郭棐編撰的《粵大記》的沿海附圖，香港位置的地名。

存的中文文檔記錄，是不容易梳理出開埠前港島內各處的地名，只能依靠西方船隊到達港島的記錄，作細微的分析，再與有限有中文註釋的文檔作互相引證。其中港島首兩張測量地形圖，更是重要的線索。[2] 筆者在重複細讀這些地圖和文檔後，發現了不少新的資料和見解，其中包括一些地名在開埠前的地理位置與今天不同；相同的地名，中文寫法已不一樣；其中也有早已散失，沒有其他資料根據的地名；而最重要的，是重新審視 1841 年港島內的地方名稱，追尋港島開埠前後出現了什麼樣的變化。

跟隨卑路乍環島一周

研考資料以英軍測量官卑路乍（Captain Edward Belcher）於 1841 年在艦隻硫磺號（*H.M.S. Sulphur*）測繪《中國香港島》首張地形圖為依據（參見圖 3.1），再以 1845 年歌連臣的《香港地形圖》作比較，並以有標記中文地名的早期文檔記錄作參考，重新編列港島內各主要地點的舊名稱，其中也包括九龍半島小部分位置和附近離島的舊名。

考究香港島首張地形圖，先要了解卑路乍標注英文地名的依據。以地圖內的地名看，若本身已有中文名稱的地名，他首先以當地人的語音（包括廣府話、客家話和蜑家話）拼寫成英文。其次是依據舊有西方地圖已有的拉丁文或英文名字標示，若地點本身沒有中文地名提供，他便以英文命名。英海軍在中國的水域航行，除了主力艦有外籍翻譯員隨船外，一般在沿途中，會找本地的華人船民帶路，作領航員駛進沿岸港口

2　參考的地圖，以卑路乍 1841 年首張《香港測量地形圖》為基礎，再以歌連臣 1845 年更詳盡的《香港地形圖》作比較；此外，參考《中國叢報》1843 年內香港華人常到的中文地名，再參考 1841 年香港島內各村莊的中文名稱；參閱 *The Chinese Repository*, Vol. XII, Canton, 1843, p. 435-437；Vol. X, 1841, p. 289。

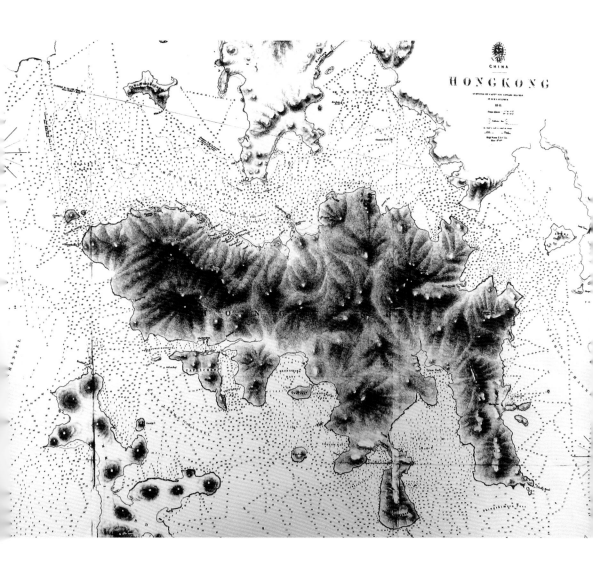

▲ 圖 3.1

香港首張由英海軍測量師卑路乍上校（Capt. Edward Belcher）於 1841 年
測量繪製的海域地形圖。該地圖於 1845 年曾經增訂複印，不少香港學者
以增訂版地圖作為 1841 年版使用，使研究資料上出現時差誤判的情況。
Nautical Chart "China- Hongkong surveyed by Capt. Sir Edward Belcher in H.M.S.
Sulphur 1841". HK-PRO Map MM-289。

或是進入內陸河道航行。故香港開埠前的地名，原有中文地名的英語拼寫來源，是看找到的是客家或是蜑家的艇伕。[3]

最早與香港有關的命名是"Hong Kong Road"（香港航道），亦即是今天的維多利亞港大部分主要航道。至於接近現今上環至銅鑼灣一帶的海灣，給予的名稱是"Victoria Bay"（維多利亞灣）。

1841 年第一條有名字的街道是"Queen's Road"（皇后大道），整條路寬 50 英呎，是香港島主要街道，亦是香港未正式為街道命名前，唯一由英軍官定名的街道。沿着皇后大道旁一帶的建築物，幾乎全是英軍部的建築物，如軍營、軍部商店、軍部醫院、海軍倉庫、船頭官辦公樓和上下市場。

顯著的「紅香爐」

皇后大道東行至東角處盡頭，有三處地名，其中"Point Albert"（阿爾拔角，即今天灣仔道與摩利臣山道交界點），是以當年英女皇剛結婚不久的夫婿阿爾拔皇子命名，也是當年英軍認為政治正確的做法。[4] 另一處是"Matheson's Point"（物地臣角），英軍於 1841 年 1 月 21 日在港島插上英國國旗不久，怡和洋行已率先於東角處建立它的據點，故卑路乍船長繪製地圖時，便以「物地臣角」定名於東角的位置，到了 1845 年的

3　參閱 *The Chinese Repository*, Vol. IX, Canton: printed for the Proprietors, 1840, p. 105。在舟山群島的旅程中，提及英軍艦隊的船隻，雖然已有郭士立和馬儒翰作中文傳譯員，艦長亦於途中帶上當地的漁民作導航員。但是他們是來自客家或是蜑家，便沒有標準。當年甚少有廣州本地人以捕漁或船運為業。

4　英維多利亞女皇與阿爾拔皇子於 1840 年 2 月 10 日結婚，但當時的英國首相和國會是反對給予阿爾拔皇子任何政治位置。反對原因包括他的家族部分成員是羅馬天主教徒，他雖然與女皇關係良好，但在 1857 年前，仍沒有得到任何明確的政治位置，故香港島地方命名初期，曾出現他的名字，但很快便被取代，消失於香港島內早期的命名。

地圖，已見改名為 "East Point"（東角），即今天「東角中心」所在地點。
至於第三處的地名，是 "Hongheong"（紅香），是源於清官方所指的「紅
香爐」。查究這個名字的由來，以西方記錄看，西方船隊早於 1817 年前
或更早，駛經現今維多利亞港時，已見這個位置的陸地上有中國廟宇，
外觀呈現紅色，故引用當時「紅香」的名字，實指東角對出的小島，亦
即是舊警官俱樂部之處。從地圖可見連接該小島和「物地臣角」有礁石
灘，水退時可步行至島上。[5]

　　再往東走，有一個大海灣，當時並沒有定名，1841 年港島內的村莊
記錄，有漁村叫「群大路」，住有五十人，應是指這一灣區的村莊，另
外岸上的一大片灘頭平地，有散落的村屋，應是「紅香爐」村，也記錄
住了五十人。[6] 不久於 1845 年的地圖，已見改名為 "Causeway Bay"（意
即是堤道海灣；於 1845 年以後才見「銅鑼灣」的中文名字），可見「銅
鑼灣」在香港開埠前仍未見有此名稱。走到今天天后廟的位置，1841 年
地圖標名為 "Wongnychong"（即「黃坭埇」），圖上繪有建築物，但位
置與今天的黃泥涌不同，其範圍應由「物地臣角」至「黃坭埇」內灣的
一大片泥灘。可見香港開埠前的「黃坭埇」，卑路乍得到的資料是指今
天的「天后」。至於 1841 年的村莊記錄，「黃坭埇村」是一個大農村，
住了三百人，旁邊的「掃竿浦」是一條小村，只有十人。但 1845 年歌連
臣的地圖，再沒有標記「黃坭埇」的地名，他將卑路乍標記「黃坭埇」
的名字刪除，但將位置移到跑馬地一帶，並標注 "The Happy Valley"（即
「快活谷」），可見英軍已將整個黃泥涌和掃竿浦合拼，改為殖民地名稱
「快活谷」的跑馬地。[7]

5　　從 1838 年、1841 年和 1845 年不同的水彩畫可見當時真實的地理情況，可見這處是當年有名
　　的觀景點。

6　　參閱 *The Chinese Repository*, Vol. X, Canton 1841, p. 289。

7　　同上註。

從北角到鰂魚涌

再沿岸邊東走，到現今北角中心位置，原是小山丘，英軍定名"East Hill"（東山），也是在航道繞過「紅香爐」小島後，最明顯的地點。一直往東走，即沿今天的英皇道（當年的海岸邊），轉過今天的北角，1841 年仍未見 North Point 北角的地名，但港島北岸曾記錄有「大石下」的礦石區村莊名稱，住了二十人，位置應指「七姊妹村」。到了 1843年，中文記錄已見「北角頭」的地名，相信是譯自英文 North Point，1845 年歌連臣的地圖上，已確認 "North Point" 的名稱，故中文「北角」地名，應出現於 1842 年至 1843 年間。

轉到今天鰂魚涌地鐵站位置，1841 年標注地名 "Quarry"（意思是「礦石」），對出的海灣命名為 "Quarry Bay"（即今天的鰂魚涌，但中文名稱「鰂魚涌」到 1845 年仍未見出現），所佔面積是今天的鰂魚涌公園一直至太古城一帶。再往東走，1841 年記載的「筲箕灣」村，是港島東岸最多人口的村莊，有一千二百人，這個人口密集的海灣，卑路乍和歌連臣都沒有作標記，主要是筲箕灣當年是流動人口的集散地，記錄的人口應全部來自中國界的工人，他們多是從鯉魚門上船，航行 1.4 英哩後，便到達筲箕灣落腳，再到鰂魚涌地區的石礦場工作。部分中國工人會從鯉魚門直接坐船到「石塘嘴」的石礦場，可見筲箕灣是華人從九龍鯉魚門到香港島的主要港灣。[8] 但當打石項目完畢後，這海灣可以空無一人居住。從 1845 年的地圖看，對出的海灣已見標注 "Aldrich's Bay"（即用上英人名稱的「愛秩序灣」）。沿岸走到最接近對岸鯉魚門的大石岸邊，1841 年記錄這裏住了二百人，也是一個從事打石工作的貧窮村落，名叫「公岩」（即今天的「阿公岩」）。但是 1841 年和 1845 年的地圖都

8　參閱 *The Chinese Repository*, Vol. XII, Canton 1843, p. 437。

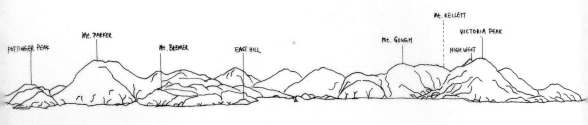

▲ 圖 3.2

香港最早定名的山頭，幾乎全是用上鴉片戰爭時英國軍官的名字。

沒有標記這些與打石有關的村落和地名。其中原因，仍待其他學者研究。

　　再沿東岸走，走到另一個海灣，同樣兩幅地圖都沒有標記地名，但 1841 年出現了「石凹」村的名字，是一條住了一百五十人石山邊的貧窮村莊，位置應是今天的杏花邨，當年是一個小石灣的村落，相信也是以打石為生的居民集中地。[9] 從 1841 年有中文標注的村莊和人口資料看，港島本土出口的工業，正是石礦。依據香港政府的登記記錄，始於 1845 年 9 月 1 日，整個港島內的石礦場，包括在鯉魚門海峽地區和西角（石塘嘴）的石礦場，都是由一名中國人以 702 英鎊 1 先令 8 便士年租承包。[10] 也就是說，這名來自惠州客家人的後代，已承包全香港唯一本地生產和出口的工業。[11]

9　　同上。Vol. X, Canton 1841, p. 289。

10　參閱 *Hong Kong Blue Book Year 1845*, "manufactures, mines and fisheries", pp. 194-195。

11　依黎晉偉編著《香港百年史》所載，香港打石最早記錄是始於清乾隆三十六年，來自長樂的客籍石匠朱居元於石塘嘴一帶打石，並建立村莊，打成的石磚和石牌，便是搬至石牌灣落艇出口。打石的工匠，多來自惠州的客家人。參閱羅香林：《一八四二年以前之香港及其對外交通》，1963 年再版，香港中國學社，頁 118，增註一。

港島山頭的命名

在 "Quarry" 對上有一座山，以鴉片戰爭時英軍司令伯麥上將（Admiral James Gordon Bremar）命名為 "Mount Bremar"（即今天的寶馬山，Braemar Hill）。這個山頭的定名是英軍佔領港島後，島內主要山嶺命名的開始，這是臨海最前的小山頭，有居高臨下，北望神州大地（九龍半島內陸）的感覺，也是英海軍在香港最早命名的山嶺之一。最有趣的是巴麥上將是鴉片戰爭時期中國遠征軍的最高統帥，但只能以一個不顯眼的小山頭命名。環看當年島上其他山嶺的命名，第一高峰以「事頭婆」（廣府話英女皇的俗稱）定名為 "Victoria Peak"（即維多利亞山；1843年見中文舊名「梗山頭」，其後才稱作「扯旗山」或「升旗山」，高1825 呎）；第二高峰是 "High West"（西高山或「西高嶺」，高1774 呎）；第三峰是 "Mount Parker"（柏架山或「百家嶺」，高1711 呎）；第四峰是 "Mount Gough"（歌賦山，高1575 呎）；第五峰 "Mount Kellett"（奇力山，高1131 呎）；第六峰是東面一個小山頭 "Pottinger Peak"（砵甸乍山，高1016 呎）；第七峰才是 "Mount Bremar"（寶馬山或「布廉馬山」，高度沒有標記）（參見圖 3.2）。[12]

若以山峰的高度與英軍官階高低命名是不相稱的。若深入閱讀英軍於鴉片戰爭後的著作，並詳閱英軍官於鴉片戰爭前後的行軍記錄，不難了解到在整場對華戰事中，英陸軍少將歌賦地位最高，其次是同級的海軍少將柏架。故他們兩人的影響力，是遍及當時香港和中國區的駐軍，卑路乍以港島最明顯的兩座大山峰命名，作為「事頭婆」（英女皇）的「左青龍，右白虎」，其中又以歌賦最靠近「事頭婆」的山頭作「護法」。

12　1841 年卑路乍的《中國香港》地圖，有各主要山頭高度的測量，河流、溪澗的流向，香港開埠整體的地理情況非常清晰；參閱 *The Chinese Repository*, Vol. XIV, 1845 Canton, p. 293。

至於「奇力山」的命名，是因為整個測量工作，是由奇力船長（Captain Henry Kellett）操作，他雖然是卑路乍的下屬，但投入整個海上的測量工作多是由他主導，故港島上首見的英人地名中，出現了 "Mount Kellett"（奇力山）、"Kellett Bank"（奇力海床，位置於青洲以北的航道中間）和於 1842 年時將「紅香」標記的島嶼改名為「奇力島」（Kellett Island 或中文的燈籠洲）；其後更於港島南部瀑布灣旁、火藥洲以北的一個小海灣，定名為 "Kellett Bay"（奇力灣，即雞籠灣）。其名字在香港史地留名的次數，比他的上司還要多。

走進南部沿岸

往東航經一條很窄的海峽，叫 "Lyemoon Pass"（鯉魚門通道），在九龍方面有一個小山頭，名叫 "Devil Peak"（即今天鯉魚門的炮台山），西方航海家早於卑路乍船長測繪香港島地圖前已出現以 "Devil"（魔鬼）定名，相信是該處地勢非常險惡，航海家以這山頭為地標，稱作「魔鬼山」，以警告航海家小心經過這海峽。通過鯉魚門海峽後，沿岸南下港島東部的第一個海灣，1841 年記錄名為 "Konggam"（崗耕，即今天柴灣近新翠花園地鐵站），此名字早已不存在香港任何記錄內，中文譯名是筆者拼寫，可能與當年實際名字有出入。以 1841 年的地勢圖看，該小村落位於柏架山崗下的海邊，繪上有耕作的農田，故嘗以「崗耕」譯名。這條村莊，於 1841 年記錄是「柴灣」村，有三十人居住，1845 年地圖標注是 "Sywan"（也是柴灣村的早期英文名稱），對出的海灣名 "Sywan Bay"（西灣），接着轉角的小海灣，便標上 "Little Sywan"（小西灣）。[13]

13　參閱 *The Chinese Repository*, Vol. X, Canton 1841, p. 289。

再沿着港島東岸沿線，會看見以首任港督定名的 "Pottinger Peak"（砵甸乍山），這一處有勾鼻形的海灣，見標注名字 "Sokh"（筆者譯作「掃桿」），現今已不存在這地方的名字，位置是今天歌連臣角道盡頭，大浪灣的位置，以 1841 年的記錄，「大浪」村是一條小漁村，住了五人。

沿岸一直南下，便到達石澳，當年標注的英文是 "Sheagaw"，位置和地名與今天相同，對出的石澳灣是標上西文 "Chayvont"（應指當年的「石澳」灣），名稱可能是沿自拉丁語系，早於十八世紀時拼譯的名稱。1843 年中文地名記錄有「散石灣」，應指對出的海灣。

一直沿南岸到達香港島東南端「鶴咀」的位置，卑路乍採用當年本地中文名稱 "Tylong Head"（打浪角，後改稱「打浪頭」）。其後到了 1845 年才有以副督德己笠少將（George Charles D'Aguilar）命名 "Cape D'Aguilar" 的英文名字。但是 1845 年的地圖，已見鶴嘴灣位置，標記有村落（位置是今天的鶴咀村），故中文村名應早於 Cape d'Aguilar（德忌笠角）的出現。當年的「鶴嘴」應該指整個現今鶴咀灣對上的陸地地區，而最突出的一角，1843 年的記錄是叫「打浪角」而不是「鶴嘴」，也不是「大浪灣」，更加不是 Cape d'Aguilar（德忌笠角）。

大潭和赤柱的位置

進入 "Shingshimoon Pass"（雙四門航道或稱「雙樹門」）後，南方是 "Lochow"（螺洲）和其旁邊的小石礁 "Castle Rock"（現今名叫螺洲白排），接着便是港島有名的 "Tytam Bay"（大潭灣），大潭灣以北正是自 1760 年代已記錄有西方船隻在此取水和停泊的 "Tytam Harbour"（大潭港），也是港島仍未開埠前，代表整個香港島的港口稱號，故曾被稱作 "Hongkong Harbour"（香港港口）。最有趣的，是標注 "Tytam"（大潭村）的位置不是現今的大潭篤村，而是位於現今赤柱正灘一帶的村

莊，1841 年記錄這裏住了二十人。至於 "Cheagtchu"（赤柱村）的位置，
正是現今赤柱街市一帶地區，這個標注位置於 1841 年和 1845 年的地圖
是一致的，可見開埠當年大潭和赤柱的地理位置，與今天是有出入的，
故值得史地學者作進一步的研究。

　　至於現今的「黃麻角」（Bluff Head 或稱「峭角」），當年的名稱
是 "Tytam Head"，1843 年中文記錄有「大潭頭」，1845 年地圖已見
"Wongmakok" 黃麻角的名字。其中 1841 年記錄有「土地灣」小石村的
名字，住了六十人，但卑路乍和歌連臣的地圖均沒記載此名。至於「赤
柱村」對出的海灣，一直保留着 "Cheagtchu Bay"（赤柱灣）的舊名。只
是英文名字因為第二任港督戴維施（John Davis）為討好上司，於 1844
年將華人聚居的「赤柱」英文拼寫名字，改為英國殖民地大臣 Edward
Geoffrey Smith Stanley 的 "Stanley"，從此，「赤柱」的英文是 "Stanley"，
赤柱灣變成 "Stanley Bay" 了。

深水灣是 Deep Water Bay，
淺水灣如何變成 Repulse Bay？

　　繞過赤柱灣繼續往西方向，到達今天稱作「舂坎灣」的海灣，但
當年的英名譯名是 "Sogcow Bay"（1843 年中文記錄是「塞姑灣」，但
1845 年地圖改名為 "West Bay"，即今天的舂坎灣），1841 年的中文記
錄有「索鼓灣」村，住了三十人（位置並不是今天南丫島的同名海灣），
而海灣對出的小島，是拼作 "Maskong"（當年中文叫「孖屎崗」，即現
今的銀洲）。再沿岸北上，就是今天的淺水灣，但是 1841 年的地圖標注
是 "Chonghom Bay"（舂坎灣），故當年的舂坎灣即是今天的淺水灣。從
1841 年中文地名的註釋記錄，已有記載「淺水灣」的名稱，英文於 1841
年 5 月是拼寫成 Tseen-suy-wan，由此看，淺水灣是先有中文地名，才有

英文名稱，但是到了歌連臣繪製 1845 年的地圖時，淺水灣的位置再不是
「舂坎灣」或是譯自中文原名的 Tseen-suy-wan，而是取了一個新的名稱，
叫 "Repulse Bay"。他將這個南部海灣改為英軍常用字 "Repulse"，是
包含「反攻」的意思，若港島北岸的防衛失守，陸軍可從黃泥涌峽，繞
過山嶺，到達南部最近的深水灣，再轉到淺水灣，並以此海灣作退守的
據點，與駐防於赤柱的海軍部隊會合，作「反攻」的佈局。[14] 至於「舂坎」
村，也是位於淺水灣一帶的村莊，但是 1841 年記錄是沒人居住荒廢了的
地方。[15]

　　至於今天的淺水灣和深水灣中間的「熨波洲」，開埠的名字是
"Gauichow"（即 1843 年記載的「校椅洲」），而深水灣於 1841 年的名字
是 "Heongkong Bay"（即「香港灣」），正是 1845 年地圖標注的 "Heong
Kong"（即「香港村」）對出南面的海灣。但是 1845 年的地圖已將此海
灣改名為 "Deep Water Bay"，是跟隨中文「深水灣」意譯所得的名稱，
原因是早於 1841 年 5 月的記錄，原有中文名稱「深水灣」的英文拼寫
是 Sum-suy-wan，該海灣岸邊是沒人居住的村落。「深水灣」是首個以
中文原名意譯成英文地名的海灣，大約於 1844 年，歌連臣需要將南部
重要海灣的名稱，冠上英國人熟悉的名字，而「深水灣」意譯的做法，

14　網上有一種說法，指「淺水灣」的英文名字 "Repulse Bay"，是來自英軍戰艦 H.M.S. Repulse。
　　但翻查英海軍記錄，1845 年前後，都沒有此戰艦的名字。翻查 1841 年至 1845 年參與來華
　　戰事的英國軍艦，都沒有 HMS Repulse 名字的船艦。一直到 1916 年至 1945 年兩次世界大
　　戰期間，才見此名稱的戰艦於二戰時參與太平洋戰役，被日本空軍戰機的魚雷擊中沉沒。英軍
　　工程部隊於 1844 年已完成黃泥涌至柴灣和黃泥涌至赤柱的道路修建工程，共用了軍部工程費
　　用 3,348 英鎊，也是當年民用道路建設費用最高的，完成整條皇后大道的餘下工程只花費了
　　1,300 英鎊，建造維城區內的街道才用了 2,847 英鎊。可見黃泥涌峽至赤柱的通道，不只是為
　　民用建設，在軍事上，是貫通南北岸的主要道路，軍事上非常重要，原因是英軍有赤柱軍營的
　　建設，連同維城的軍事設施，共用了英國政府 22,093 英鎊，淺水灣一早已是英軍計劃作反攻的
　　海灣，故得此名 "Repulse Bay"。參閱 *Hong Kong Blue Book Year 1844*, pp. 36-37, 40-41；
　　Account of Expenditure incurred by Great Britain for the Military Protection, and in Aid of the Civil
　　Establishments; Public Works, civil roads。

15　參閱 *The Chinese Repository,* Vol. X, Canton 1841, p. 289。

相信是由撫華道的中文翻譯郭士立牧師幫忙。其中原因，與「赤柱」變成 "Stanley"、「石牌灣」變成 "Aberdeen" 是同一作用。至於「香港村」對出西南方一大片山谷地，1845 年地圖命名為 "Staunton's Valley"（即「史單東谷」），也是以英人冠名的情況。史單東公爵是英東印度公司時期駐廣州的前大班，貴族出身，兒時曾跟隨父親到北京會見乾隆皇帝，鴉片戰爭時期，他是英上議院的議員，他曾於 1810 年翻譯了《大清律例》，在英國和東印度公司的聲名甚高。

Thint Shoy Bay 是「淺水灣」、「天水灣」或是「鐵水灣」？

再繞過現今的南朗山海洋公園，轉入今天的「大樹灣」，當年大樹灣的英文拼寫是 "Thintshoy Bay"，譯音與「大樹灣」扯不上，英語拼寫則與中文名「淺水灣」相近。但是該小海灣的位置並不是現在的淺水灣，到了 1925 年的中文地圖中，見這個小海灣標注的名稱是「天水灣」。可見卑路乍最早的記錄可能是位置出錯，但歌連臣 1845 年的地圖並沒有標記這海灣的地名是「淺水灣」，反而於現今的淺水灣處標注 "Repulse Bay"。故另一可能性是 "Thintshoy Bay" 不是「淺水灣」，也不是「天水灣」。筆者翻查歷史記錄，相近的地理位置名字相信是明萬曆《粵大記》中的「鐵坑」，若這個推斷正確，也破解香港地理史中一個大謎團。但到現在，仍沒有證據作出正確的判斷，指出明代的「鐵坑」在港島上哪個位置。「鐵坑」村的位置，極可能是今天海洋公園南部深水灣道大樹灣入口的地點，英文拼寫 "Thintshoy Bay" 可能是「鐵水灣」的拼寫，也可能是源於「鐵坑」村後的水道，後來變成「鐵水」而得名。[16] 旁邊是

16　從清代的中文地圖看，「鐵坑」早於香港開埠前已不再是重要的村落，故大部分記載都沒有此名，若沒有卑路乍在 1841 年的標示，再從《粵大記》的位置推斷，「鐵坑」的存在可能永遠是一個謎。

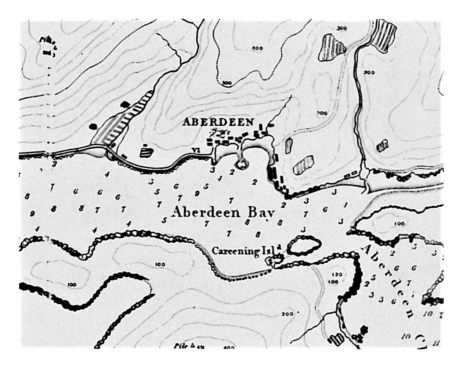

▲　圖 3.3

　　1845 年石牌灣的英文地名已改為 Aberdeen，歌連臣的地圖可以看到石牌灣當時的地形和建設。

◀　圖 3.4

　　卑路乍是測量和繪製香港
首張地形圖的軍官。

"Taplichow"（即今天的鴨脷洲），但 1843 年中文記錄只有「上鴨里」和「下鴨里」的地名，故相信鴨脷洲最早應指「鴨里」，而不是「鴨脷」。至於今天鴨脷洲大橋下稱作 "Deep Pass"（1843 年記載的「深灣」，應是從英文的意譯得出的名字，與「深水灣」源自中文名稱，是不同的出處），位於今天的深灣游艇會正是深灣所在地。

石排灣與薄扶林

在今天香港仔工業學院的位置，正是當年 "Waterfall"（瀑布）之處，亦相信是西方船隻取水其中之一處。1845 年歌連臣的地圖更清楚繪出河流從山出海的形態和旁邊的農田。至於今天的香港仔中心一帶和石排灣邨，1841 年見 "Shekpywan" 村（1843 年的舊名是「石牌灣」，即今天的「石排灣」）。開埠時是不存在「香港仔」的名字，但到了 1845 年，歌連臣已將「石牌灣」改名為 "Aberdeen"。在今天華貴邨、雞籠灣處至香港仔的海港，1841 年稱 "Shekpywan Harbour"（石牌灣港），1845 年也改為英人名 "Aberdeen Harbour"。這處便是明代至清初莞香從香港出口的港灣，也是香港名字沿革的其中一種說法（參見圖 3.3）。對出的小島是 "Tree Island"（意譯即是「樹島」，1925 年中文名稱是「一木洲」），但中文記錄沒有這個名稱的小島，只有 1843 年重複出現相同島名的「青洲」，故港島旁有兩個名叫「青洲」的小島，這是其中之一，也即是今天的火藥洲。與鴨脷洲交界的海床，標上 "West Reef"（即「西珊瑚礁」）。至於位於現今置富的瀑布灣，1841 年的測量圖沒有記錄（到了 1925 年，waterfall 的中文名叫「馬尿河」），反而對上的海灣，位置正是今天的貝沙灣數碼港，岸上山坡處標示 "Shengphay"（音譯「上排」，但中文檔案完全沒有這個同音地名記錄）。查看 1843 年的地名，也見「石牌」灣的地名出現兩次，故相信這個地方中文原名，也有可能是指「石牌」的村名。而 1841 年記錄「石牌」村是沒人居住的村

莊，很可能就是指這個「石牌」村。至於今天的貝沙灣，1845 年是標注
"Taihowan"（即「大海灣」，1925 年叫「大口灣」），整個石灣沒有記
載有任何村莊。而「大海灣」對上的山腰，有一大片耕地和村屋，標注
"Pokefulum"（即今天的薄扶林置富花園的位置）。再沿岸北上，在摩星
嶺南岸對出的石灣，1845 年被標名 "Sandy Bay"（即「沙灣」）。

西區的石塘嘴

在魔星嶺正西的海岸，地圖是標注 "Sheegthong Head"（即「石塘
頭」）。對出標注 "Green Island" 的島名（即「青洲」，應是從英文意
譯），形成 1843 年香港曾出現兩個以「青洲」命名的小島。青洲與港島
交接的水道，標示 "Sulphur Channel"（硫磺海峽），正是 1841 年以英
軍測量船硫磺號（*Sulphur*）定名的。可見港島上最早的地方命名，負責
的測量官和有關的船隻功勞不淺，故均被列入地方命名中。至於現今石
塘咀寶翠園對出的海岸位置（即今天皇后大道西與卑路乍街交界處的舊
海岸），最早的地名是 "Tyshegar"（即「大西丫」的拼寫），以當年的
地形圖看，該位置斜向西方，海岸形狀如一個丫杈而得名。「大西丫」應
指「石塘嘴」的海角位置，該處的海灣岸上，早於 1841 年，記錄是有
二十五人居住的村莊。到了 1845 年歌連臣的地圖，對出的海灣已命名
"Belcher Bay"（即「卑路乍灣」），接着維多利亞城區沿岸的地名，亦全
部殖民地化了，再沒有沿用原本中文名稱的拼寫（參見圖 3.4）。[17]

17　至於「西營盤」的名字，應於 1841 年英陸軍第 55 旅步兵團在西角建造軍營後才得名，意思指
「西區軍營盤據」的地方。從記錄看，這個華人套用的地方名稱，可能晚於 1848 年後才出現。
到了 1857 香港政府公告分區計劃時，已見有「西營盤」的地名，位置是一處名叫「校椅洲」
（Cowee-wan）的小村落西面至圓角屋（Circular Buildings），包括文咸大街（Bonham Strand）
所有建築物和一號警署的西邊。參考《香港政府公報》1857 年 5 月 6 日，〈港島分區〉公告。

九龍半島內的地名

至於港島以北華界的九龍半島，1845 年歌連臣的地圖，標注了四個清兵汛站，英文均稱作 "fort"（堡壘），位置分別設於今天的海港城碼頭、佐敦、尖沙咀訊號山和何文田內陸。1845 年已見 "Chimsatsue"（尖沙嘴）的地名，而當年的油麻地，原名是 "Chow Pae"，即「草排村」。

1841 年環島一周的意義

細讀卑路乍 1841 年的香港地形圖，得出不少港島內原有地名的資料，最重要是梳理出港島開埠四年後的變化。除了地名標注的位置部分與今天有出入外，地圖亦將港島沿岸的海灣的水深作標示，目的不單是為航道提供資料，也是為了港島開埠初期的建設計劃，提供哪處填海築路的依據，可見英軍開埠時的測量工作，對其後的城市建設有非常重要的影響。

第
四
章

開埠前後的大潭、
赤柱和香港仔

　　航海家最早發現香港島和島內的港口時，得到的名稱並不是「香港」（Hong Kong）或是維多利亞港，而是「香江」和「大潭港」。西方船隻從印度遠航到達華南沿岸，最重要是尋找可以提供食水、補給物資和停泊的港口，港島南部正是到廣州航道所經之處，也是西方船隊最早接觸港島的地方，南部的海灣便成為登岸取淡水、補給和避風的最佳地方，而不是後期的維多利亞港。

開埠前的大潭灣

　　早於 1760 年，香港島的重要性，是提供一個給西方船隻作安全停泊、維修避風、補給食水和物資的地方。港島南部的大潭灣（Tytam Bay，當時也稱作「大潭港」，Tytam Harbour）早於明嘉靖年已見於沿海圖上（參見圖 1.4），應是航海家來華航道中，曾用作登岸的港灣村鎮。大潭港代表港島的港口最早見於 1809－1811 年記載的 "Heong-kong-oa Harbour"（亦即是「香江澳港口」），於 1817 年才見更改為 "Hong-kong Harbour"（即「香港港口」）。[1] 由此可見，開埠前港島內最重要的位置，並不是我們引以自豪的維多利亞港，而是港島南部的大潭灣。現存大潭灣最早的航海記錄是 1792 年 9 月，美國商船華盛頓夫人號（*Lady Washington*）船長約翰・肯德里克（John Kendrick）領船駛經「澳門航道」（Macao Road）前，於大潭灣內取用食水、採購一些生豬、家禽和魚類補給。華盛頓夫人號於翌年 2 月重臨大潭港，並將港口命名為「獨立港」（Port Independence）。[2]

1　參閱詹姆斯・霍斯伯格（James Horsburgh）著《東印度群島和中國等地的航道》（*Directions for Sailing to and from the East Indies, China, etc …* ），Part Second, 1811, p. 268。至於中文文檔最早記錄「大潭」的名字，是出於應檳於 1553 年鐫《全廣海圖》內的標注；參閱本書第一章〈發現香港〉內文中有關「大潭」的最早記載。

2　依據亞歷山大・達爾林普（Alexander Dalrymple）著《南中國海岸和海南島的觀察》（*Observations on the south coast of China and Island of Hainan*），1806, p. 20。當年達爾林普在南中國沿海的測量船是 1759/1760 年的「古德洛爾號」（Schooner *Cuddalore*）；內文引用「倫敦號」（*London*）船長阿爾維斯（Capt. Walter Alves）於 1765 年 2 月 12 日從伶仃到中國沿岸島嶼的描述。

　　至於解答為何維多利亞港沒有受到西方航海家的重視，反而是大潭灣被認作港島上的港口，其中因素可從早期航海記錄中探究。現存有關的航海記錄，是倫敦號（*London*）船長阿爾維斯（Capt. Walter Alves）於1765年2月12日從伶仃（Lintin，即內伶仃島）經中國沿岸島嶼航行旅程中，寫下這一段描述：

　　　　船隻經過廣州河口「伶仃」南下東向進入「汲水門航道」（Cap-sing-moon），再駛入「交椅航道」（Cowhee Passage），到達「春花落」（Chinfalo，即今天的青衣島）西南面的位置，並進入「香江島」（the Island Heong-kong）以北。沿東行駛，經過一條海峽，約闊兩個基保長度（cable length 錨纜長度，即400碼長），沿岸兩傍有高石，大陸南面有「堡壘」（Castle，應指九龍尖沙咀近海運碼頭和佐敦處的中國防禦小城堡），最狹窄的航道水深由6至7嗱到3至4嗱，離岸約1/4海浬處發現有泥濘的海床。

　　　　總結是這條海峽航道並不建議使用。事實上，若沒有導航員在船上（即中國導航員），是不應該嘗試使用。[3]

　　當年航海家到達廣州的航道，一般採用港島以南的「担竿水道」（Lema Passage）再進入「大嶼山海峽」（Lantao Passage），再北上廣州。對於航海家來說，担竿群島以北的「蒲台島」（Poo-Toy）是重要的航向島嶼，與「橫瀾島」（Wag-Lan）同是進入「香江港口」即大潭灣的地標，亦因為華盛頓夫人號曾於大潭灣取水，補給食物如魚、豬、牛和家禽，船長更形容該處的居民十分友善，每天都在岸上村莊內活動和在島上（指港島）捕鳥。[4] 船長的航海記錄普遍流傳於航海家手上，可見大潭灣當時是代表港島內的港口，而不是維多利亞港。

3　　同上註。

4　　1793年9月10日豪威爾先生（Mr. Howel）給戈登先生（Mr. Gordon）的通訊，同上註。

早期的「維多利亞」港灣

到了 1801 年，航海家取道中國南岸航行路程，都離不開由「萬山群島」（Great Ladrone）東至 30 英哩外「担竿群島」（Lema Islands）的深水航道。該處以西的島嶼，若有導航員帶領，航行應屬安全的。至於進入港島以北的海峽（strait，即現今的維多利亞港），詳盡的記載出現於 1827 年由英國東印度公司編輯的航行指南《印度名錄指南：東印度群島和中國等地的航道》（*India Directory, directions for Sailing to and from the East Indies, China , etc*）的第三版。其中到達澳門和廣州的航線：「担竿航道、達頭門（即現今藍塘海峽）、大鵬灣（Mir's Bay）、平海灣（Harlem's Bay）和大鵬港（Ty-Poong Harbour）的方向」一章中，有重要的描述：

> 「九針石」（Nine Pin Rock，即今天的果洲群島中的東果洲），因島的形狀得名，位於「担竿海峽」（Lema Channel）入口東北偏東，北緯 22 度 16.5 分，東經 114 度 22 分，在「橫瀾島」（Waglan）6 英哩外；在石島西面不遠處，有兩個小而高的島嶼，名叫「果洲」（Wo-chows，地理位置即指今天的南果洲和北果洲）。於「九針石」西北一英哩處，有一個小石島，潮漲時幾乎被海水覆蓋。在石島和岸邊間的水域，羅斯船長（Capt. Daniel Ross）曾兩次渡過，有不淺於 15 噚水深（fathoms），[5] 當離開此處，水深是不少於 16 和 17 噚。

> 「南堂島」（Tam-Too Island，即是今天的東龍洲），位於「橫瀾島」西部以北約 3¼ 浬處，或「果洲」以西 3½ 浬處，兩點之間形成「南堂門」（Ta-Thong-Moon，即今天的藍塘海峽）東部的走廊。航道的西面由「香港島」（Hong Kong Island）的東部形成。大約於兩個綠色島嶼以北 1¼ 英哩處，有兩個小石島，於這些島嶼和「南

5　一海噚等於 6 英呎深，或 1.829 米深。

堂島」南部間，有細石浮現於海面，接近該處有 12 嘮水深。若從東面往「南堂門航道」航行，應將航向靠近「果洲」的南方，然後直往「南堂島」的南部，再圍繞它走約 ¼ 英哩，或取道石島間的中航道（約西面 1¼ 哩距離）。從這點由西轉北方向，通過「香港」（Hong-Kong）的斷崖（bluff point，指今天鶴咀岸邊）或西岸。島上的東岸處有石頭浮現水面，位置於斷崖的一英哩處外，路程水深 9 或 10 嘮，可察看到一個小出口或是東部通道，亦是阿爾維斯船長（Capt. Walter Alves）曾渡過的航道，中國人稱之為「佛堂門」（Fotow-moon）。

若企圖找尋避風處，你可於斷崖以北不遠處的位置停泊，一個海灣或港口一直向北伸延，水深 5 或 6 嘮，可供船泊。若想向「廣州河」（Canton River，即珠江）航行，繼續保持斷崖的西北航向，航行了 1¼ 哩後，會察覺一條窄小通道；這條狹窄的海峽名叫「鯉魚門」（Lyee-moon），由兩點形成，南面是「香港」島的東北部，北面應是大陸的岸邊；兩處都有高陡的岸邊，通道大約是半哩闊，中間航道有 25 嘮水深。除非有良好的風速，能於幾分鐘內通過，否則這並不是大船應採用的航道。

（通過鯉魚門後，）船面對着西方，會察覺南部便是「香港」（Hong Kong）的岸邊，其外觀山石十分嶙峋，見到有幾名打石工正在受僱工作。在西北方，土地形成一個深灣，那裏坐落着「九龍」的城鎮（the town of Cow-loon）。若是航向一直沿着香港的岸邊，途中的北面（在水面上）會出現一處「大白石」（white rock）。經過此狹窄的水道，水深會急促減少至 8 或 9 嘮。切勿通過「香港」的北面（大約是白石處南部偏西的位置），因為那裏有岩石沉沒於水面以下，大約位於岸邊對出 1½ 基保長度（即 300 碼）之處。「白

石」至岸邊海角處的水深由 7 噚至到 10 噚。你可以在這個位置停泊，能抵禦任何的颶風。

　　毫無疑問，可於「九龍城鎮」購買補給，城鎮看來人口稠密。若向西航行，航向便是西南方，應採用南岸和大陸海角點（point of land）中間的航道行走，那是位於「九龍灣」（Cow-loon Bay）的西面方向；不要走近南岸裏的小樹島，那裏是淺灘，應以中航道靠近北岸處（那處有很紅的外觀）航行，水深約 7 和 8 噚。在這位置的西南部有紅色外觀的土地，那裏有一間小廟宇（Joss House or Temple）和沙灘；切勿太靠近這處通過，並保持 1½ 基保長度（300 碼）的距離，因為靠近這點開始有一片很平的海床，一直伸延到西北 2 哩處的「萬春洲」（Wan-chun-chow，即昂船洲），這個是十分突出的島嶼，十分荒蕪，有極深紅色的外觀。島的北面，是海盜船出沒和整裝的地方，也是從岸上接收大量從廣州和澳門提供軍火和物資的地點。

　　航向仍然是西面，水深是 6 或 7 噚，直到接近「萬春洲」和屬高地的「香港」岸邊。若是大船，可靠近北面航行，再於「萬春洲」的西面半哩外通過，然後面對約 2 哩遠處陸地的方向航行。這航道有 6 或 7 噚水深，避免低潮時出現 3¾ 噚泥濘的地方，其位置處於香港西北方兩個綠色小島嶼對出 1½ 浬外的交界處。當你通過這些島嶼，而位置處於你的南部偏東的時候，水深會突然增加至 10 噚，你便可以進入南面，到達「大嶼山」（Lantoa）東部與「南丫」（Lamma）島嶼間的航道，水深會減至 5 噚；你可以在良好的風速下，用小船通過「大嶼山」北部，經過「急水門航道」（Cap-sing-moon Passage），再沿北岸，離開「磨刀島」（Brothers）、「沙洲」（Saw-chow）和南面的「龍鼓洲」（Ton-koo），然後到達「伶仃島」（Lintin

和「番西丫」（Fan-shee-ak rocks，即「大鑊島」），直至進入「廣州河」
（即珠江）的航道。[6]

　　從早期西方航海家對香港島以北、九龍半島間的海峽（即維多利
亞港）之描述，可見通過「鯉魚門」海峽是存在危險性的，更指出「這
不是大船應採用的航道」。此外，昂船洲以南的水域和位於香港島以北
有沉沒於水面下的岩石，也屬航行危險之處。至於位於九龍灣的西面方
向，更有「不要走近」的淺灘。而九龍尖沙咀西對出海面也「切勿太靠
近通過」，應保持 300 碼的距離，因靠近這點開始有一片很平的海床，
一直伸延到西北 2 英哩處的昂船洲。由此可見，港島北岸海灣的航道對
航海家來說，是存在多處危險的區域，並不建議大船使用。但為何港島
北岸的航道有這麼多危險區，日後仍然能成為香港重要的港口，並取代
大潭灣成為代表香港的「港口」（Hong-kong Harbour）？

鴉片貿易改變了港島的港口位置

　　這個變化，若純以地理因素是不能完全解釋，原因是在英國東印度
公司時期，廣州一口通商的情況一直維持，西方到達中國的航道，一直
以廣州為目的地，其次是澳門。港島的港口仍以大潭灣和南部的海灣為
主要中途補給停泊之處。而中西的貿易額，到了十九世紀，已是以中國
的茶葉出口和印度鴉片進口為大宗。因為清嘉慶皇帝於 1799 年頒發鴉片
禁令，西方鴉片販子便須要尋找新的安全貨運站，最先是澳門，其後是
廣州黃埔港，再發展到珠江口的伶仃洋和澳門以北的金星門。情況發展
到 1834 年，東印度公司與華貿易專利結束，大量私商進入中國，而鴉片

6　參閱水文地理學家詹姆斯‧霍斯伯格（James Horsburgh）著《印度名錄指南：東印度群島和
　　中國等地的航道》（*India Directory or Directions for Sailing to and from the East Indies, China,*
　　etc … ），Volume Second，1827，第三版，頁 338－339。

進口更有增無減，情況加深中英間因鴉片問題產生的摩擦。中國政府禁煙的政策不斷變化，不少大小鴉片商人，隨着鎖關的政策，不停轉換比較安全的轉運港。

相對大潭灣來說，港島以北海峽（即維多利亞港）的航道不只有不少危險區，還有在昂船洲和以北的陸地（即今天的葵涌貨櫃碼頭），早已是海盜出沒處，也是從廣州和澳門提供海盜物資和軍火的地方。但這一段海峽的中航水道水深一般處於 7 至 8 噚，足夠任何船隻停泊避風（參見圖 4.1）。而進入此區的兩個入口：鯉魚門和汲水門，都是天然屏障，阻擋不必要的船隻進入。中國的水師甚少在這裏巡邏，英國軍艦亦未曾進入這個水域。因此愈是危險之地，被鴉片販子認為愈是安全之處。港島北岸的海灣於 1830 年代中期（估計約於 1835 年左右）已開始被貨運船長和鴉片進口商採納為中轉站之一。其後的發展，是怡和洋行於 1841 年選擇香港島東角建立它的辦事處，該位置正正面向整個「維多利亞港」，以方便監察怡和的大型鴉片船隻於港內停泊和運作。英軍於同年進駐港島時，也曾考慮在大潭灣、赤柱和石排灣一帶地區建設，並作出研究，但因為那裏的海灣太多和分散，其間有不少山坡，作為一個城市的建設，道路和建築發展存在一定的困難，故最後選擇港島以北的岸邊作為軍事、行政和商業中心，並命名為「維多利亞城」，將原本稱作「香港海灣」（Hong-kong Bay）的港口改名為「維多利亞港」（Victoria Harbour），並宣告為自由港。自此，維多利亞港正式代表香港島上港口的名稱。

開埠時的赤柱與石排灣／香港仔

1841 年港島原居民大約只有 4,350 人，其中赤柱村有 2,000 人，屬最多人口的村落，被英軍喻為港島的首府城鎮（capital town）。進佔港島的英軍因應該處氣候環境優良，開埠後便立即於赤柱駐軍，設有軍營

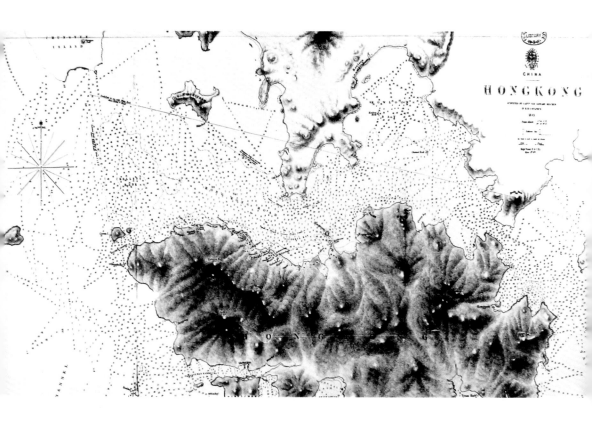

▲ 圖 4.1

1841 年卑路乍繪的香港港灣的地形圖，
清楚可見沿岸水深和港灣航道的水深。
Nautical Chart "China- Hongkong surveyed
by Capt. Sir Edward Belcher in H.M.S.
Sulphur 1841", HK-PRO, Map MM-289。

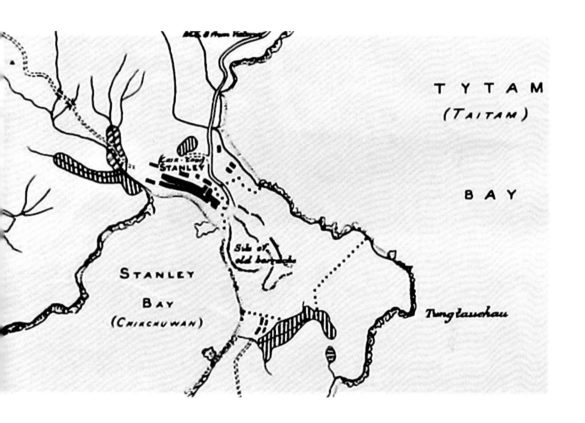

▲　圖 4.2

　　1845 年歐連臣的地圖內明顯看到赤柱已改
　　名為 Stanley，也有道路和軍營。

和相關的設施。至於石排灣，應是港島早期華洋船隻出入的主要商業港口。亦因該處以出海為業，故早於乾隆時期，已於鴨脷洲對出的小島上建有祈求南海之神保佑的洪聖廟，也是香港最古老的廟宇，可見石排灣於香港海洋貿易歷史的重要性。

鑒於石排灣是南部居民活動的主要港口，英軍特別建造道路接連赤柱和石排灣兩地。連同鄰近的香港村，正是香港開埠最重要的華人地區。有關當地開埠時最早的記錄，可從駐守赤柱英軍官員的文書通訊略知一二。

最先介紹島內情況的文書記錄，應是出自英國駐華副商務總監莊士敦於 1843 年所作的報告。報告內容談及港島華人生活最重要的地方是赤柱、香港村和石排灣。現節錄有關內容如下。

> 赤柱村是港島最大和最重要的村落，現有大量的歐洲駐軍。該村的人口約八百人：五百名男性，一百名女性，其餘是兒童。那裏有一百八十間房屋和店舖，平均每所房屋值四百元。那裏的居民主要從事貿易、農業和曬乾魚類產品。農地約有六十畝：稻田每畝值四十元，菜田每畝值十五元。那裏的村民每月可出產一百五十擔醃製鹹魚，因此亦用了三十至四十擔的鹽，成本是以一枚西班牙銀元購入五擔鹽；那裏有三百五十艘大小船隻，但該村擁有的船隻不多於三十艘。船隻用作鄰近水域捕魚和曬製鹹魚，然後運到廣州換取其他生活所需。與中國其他城市的房屋比較，赤柱的房屋是非常的簡陋，但仍比港島上其他的村落房子要好。可是赤柱的耕地數量和質量都不及港島其他以農業為主的村落。

> 除赤柱外，香港村是整個香港名字的源由。那裏的村莊非常美麗，被樹木圍着，也有非常好的農田耕種，人口約二百人。

　　除了維多利亞城的發展前景，島上最重要的地方，是一條叫石排灣的村落。這裏曾經是島上主要的港口，以前應比現在的情況更加繁榮。這港口雖然細小和狹窄，是西方和南方進出重要的通道口岸，船隻全年在該處出入都保持暢通。石排灣由一個外圍二英哩的鴨脷洲和港島保護着。那裏有豐富的水源，供給一列戰艦停泊所需。唯一的缺點是太小，大型歐洲船隻靠泊是有所限制，但大約仍可停泊十五至二十艘船隻。當我於 1841 年首次到訪時，我深深被它的外觀吸引：它將是船隻維修的停泊港，或更適合作海軍的軍港。至於對岸的鴨脷洲將是適合建造醫院、服務店，並為登記了的船隻提供使用方便等等。當然，若海軍最終採用這個地方，便需要建立防禦的堡壘。[7]

　　英國人佔領港島前，島上是沒有公眾建築物的，只有赤柱和石排灣屬細小而活躍的城鎮，間中也見有清政府官員到訪。該兩地都建有中國廟宇，其中最優美的是石排灣的廟宇，它位於一個不大於一英畝的小島上，由樹木所掩蓋。從這所廟宇的存在和鄰近已荒置的幾間房屋看，石排灣從前曾有過光輝的時刻。這裏也是著名海盜主要聚集的地方，多年來一直影響中國海岸的安全；若不是香港成為英國人的地方，這處可能仍會回復以前一樣的景況。

華文政務官郭士立的商業報告

　　至於赤柱和石排灣的主要產業，可從傳教士郭士立於 1845 年有關香港的商務報告，多一點了解：

---

[7]　節錄自 A. R. Johnston, "Note on the Island of Hongkong", *The London Geographical Journal*, Vol. XIV, cited from *The Hongkong Almanack and Directory for 1846*。

▲ 圖 4.3

歌連臣寫於 1845 年 3 月 21 日的家書中有描繪赤柱的草圖，其中出現清兵的水司戰船駛近海灣。

HKPRO- HKMS140-1: Correspondence of Lieut. Thomas Collinson。

歌連臣在 1845 年 3 月 21 日的家書中繪有他在赤柱的軍營宿舍內的草圖。HKPRO- HKMS140-1: Correspondence of Lieut. Thomas Collinson。

漁業在石排灣和赤柱進行，業務十分旺盛，以鹹魚貿易為主，是大量華人米飯主食的伴菜。至於有多少人從事這個行業，仍不大清楚，但多年來，臨近新年的時候，港口總是非常多人從事這種貿易往來，故應進一步研究發牌給以噸位計算的漁船營運。[8]

測量官哥連臣的家書

英軍測量官哥連臣於 1845 年留守港島南區赤柱時，寄回英國家書的信札原文中，也節錄了描寫赤柱、石排灣和香港村的第一手資料，這是外國人眼中港島南岸初期的景象。

香港 1845 年 3 月 21 日：

昨晚我獨自一人在青洲附近的大西丫（Tyshegar，即今天石塘嘴對出岸邊的位置）對出的小船上，翻閱剛收到的九封家書。聯想起當日卑路乍上校從原始的赤柱農村經大西丫撤退，我現處的情景正是身同感受。在赤柱海灣，見有中國水師戰船駛經，戰船舞動二十隻船槳，如同大型的蜈蚣在前進。岸上展現苦力正忙於於吃喝和運載食水的情景，我則不停地繪畫赤柱的稻田和甘薯田；該處主要的房屋都是沒有窗口和煙囪的，情景就與中國其他農村一樣：黑暗、骯髒和存放一大堆乾草。部分耕地是稻田，被水覆蓋，農夫以犁和耙子耕作，亦見有三頭水牛做同樣的作業（參見圖 4.3）。

我被指令開設一條新路到達石排灣，但發現沒有太多空間可作道路建設。石排灣現在被稱作「鴨巴甸」（Aberdeen，即今天的香港仔），看來我仍可以跟得上這種改變。至於當年的赤柱，現在已稱

---

8   節錄自 Charles Gutzlaff, "Remarks upon the present state of native trade with this Colony", *Hong Kong Blue Book 1845*。

作「士丹利」（Stanley）了；香港看似已完全文明了，但實情並不是
這樣！……第一代來自印度的殖民地官員已全部撤離，只留下一兩
個人；我為他們感到難過，部分客死於香港，他們的位置很快被英
倫派來各個領域民間組織和軍事部門人員所取代。幾名曾參與南京
作戰的舊軍人，都鄙視這些開拓者和他們所改造的工程；他們修渠
起路、為街道定名、建立倫敦警察 A 至 Z 系統、設置街燈；但他們
對那些舊戰士，均不屑一看。這便是現時中國的現象 —— 英軍部隊
正於痛苦中改變和修建一切，而印度部隊期望在這些「女皇的人」
面前一切都會更美好。其中駐紮於港島的四個軍團中，三個團隊最
近都有餐舞會，海軍隨後也舉辦相同的活動，但只有二十位女士與
二百位軍官和其他人士不停共舞，這種情景將來便被形容為香港最
旺盛的日子……若你們想在中國結交朋友，我介紹你認識我的跟
班阿富先生（Mr. Afo），我給他的名字叫湯姆斯（Thomas），他將
出現於《閨房》皇家雜誌的封面（*Boudoir*，應指 *The Book of The
Boudoir, or The Court of Queen's Victoria*），他是所有跟班中最醒目
的一個，他鄙視其他同輩，在正規的場合，以穿着藍色真絲大衣而
感到自豪。[9]

哥連臣的另一封家書

香港 1845 年 4 月 6 日：

　　香港確實有很多比它的外觀更值得介紹的情況。除了赤柱外，
港島有十條村莊，其中大約有四百畝優良的耕地。部分村莊有七或
八所房屋，全是附有平台地階的獨特村落。其中最有規模的是石排

9　節錄自 HKPRO — HKMS140-1: Correspondence of Lieut. Thomas Collinson。

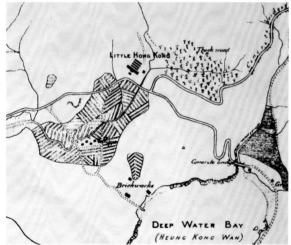

▲ 圖 4.5, 4.6

　　1841 年卑路乍和 1845 年歌連臣的地圖同一位置比較，香港村
明顯是一個客家圍村。四年後名字已由 Heong Kong 改為 Little
Hong Kong，對出原本稱作「香港灣」亦改作深水灣（Deep
Water Bay），也見修築好的道路。

灣村；現時港督將它稱作「鴨巴甸」（Aberdeen）。我們的皇家測量船曾經通宵停泊於「護理島」（Careening Island；也譯作嘉寧島）的第 6 點位置，也是我們開始了解有關「鴨巴甸」與舊「鴨巴甸」（即石排灣）的區別。這個村莊零散地分佈於一個小海灣內，岸前有一個由花崗岩鋪設不良的碼頭，海灣中的一個大岩石左右兩邊，停泊了有大約五十多艘漁船。村內店舖貨品充裕：竹帽、地墊、帆布、繩纜、竹籃、稻米、水果蔬菜、煙草器皿和煙花等都十分齊備，而這些貨品全是中國生產，於店舖發售，間中也有售賣糕餅的，但看來全部都很肥膩。見到村內上千名最骯髒的男女老幼，聚集一起談話和唱歌；他們全部都看似肥胖，至於如何謀生，我真不知道，因為我很少見到有船隻往來這處。市內山谷間分佈着稻田和甜薯田，均是小心耕耘，但整片農田的大小，也比不上英倫的中等農地。中國的農業以灌溉為主，我曾看見一條半哩長的水道，通過山坡，為兩三個梯田作引水灌溉。除了水的供應外，每個家庭都有自己的儲糞堆，這些梯田中，可見其中二十處耕地，大小約寬十呎，置於山坡間，當注滿了水，遠看像一片湖泊。

位於石排灣和香港灣之間的峽谷是香港村 —— 也是地圖上整個香港島名字的由來；這條村莊也是港島內最美麗、最大和耕耘最好的地方。這處的耕地極之平坦，小型的耕地共佔一百畝，村莊建於一個人工的平台上，村後有濃密翠綠的樹林包圍，樹林後是陡峭的岩石山丘。村莊雖然也像其他我到過中國人的地方一樣那麼骯髒，但它擁有一種我沒有預料的文化 —— 村莊老師（從政府記錄看，1845 年香港村書館是由 Chow A Woon〔周阿雲〕主理）。他身穿黑色棉質外衣，白色長襪，若剪掉辮子，他的外形可笑地與英國的學者無異。老師有九個學員，但肯定他們是村內二百個村民中最清潔的九個。老師教授學員數學，給予他們很多抄寫習作和用心記錄。

書館房內都掛滿不少學員的繪畫，令人驚訝。（哥連臣錯誤以為是學童們自由創作的畫作，其實牆上掛上的都是中國的名言金句和古代的天文地理圖說）。

你們將會對中國這個地區如何建造村莊有了一些了解；「香港村」這裏建有七十所房子，但全是迫壓於只有一百碼乘七十碼大小的地方。（這正是南方客家圍村的特色，請參看圖 4.5 哥連臣於 1845 年繪製的香港地形圖內香港圍村的位置圖）。村後的樹林非常茂盛，令我聯想老家域盧（Wicklow）的橡木林；林中有高大的竹子，是後園裝飾的最佳植物，但在林中步行的樂趣被猛烈的陽光和蚱蜢不斷的鳴響所破壞。

石排灣對出的「護理島」（Careening Island）內，有一間大小洽當的廟宇，廟前建有一個平台，被一些精細樹木遮蓋了它背後牆端的裝飾。廟的外觀是香港最美麗的建築，但內部卻是黑暗和褪色俗麗的裝潢。最特別之處是廟內置有一艘銅製船隻模型，刻有兩名初使中國的歐洲人，此廟宇由七百個漁民捐資建立，相信是為了崇拜海神而建（即今天的鴨脷洲洪聖廟）。現在出現一個小問題，是我部分的中國隨從佔有了這個廟宇，並入住其中（參見圖 4.7）。

署名：譚馬士‧哥連臣（T. B. Collinson）[10]

「福漢會」傳道者的信札

至於赤柱、香港村和石排灣開埠十年後（即 1851 年）的情況，峴存唯一的記錄是郭士立的福漢會華人傳道者於當年 6 月至 7 月間，到訪全

10　同上註。

港九新界和離島傳道時留下的文書信札。其中的每個禮拜日，四至五位華人傳道者便到達赤柱村；另一條的宣道路線是先到黃坭涌，攀山到達香港村，再到石排灣。這些第一手記載的文書，更因傳道者派書時需要店舖和書塾給予蓋印和確認，得以保存了當年這一帶地區的書館和店舖名字的資料。[11]

赤柱村是港島第一大村，房屋店舖共一百八十間，村內的店舖林林總總，更設有書館，負起教授那裏數百名小童。其中記名的店舖有二十二間，分別是：寶興木料舖、潮州人辦的新萬合餅店、三昌雜貨店、勝和布店、德利店、新合店、到來店、發利店、新發利店、義興舖、廣隆店、士亮店、昌隆店、萬盛店、錫崇舖、聚隆、大德成記、隆和、兩和店、泗隆、合盛店、提供草藥的保安堂；理髮的剃頭店：有利剃頭店、黎姓剃頭、勝合剃頭舖和多家不記名的剃頭店舖；其他沒有記名的行業，包括造衫店、木匠舖、學佬魚舖；在赤柱灣作業的客家船、潮州人船和本地船；而最重要、也是最受村民和西方人士尊敬的，是那裏的四間書館：由夏益謙主理的夏先生書館；以香葉堂為名的赤柱書室，由張仕煌先生主理，辦學本着讀詩書、守所行、尊聖教為原則教授該村兒童；另有張桂芳書館及黃意修先生書館。可見赤柱當年在港島不愧為最大和最重要的村莊。[12]

至於香港村，是沒有店舖的，但傳道者每次到訪，村內都有男女老幼三十多人聚集圍村前聽道，其中最突出是哥連臣曾到訪該村，記錄了該村的書塾情況，也是唯一有西方記錄的華人書館 —— 香港村書館，由葉寵文先生主理。至於香港村，應是始於林姓的客家人，故該村應全是

11　取自《漢會眾兄弟宣道行為》手稿書信內 140 封信札中有關到訪赤柱、香港村和石排灣的文書記錄。1851 年 6 月份檔案，源自倫敦會存於倫敦的中文手稿檔案，作者藏本。

12　同上註。這是唯一記錄 1851 年 6 月赤柱村內四所書館的教師資料。

圖 4.7

　　1845 年澳洲建築師愛德華‧阿氏和夫（Edward
Ashworth）筆下的香港廟宇內情景，此水彩畫相信是香
港最早廟宇內部的圖像，即今天鴨脷洲的洪聖廟，當年
歌連臣有描述參觀這個坐落於 Careening Island（護理島）
上的廟宇。此圖由 Hordern House 提供；with courtesy
from www.horden.com。

客家人定居的圍村。以哥連臣 1845 年的地形圖看（參見圖 4.6），可見香港圍村的佈局與新界的圍村並不一樣，是因應地勢，依着背後峻峭的山嶺而建，因為被濃密的樹林包圍，故圍村是一列列橫排建屋，佔地一百碼乘七十碼，只有最前排是弓狀長方形加固圍牆作防禦建築，接着一排是相等長度的排屋，保護着後面另外四排房屋，合共七十個房間，前方地台上建有中庭的獨立建築物。村前有一大片平坦大小不一的耕地，共約一百畝，是二百多名村民主要作業之處。

　　至於石排灣，沒有確實人口數字，從記錄看，是一個從事海上貿易往來的村落，因為石排灣一直是港島南部貨運的港口，故常見上百艘大小船隻停泊於岸邊。而該處也有不同的店舖，以傳道者的記載，記名的店舖有十八間，分別是：科利店、萬石、信利、祥興店、廣源店、興發店、成利店、廣寧、聯吉店、恒利店、全昌號、怡隆店、恒豐店、怡棧店、同豐店、新德利店（應是赤柱村德利店的支店）、為了供應洪聖廟廟祝用品和草藥的來生堂和廣和堂。至於書塾，出現了受香港政府資助的石排灣皇家書館，該書館由曾發先生主理。[13] 傳道者也記載該處海灣有大型拖船數十隻，是傳道者宣道的目標。由此可見，石排灣應是港島早期華洋船隻出入的主要商業港口。亦因該處以海運為業，故早於乾隆時期，已於鴨脷洲對出的小島上建有祈求南海之神保佑的洪聖廟，也是香港最古老的廟宇，可見石排灣於香港海洋貿易歷史的重要性，時間應早於英國人佔領香港之前。

13　1842 年 2 月，香港政府在維多利亞城、赤柱、香港仔（石排灣）各選一所書館，給予每所每月 10 元補助，置於政府管轄下，被名為「皇家書館」（government school）。參閱劉蜀永：〈19 世紀香港西式學校歷史評價〉，《歷史研究》，1989 年第六期，頁 38。

第五章

地名殖民地化的開始

　　港島原居民不多，人口集中於十四五條大小村莊，開埠時估計只有四五千人，不少是艇上漁民，屬流動人口，人口總數實際很難作一個準確的計算。至於港島內的地名，鑒於資料不足，現存的中文記載只出現主要村莊、海灣和部分小島的名稱；其餘山峰或沒人居住的地點，更找不到名字。當英軍於 1841 年 1 月 24 日進入香港水域，準備測繪工作，將主要的山峰和據點加上英文名字，代表香港地名殖民地化的開始。要進一步了解港島首批英文地名的背景，須從卑路乍在中國的故事說起。

港島首張測量地圖

　　香港首張測繪地形圖，是由英軍測量官卑路乍上校（Captain Edward Belcher）乘坐測量船硫磺號（*H.M.S. Sulphur*）進行的，完成的地圖定名為《1841 年中國香港圖》（*Map of China—Hong Kong, 1841*）。此圖後來曾以大小不同的尺寸複製，並於 1845 年，以原圖增訂了不少新的地名和建築物。故若不小心研讀，反覆求證，便出現不少錯誤的結論。經歷了一百七十八年，很少學者會細心考究地圖的內容，原因是 1845 年香港政府委派歌連臣中尉（Lieutenant Richard Collinson）繪製全新的香港島地形圖。新地圖比卑路乍的地圖更精準，資料更詳盡。[1] 可惜不少中英初次接觸的地名資料，亦因香港四年內城市急速發展而改變；島內原有的地名，部分更消失於新地圖內。追查港島開埠時最早出現的地名，卑路乍首張 1841 年初版《香港地圖》的資料至為重要。

1　亦因為如此，有歷史研究者企圖彌補部分史實，可惜沒有作出全面史料的分析，曾出現誤導的立論。如研究香港工程師故事的專著中，便錯誤指出 1841 年由英海軍測量師卑路乍上尉繪製的香港島首張英文海域地形圖，是「沒有地方名的：而譚馬士歌連臣（Thomas Collinson）所繪的〔1845 年〕地圖則有地方名稱，名稱主要是山名、海灣名……」。這種錯誤，並非嚴格歷史研究的方式。參閱馬冠堯：《香港工程考 II——三十一條以工程師命名的街道》（香港：三聯書店，2014），頁 21。

測量官卑路乍

要進一步了解港島首批英文地名繪製的背景，必須從卑路乍在中國的故事說起。他的測量船硫磺號於 1840 年 10 月 16 日到達新加坡後，便收到上級的來信指示，立即出發到中國，向進駐中國的指揮官報到。硫磺號駛經馬尼拉時，與另一艘測量船椋鳥號（亦稱「史達靈號」，*Starling*）會合，一齊向中國南部進發，當時椋鳥號的船長是奇力中尉（Lieut. Henry Kellett）。他們於 11 月 14 日抵達大嶼山的西南部，準備進入澳門，向當時剛接任中國遠征軍的統帥伯麥上將（Commodore Sir John Gordon Bremer）報到，其時雲集於珠江口的英海軍大小艦隻共十六艘，正準備與中國開戰。

經過珠江的激戰，負責英方外交談判的義律與代表中國的琦善於 1841 年 1 月 21 日簽署了《川鼻草約》，香港島被割讓給英國。英海軍隨即兵分三路：部分戰船留守珠江解除中國的防禦設施；部分駛向舟山支援，其餘回到澳門和大嶼山的西南位置，準備接收香港島。草約簽署的三天後，卑路乍連同總司令伯麥一起到達香港水域，開始進行測量香港島的工作。

1841 年 1 月 25 日（星期一）早上 8 時 15 分，作為先頭部隊的卑路乍和他的測量船隊官兵，於水坑口位置登岸，隨即跑上「佔領山」（possession Mount），大喊三次：「天佑吾皇」。[2] 翌日，伯麥帶領一小隊英海軍，包括卑路乍在內，於水坑口登陸香港，香港正式被英軍佔領。到了 2 月份，卑路乍已完成收集測量的數據，準備經馬尼拉返回英國。可惜中英雙方最終都未能同意草約的條款，戰事升級，英陸軍歌賦少將加入對廣州和舟山的戰事。至於硫磺號則於香港、澳門和珠江一帶作業。到了 8 月，英海軍柏架少將亦經澳門於 12 日抵達香港，連同準備接

2　參閱 *The Chinese Repository*, Vol. XII, 1843 Canton, p. 492, "H. M. Ship *Sulphur* Voyage"。

替義律參與中國的談判代表体甸乍准將，均出現於香港水域。經最後的指示，伯麥與義律途經孟買回到英國。英軍於 8 月 26 日佔領廈門；9 月 1 日奪取舟山；10 日攻陷鎮海；13 日佔據寧波。至於卑路乍等人於 9 月份仍留守廣東沿岸一帶，時常出入澳門和香港島；英軍官在澳門停留時，得到怡和洋行大班勿地臣（James Matheson）熱情招待，也解答了怡和洋行於英軍佔領香港島後，可以立即於東角地區建設辦公樓和倉庫的伏線。[3]

　　到了 11 月 21 日，作為卑路乍於香港測量時的唯一副手，奇力中尉已被安排將椋鳥號餘下的成員轉到卑路乍的硫磺號，隨後便準備參與進攻長江的戰鬥。至於卑路乍和他的硫磺號，亦正式完成在中國的測量任務，經澳門出發往馬來西亞及檳城的航向，繼續他往後的海軍任務。[4] 故港島首張測量地形圖內的資料和地名，是於 1841 年 11 月 21 日前作最後審定的。[5] 這張地形圖完成後，一張以此圖作依據的《香港地圖》，由馬

3　節錄自 W. D. Bernard, *Narrative of the Voyages and Services of the Nemesis, from 1840 to 1843;*… Vol II. London, 1844, pp. 83-84。

4　卑路乍上校於中國和香港的工作完成後，於 1843 年在英國出版了一本航海記事書籍，名為《硫磺號世界之旅 1836－1842》(*Narrative of a voyage round the world, performed in Her Majesty's ship Sulphur, during the years 1836-1842;* …)，內容包括 1840 年 12 月至 1841 年 11 月於中國的海軍活動情況。該書與 1844 年記錄第一次鴉片戰事的重要著作《復仇女神號的旅程 1840－1843》(*Narrative of the voyages and services of the Nemesis, from 1840-1843;*….)，同屬香港開埠時重要的歷史資料書籍，其中對英軍參與鴉片戰爭的詳情和與香港最早的接觸，有重要的參考價值。

5　卑路乍所繪製的《1841 年中國香港圖》，圖中除了整個香港島外，亦包括一些周邊的小島：西面校椅洲（Cowecrow）、青洲（Green Island）、西南方南丫島（Lamma Island）、鴨脷洲（Taplichow）、鴨脷洲上方的對着石排灣的「護理島」（Careening Island）和東面的青洲（Tree Island）、南部的熨波洲（Middle Island）、孖崗（Makong Island or Round Island；即今天的銀洲）、黃麻角東面的螺洲（Lochow）。這些小島，因為細小，相信沒有收入《南京條約》內香港島割讓包括的範圍，只是英國單方面奪取這些島嶼，其中比較大的南丫島（Lamma Island），則刻意地加入香港島佔領的範圍內。至於鴨脷洲，對英軍更為重要，因為它與南部最繁忙的港口石排灣相對，英海軍曾考慮在此處建設為軍港，可見此島的重要性。故在繪製香港島佔據的地圖時，已刻意將鴨脷洲當作香港島連接的一部分（不當作是分離的島嶼），收納於香港島割讓範圍的附圖內。參閱 *The Hong Kong Nautical Chart by Capt. Belcher, 1841,* cited from Hal Empson, *Mapping Hong Kong*, 1992, pp. 106-107；*The Chinese Repository*, Vol XII, Canton 1843, p. 492。

儒翰附上中文註釋，交予耆英，作為 1841 年 1 月《穿鼻草約》內附香港島的位置和範圍。其中特別提到香港島是位於九龍半島以南，包括南丫島，在担竿群島以北航道入口之處。[6]

奇力的作戰傳奇

奇力中尉於 1822 年加入英國海軍，1828 年升為艦隻副指揮官（First Lieutenant）。1831 年前，於西印度、非洲和南美洲西岸服役；為排水量 105 噸測量快艇椋鳥號的船長，曾參與南美洲沿岸的測量工作。因為同是海軍的測量官，早於 1831 年便與卑路乍相識。當卑路乍於 1837 年 3 月上任為 372 噸測量船硫磺號的船長前，奇力已被指派為硫磺號的副指揮官，故二人的交情是從硫磺號開始的。他們其後在南美洲和加拿大沿線作測繪工作。直到 1840 年 10 月 16 日從馬來西亞抵達新加坡時，收到指示後便立即前往中國，參與攻打中國的遠征軍。同年 12 月與集結中國廣東水域的其他英軍戰艦，於 1841 年 1 月 7 日正式展開穿鼻之役的戰爭。奇力的戰鬥組織能力特強，領導英艦攻陷穿鼻地區多個中國炮台；並配合復仇女神號（Nemesis）和卑路乍的氣笛風琴號（Calliope）一起作戰，成功將十三艘大型中國戰船中的十一艘擊沉，戰績彪炳。因為 2 月 7 日攻佔虎門的英勇表現，獲當時的統帥伯麥上將嘉許（參見圖 5.2）。[7]

同年 3 月，奇力與歌連臣等船長，成功從河道安全領軍駛入廣州城外。他有不懈的作戰精神，除了指揮自己的船艦外，更獲委任為青春女神希比號（Young Hebe）、阿爾及爾號（Algerine）和露意莎號（Louisa）

6　參閱 *The Chinese Repository*, Vol XII, Canton 1843, p. 492, 由卑路乍引述佔領香港島的情況。

7　同上註，頁 490−491；參閱引述卑路乍（Edward Belcher）著的 *Narrative of a voyage around the world*, Art. VII, Performed in H.M.'s ship Sulphur, during the year 1836-1842, including details of the naval operation in China from Dec 1840-Nov 1842, London, 1843。

等戰艦的作戰指揮官。在廣州的戰事中，奇力軍功突出，於 5 月 6 日擢升為海軍中校（commander）。1842 年 5 月，隨遠征軍北上進攻乍浦，得到哥連臣的協助，成功帶領英軍主力艦康華麗號（*Cornwallis*）、金髮美人號（亦稱布朗底號，*Blonde*）和謙卑號（亦譯作「摩底士號」，*Modeste*）安全停靠登岸，為陸上進攻作海上炮擊中國的防禦。他的熱情和毅力，在軍中上下都受到稱許。在進攻上海前，奇力與哥連臣冒險於吳淞海峽作測量。上海淪陷後，他與哥連臣等人沿長江河流進入內陸作測量工作，長江的軍事活動均有參與；進攻南京城時，巨型主力艦亦是由他領航，安全駛進狹窄和淺水的河道。英軍於第一次鴉片戰爭勝利後，奇力於 12 月 23 日正式擢升為全薪海軍中校（post rank），加封巴斯勳爵（C. B.）頭銜。

　　奇力的官階雖然不是很高，但於軍中聲譽極著。他曾參與美洲太平洋沿岸的測量工作；也因英海軍艦隻調查號（*Investigator*）於北極探索西北航道（Northwest Passage）時被冰封，奇力帶領堅決號（*Resolute*）和強悍號（*Intrepid*）拯救脫險，表現獲得海軍上將高度讚許。奇力於 1852 年曾回到香港，作為駐中國地區的海軍司令，故他的影響力一直存在於香港的英國駐軍。奇力的名字除了因為曾協助卑路乍進行香港的測量工作外，在軍中名聲極盛，故除了 1841 年首張「香港地圖」上的地名佔有兩席：奇力山和奇力海床（Kelllett bank），其後更有奇力島（即燈籠島）、奇力灣（即雞籠灣）等名，全是英軍為紀念他的貢獻而設。他在香港地區留名數目之多，曾冠於其他英國官員（參見圖 5.3）。

英國的測量歷史

　　在研究卑路乍的測量工作前，必須對英國測量歷史有一定的認識。英國第一位水道測量家（hydrographer）是 1779 年受僱於東印度公司的

▲ 圖 5.1

香港島內的華人鄉村。照片拍攝於 1880 年代。作者藏。

▶ 圖 5.3

奇力中尉只是一艘 70 呎長測量船的
船長，但在香港地區留名數目之多，
曾冠於其他英國官員。

▲ 圖 5.2

廣東珠江的戰役中，英海軍在奇力的領航下，
成功將十三艘大型中國戰船中的十一艘擊沉，
戰績彪炳。

平民學者亞歷山大・達爾寧普（Alexander Dalrymple）。他在印度服務時，努力研讀地理和水道製圖的知識，他收集了大量航海圖，亦精於繪製海圖，曾於 1764 年 11 月到過中國廣州。他的《廣東沿岸地圖》中，首次標記「泛春洲或香江」於香港島的位置。英國海軍部於 1795 年設立海圖局時，他是第一位被委任的製圖官，直到 1808 年，他的職位才由海軍軍官托馬斯・赫德上校（Captain Thomas Hurd）接任。亦是從赫德開始，英國規定只有海軍的船隻才能進行測量工作，而負責測量工作的人員，一定是由有足夠航海資歷的行政級軍官進行，也即是艦艇上的指揮官或艦長級的軍官。這方面的規則，一直奉行到現在。

硫磺號屬英海軍的小型測量船，卑路乍是船長，奇力是當時的副手。測量主要的任務包括：測量時設立清晰的基準位置；定立明顯的海岸地標；於島上標記明顯的地標、淺灘和危險的障礙；記錄一帶水域的水深度和設定潮水的測量點。亦因為英海軍有這些規例，故到達香港水域作首次測量工作的硫磺號，也是依據這些工作內容進行測量。至於最後決定海圖內的資料和地名，也是由硫磺號的船長卑路乍負責。雖然地圖內只記錄卑路乍船長為測繪的軍官，但實質的測量工作，作為副手的奇力中尉所付出的貢獻實屬不少，其中有關的線索，按圖索驥，也不難找到當年測量時的實況。

鴉片戰爭時期的軍事測量活動

從英軍描述鴉片戰爭時期的軍事活動，察覺到英海軍的工作模式：在登陸未曾到過的地方前，最先的工作是到那裏的水域作簡單地形和海岸的測量。香港島的港口作為鴉片貿易航運的中轉站，早於 1836 年已有不少大型鴉片船隻停泊於現今的維港。《穿鼻草約》達成三天後，硫磺號連同其他小艇於 1841 年 1 月 24 日從澳門經大嶼山西南面出發到達香港

港口水域，隨即展開測量工作。卑路乍和海軍統帥伯麥於兩天後登陸香港島前，已就登陸地點附近的水域作簡單的測量。至於英海軍初次進入「香港航道」（Hong Kong Road，即現今維多利亞港的主要航道）[8]，是從大嶼山西南沿岸水域航行，經交椅洲進入維港西部的港口，到達青洲以北的水域便停下來，也是當年英軍於香港水域最早停泊的固定位置。原因是對岸的九龍半島仍設有兩個清兵的汛站（fort，堡壘），位置分別是今天的尖沙咀海運大廈和中港碼頭。英海軍初到香港水域時，在未完全清楚香港島的情況下，便要盡快設立海上據點。卑路乍特別為這個位置定名為「奇力海床」（Kellett Bank），紀念他的副手在整個測量工作上的功勞。

歌賦、柏架守護着維多利亞女皇

　　從這一段經過梳理英海軍進佔港島的歷史背景，不難理解香港地名殖民地化的開始，是源於參與鴉片戰爭的英國軍官，而非出自後期管治香港的殖民地官員。從卑路乍 1841 年的地圖分析，香港島連同旁邊的小島，共有二十六個英文地名非源自中文名稱的拼寫。其中包括香港島的八個山峰：Victoria Peak（維多利亞山，現稱太平山或扯旗山）、High West（西高山）、Mount Gough（歌賦山）、Mount Kellett（奇力山）、Mount Parker（柏架山）、Mount Bremer（寶馬山，英文現今用上 Braemar Hill）、Pottinger Peak（砵甸乍山）和 East Hill（東山，即今天的北角炮台山）。

　　其中作為「事頭婆」（英女皇在香港廣府話中稱作眾人老闆的稱號）的英國女皇維多利亞（Queen Victoria）地位最高，故港島最高的山峰

8　「香港航道」（Hong Kong Road）相信是早於卑路乍 1841 年已定名，時間約於 1835 至 1838 年間，應是由英商船開始進入港島北岸的海灣時取名。

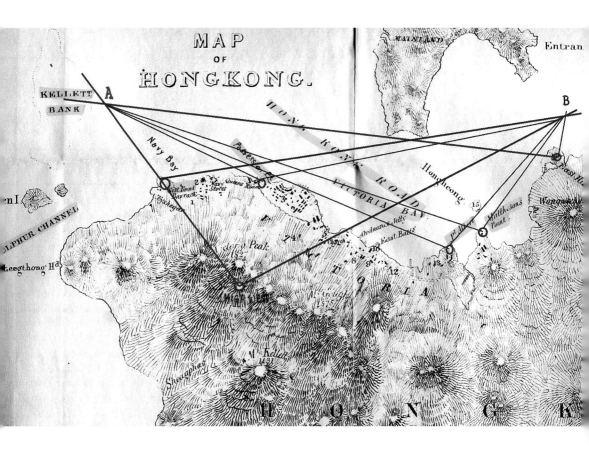

▲ 圖 5.4

硫磺號進入香港水域後,測量的座點和採用明
顯地標的位置。

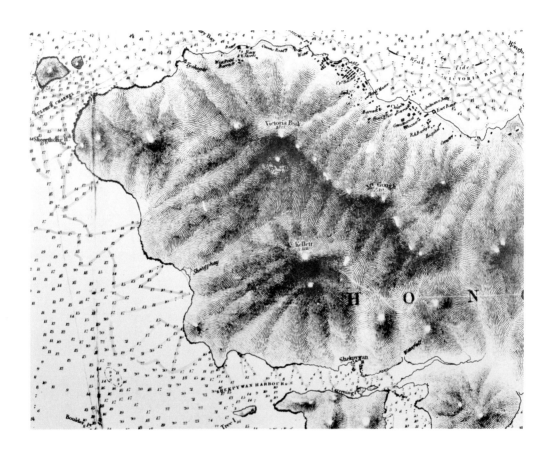

▲ 圖 5.5

1841 年《中國香港圖》內的水深記錄，清楚可見硫
磺號曾停泊測量的位置；也是追尋測量時航行路線的
線索，圖中梅花間竹式的測量佈局，也是英海軍採用
測量方法之一。

以她定名是必然的。至於香港第一條貫通東西的大道，也是別無他選，以「皇后大道」命名，是絕對政治正確的做法。至於英軍當時攻打中國的最高將領，是陸軍的歌賦少將和海軍的柏架少將，他們在軍中屬同級官階，但以歌賦的資歷和軍功為先，故在維多利亞山旁的大山峰定名為「歌賦山」，作為女皇的護法；港島東面的最高峰則給予柏架，定名為「柏架山」，形成「左青龍，右白虎」的陣勢，守衛着「事頭婆」的領土。而統領廣東多個戰役的伯麥上將和接任義律的砵甸乍，也給予兩個小山頭作定名，分別是守望着維港的寶馬山和港島東部的砵甸乍山。義律因《穿鼻草約》不為英廷所接納，被召回祖家，故他的名字未能留名於香港的土壤上。最特別是一艘七十呎小船的船長奇力中尉，居然也可以在香港的一個山峰留名，也即是奇力山的出處，其位置正是維多利亞山和歌賦山背後的山峰，看望着南區的石排灣，也代表英國的模範軍人守護着港島的南部。若考究奇力於鴉片戰爭時期的表現和其後對英海軍的貢獻，便不難明白為何他也可以留名於香港。

破解卑路乍的測量工作

香港島開埠首張測量地圖內，最突出是 Queen's Road（皇后大道），整條大路寬五十英呎，是香港第一條主要通道，亦是香港政府未正式為街道命名前，唯一由英軍官定名的道路。沿着皇后大道旁的一帶，由東至西，幾乎全是英軍的建築物，如軍營、軍部商店、軍部醫院、海軍倉庫、船頭官（harbour master）辦公樓和上、下市場。

地圖內採用英文的地名中，海峽和海灣共有六處：Sulphur Channel（硫磺海峽）、Navy Bay（海軍灣）、Hong Kong Road（香港航道）、Victoria Bay（維多利亞灣）、Kellett Bank（奇力海床）、Quarry Bay（石礦灣）。明顯的地標有四處：Possession Point（佔領角）、Point Albert（阿爾拔角）、Matheson Point（勿地臣角）和 West Point（西角）。這些地

名的出現，正是卑路乍測量香港島時所選擇的地標位置。故進一步研究
這些地標，亦是破解卑路乍當年在香港是如何從事他的測繪工作。

「硫磺號」的測量路線和工作

當年英軍海上的測量技術，早已超越法國，水準領先世界，原因是
英海軍早於十八世紀末已發明在船艦上不用登陸便可測繪陸地的技術。
卑路乍和奇力都是有豐富測量經驗的軍官，他們於 Possession Point（佔
領角，即今天的水坑口）登陸後，便展開環島的測量工作。至於硫磺號
的測量路線和工作，可從卑路乍首張地圖中，追蹤到他們的活動。

測量工作的起點是地圖上的 Kellett Bank（奇力海床，位於青洲以
北的水域地區，名字已不復存在，早已編屬維港的一部分），也是硫磺
號開始測量時最早的固定海上位置。測量使用的儀器包括經緯儀、六分
儀、象限器、站指針等，並以三角測量法（triangulatfon）的幾何角度作
計算。從圖 5.4 的標記看，硫磺號用作水上固定的測量位置是 "A" 點；
以此作中心點，觀察港島內明顯山峰的位置，因為西面山峰的山頂呈圓
錐形的尖頂，正是十分明確的地標，故卑路乍給予這個山峰定名為 High
West（西高山），意思是西部明顯高峰的地標。測量以直線量度 "A" 點
至山頂的角度，再以座標的經緯度測量與岸邊接連的距離，便可計算出
山峰的高度。而岸邊的連接點，亦給予 West Point（西角）的名字作標
記（即今天的西營盤，當年該地標的中文名稱叫大西丫 "Tysheegar"，
因形狀像一個丫叉置於西面一角）；這個位置也是英軍最先於港島陸上駐
紮的地方，設有軍營和其他軍部設施，「西角」對出的海灣因為屬於海軍
的活動範圍，故以 Navy Bay（海軍灣）定名。[9]

9　地圖上可見 West Point Barrack 等軍部建設，也是後來華人將該地區稱作「西營盤」的來由，意
　　指西面軍營盤踞的地方。可見香港不少早期的中文地名，是源自英文的意譯或音譯。

測量港口沿岸

測量是須要建立第二個遠距離的地標作計算，以便得到基準數據（datum）。做法也是以 "A" 作起點，觀察港島東部遠處，找出岸邊的一個小山丘，定名為 East Hill（東山，即指今天的北角炮台山），以相同的方法測度距離。接着是沿着「東山」和「西角」一帶岸邊，再尋找三個明顯的地標，以站指針（station pointer）從船上與這三點作測距。卑路乍選擇明顯沿岸的地點有：Possession Point（佔領角）、Point Albert（阿爾拔角）和 Matheson's Point（勿地臣角）。其中 Victoria Bay（維多利亞灣，亦屬現今維港的一部分，接近今天金鐘至銅鑼灣的海灣）是位於港島北部海岸的中心位置，其旁邊最明顯的地標，是摩利臣山腳下呈尖角形的海岸，卑路乍選擇以英女皇新婚夫婿阿爾拔皇子的名字，定名為 Point Albert（阿爾拔角，即今天軒尼詩道與天樂里交界處），其位置與「維多利亞灣」相接，可見卑路乍取名別具心思。[10] 至於 Matheson's Point（勿地臣角，即是舊東角的位置）的定名，是因為怡和洋行大班勿地臣早已跟隨英軍進入香港，並於該處建立辦公樓和倉庫，故以勿地臣之名作為該處的地標，也是唯一不是以英軍或政府官員名字命名的地方。[11] 從 "A" 點對這三點測距，便得到港島北部海岸線的基準數據（參見圖 5.4）。

10　卑路乍以當年英女皇新婚夫婿的名字定名香港島北岸中心點的位置，相信是政治取態的作用。為達到這個目的，他第一張香港地圖所設定香港島位置的經緯度，也是以「阿爾拔角」為準，即是北緯 22 度 16 分 27 秒；東經 114 度 10 分 48 秒。可惜這個定名和座標很快便不被認同而取消，故「阿爾拔角」的地名只是短暫出現於香港史地名錄上。

11　怡和洋行的創辦人勿地臣（James Matheson）早於香港開埠前，已於澳門熱情招待當時於中國水域作戰的英國軍官，與英軍保持非常良好的關係。當英軍登陸香港後，勿地臣便立即到達香港，於東角處建立他的辦事處和倉庫。從香港田土買賣記錄看，是找不到怡和洋行購入該地的交易記錄，直到香港政府於 1842 年成立後，企圖與怡和交換該地段，但為怡和反對。可見勿地臣因為與軍部關係良好，也沒有特別遷就新成立的港英政府的要求。

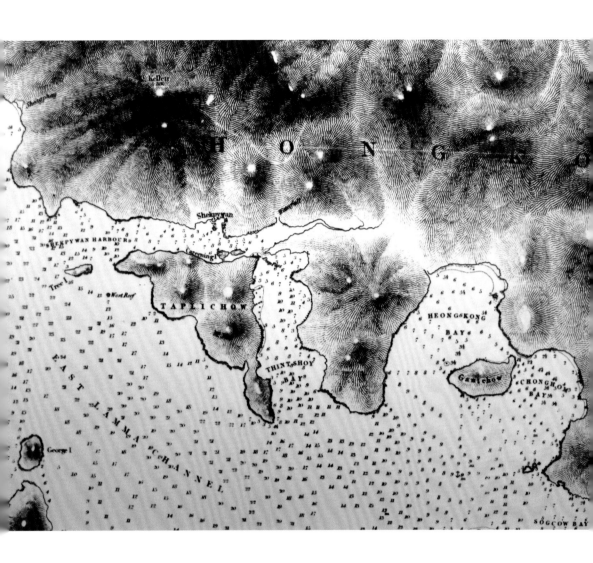

▲　圖 5.6

1841 年卑路乍的地圖標注香港島南部的地名，全是以中文拼寫：Shekpywan、
Shekpywan Harbour、Taplichow、Thint Shoy Bay、Heongkong Bay、Gauichow、
Chonghom Bay、Sogcow Bay。其中只有 Careening Island、West Reef、George
Island 和 Tree Island 是給予新的英文地名。卑路乍的第一張地圖最能反映香港
開埠原有的中文地名。

　　為了判斷從"A"點測量的準確性，硫磺號沿着「香港航道」往東行駛，到達位於今天北角「東山」對出的水域，建立第二個固定海上位置，即圖 5.4 中的"B"點，並以"B"點對先前的各個沿岸地標作測度，再計算"A"點到"B"點的距離，那麼測量所需的基準數據已經準確完成。硫磺號接着要做的工作，是沿着港島以北水域往東面行駛，通過鯉魚門海峽，再環島走一圈，沿着海岸線作測量地形和水深度。從地圖內水深標記數字的位置看，可摸索到硫磺號大概行走的路線，它是用上梅花間竹（quincunx）的方法，即在特定的距離作對角的水深測量（見圖 5.5）。

依據地形特徵取名

　　地圖內其他的英文地名全是有意思的名詞，如 Quarry Bay 是指「礦石灣」（即今天的鰂魚涌地區），也代表香港島上開採石礦的灣區。該位置於香港開埠前，其他航海家早已記錄在那裏看見有打石工人在岸邊作業。至於 Green Island（青洲）的英文名稱，應源自東印度公司早於 1827 年的航海記錄中，描述該島是一遍翠綠色的，故此名極可能早已被西方船隻所採用。

　　至於港島旁的小島和地標的英文命名，靠近香港島的包括：除了 Green Island（青洲，此名應是由西文譯作中文）外，有 Careening Island（護理島，此島一早已填海連接鴨脷洲，故中文舊島名不復見，此島上建有洪聖古廟，即今天的鴨脷洲洪聖廟）、Tree island（樹島，中文名稱的原名應叫「青洲」，即指今天的火藥洲）、George Island（喬治島，即今天的鹿洲）；位於鴨脷洲內的 Mount Johnston（莊士敦山，1843 年的鴨脷洲只分作「上鴨里」和「下鴨里」的地名）、南丫島上北面的 Boulder Point（巨石角，即今天島上的「北角」）和南面的 Green Humumock（綠

色吊床，即今天的「圓角」）。考究這些地名，除「喬治島」和「莊士敦山」是以人物命名外，其餘都是有意思的英文名詞，也代表測量官是依據該處地形特徵或特性取名。

表揚港島背後的守護者

考究「喬治島」（即今天的鹿洲）名字的由來，相信是早於英軍到達前已經出現，至於採用「喬治」地名的背景不大明確，相信是早於十八紀末來華的美國船隻所採納的島名。[12] 原因是英國的地名，不是以人物的名字為依，而是以姓氏為據。「喬治」George 是名，不是姓，也是美國人常用的名字，故可能是紀念美國首位總統喬治‧華盛頓（George Washington）於 1789 年 4 月上任後而得名。至於「莊士敦山」（現稱玉桂山，位於鴨脷洲內的山頭）名稱的來源，是因為 1841 年砵甸乍未正式上任為香港總督前，作為中國商務總監的莊士敦（Alexander Robert Johnston），於 6 月 22 日接管香港政府之職，其職務直到 1842 年砵甸乍上任港督為止。可見莊士敦於香港開埠時，曾投入不少精力，開發和治理香港這個新興城市。為表揚他的功勞，卑路乍在完成測量工作後，特別選取港島旁最大的離島鴨脷洲上的山頭給予命名。可是莊士敦是義律的舊部屬，也是義律一手提攜的香港政府首位署任港督，但義律因《穿鼻草約》不為英廷接納而下台，莊士敦的政治前途，於 1841 年卑路乍的地圖上，也反映出他不能坐正香港島內的位置，只能被安置於離香港島旁最近的鴨脷洲的山頭。

12　香港在開埠前，西方船隻早於十八世紀中葉路經香港島，當年港島南岸的海灣更是船隻作補給、取水和維修的地方，其中的石排灣、香港村和大潭灣更是一早記錄於西方船隻的航海日誌中；大潭灣於當年更被稱為 Hong Kong Harbour（香港港口），位置超然。香港現今的港口是維多利亞港，是開埠後才出現的情況。

第
六
章

港島首批街道命名

香港街道命名的背景，歷史學者一般並不重視，也沒有認真的研究和處理，形成坊間對早期香港街道命名的源由，出現不少錯誤：通常是時間上的錯配；更甚者，是找錯了人物，作街道名稱的配對。出現了這種嚴重的謬誤，原因是研究不嚴謹，資料以訛傳訛，沒有認真求證所致。[1]

街道的建設和定名，離不開城市發展的步伐。事實上，港島維多利亞城區開埠後發展速度之快，連參與第一次鴉片戰爭的英軍也感到驚訝：

> 當我們的部隊從廣州回到香港港口的 1841 年 6 月，那裏只有一座可供歐洲人居住的房屋（應指怡和洋行的勿地臣在中區海傍的簡陋倉庫大樓）。當我們兩個月後離開香港前往廈門遠征時，維多利亞城已有多座草茅搭成的臨時房屋，而那些位置將會建成英國在該地區的商業中心。…… 到了（同年）12 月份，基礎發展已有驚人的進步。翌年 9 月、10 月，由中國工人建造的第一座正規西式大樓落成。…… 到了 1843 年 10 月，不只健全的街道和中國人的商場已落成，大小類型的碼頭和英式市場也相繼出現，良好的道路也正在建造中。[2]

香港第一條大道

香港街道的命名比主要山嶺的定名還要遲一些，原因是英軍於 1841 年 1 月抵達港島後，作測量地形時已為主要的山頭和海灣命名。[3] 英軍工

1　為了進一步解讀港島早期街道命名的背景、名稱的由來，必須從現存的歷史檔案、各年代的香港地圖、人名錄和政府官員的通訊資料等，作細心和有系統的梳理，才能對香港早期街道名字的出處、地名變更的背景，作出正確的判斷。

2　節錄自 W. D. Bernard, *Narrative of the Voyages and Services of the Nemesis, from 1840 to 1843;* ⋯ Vol II., London, 1844, pp. 83-84。

3　參閱本書第五章。

程部隊負上開拓維多利亞城區早期基建的任務。為配合工程的建設，香港政府於 1842 年 3 月 29 日成立道路委員會（committee for roads），負責監督工程的進度。香港第一條大道設於維港海傍，目的是建造一條連接東西的主要通道（由西角 West Point 至黃坭涌谷的東面），整條路闊五十英呎，長三、四英哩，建造費花了約 180,000 元，由第一任港督砵典乍定名「皇后大道」（Queen's Road），是絕對政治正確的命名，沒有任何異議。為配合大路旁興建的軍政大樓、商業建築和倉庫，皇后大道建成半年後才正式使用（參見圖 6.2）。[4]

　　至於沿着皇后大道依山而建的其他街道，到 1844 年 2 月份時，已有相當的格局，以當年財政司的估計，大約用了 100,000 英鎊，[5] 該等新建成的街道一直沒有定名，從英軍的私人通訊中得知，英軍因應方便，曾以軍艦或軍中有關人物的名字給予部分已建成的新街道、山頭、峽谷和碼頭私下定名，但該等名稱並沒有被正式採納。[6] 到了 1844 年 7 月 18 日，香港首批街道正式命名，由上任兩個多月的第二任港督戴維斯（John Francis Davis）確定。[7]

4　參閱 *Plan of North shore of HK Island 1842*, HKPRO-MAP-MM-0279。

5　參閱 *Hong Kong Annual Administration Reports, 1841-1941,* dispatch from Governor Davis to Lord Stanley dated 20 August 1844, encl. 1, pp. 8-9。

6　1842 年香港維多利亞城建設藍圖中，不少山頭、峽谷和碼頭都用上英國軍人的名字，如現今銅鑼灣區的禮頓山（Mt. Leighton）、不再存在的 Mt. Gillespie、Mt. Stewart、Capt. Gribble's Place，位於金鐘一帶的 Burn's Pier 和 Larkin's Pier。參閱 Plan of North shore of HK Island 1842, HKPRO-MAP-MM-0279; PROUK- FO925/2427；HKMS140-1 Correspondence of Lieut. Thomas Collinson。

7　參閱 *The Hongkong Almanack and Directory for 1846*, Hongkong: China Mail, 1846。

首批街道命名

戴維斯是有名的中國通和漢學家。[8]他有豐富的中英貿易經驗，在中國歷史記載中，他正是 1832 年廣州一口通商時期東印度公司的大班、1835 年 10 月 11 日接任英駐華商務總監一職的「德庇時」。英廷改變初期以軍人為首的香港政府架構，特別委任戴維斯接替砵典乍為港督。他正式上任六十九天後，為香港首批街道定名，從被採納的英國人名中，可窺看到戴維斯上任初期的處事作風：企圖討好英國當權者、軍人和當時的香港高官，希望日後在施政上得到應有的支持。

從香港 1845 年編製的維多利亞城區地圖看，首批定名的街道共十六條，[9]先後次序以英文字母排列，分別是：

押巴顛街　　　（Aberdeen Street，即今天的鴨巴甸街）

亞畢諾道　　　（Arbuthnot Road）

堅道　　　　　（Caine Road）

閣麟街　　　　（Cochrane Street）

德記拉街　　　（D'Aguilar Street，即今天的德己立街）

伊里近街　　　（Elgin Street，即今天的伊利近街）

歌賦街　　　　（Gough Street）

嘉咸街　　　　（Graham Street）

荷李活道　　　（Hollywood Road）

麟檄士街　　　（Lyndhurst Terrace，即今天的擺花街）

8　戴維斯是東印度公司時期的大班，熟習中文，對中國戲曲和小説有濃厚興趣，早於 1815 年在澳門已編撰《漢英字典五千字》，也翻譯了《三與樓》、《鳥聲喧》、《中國小説選》、《好述傳》、《漢宮愁》和《漢文詩解》等極深奧的古典文學。1841 年的著作《中國見聞錄》奠定了他的「中國通」地位，成為首位文人港督不二之選。

9　參閱 Plan of Victoria, Hong Kong, 1845, PRO-UK, FO705/82。

▲　圖 6.1

　　畫家筆下的香港開埠初期景象，由紅香爐岸邊
遠看東角和維城一帶海灣。近岸處有打石工正
在工作和搬運石磚，這是香港最早的本土工
業。插圖源自網頁。

▲　圖 6.2

1845 年香港皇后大道近雪廠街一段大路的景象。皇后大道沿岸
的大樓，依次序從近到遠排列是連治加洋行（Lindsay & Co.），
顛地洋行（寶順洋行，Dent & Co.），巴斯商人律頓治洋行
（Rustomjee & Co.），郵政局（Post Office），交易大樓（Exchange
Building），鐵行火船公司（Oriental & Co.），怡和洋行（Matheson
大樓），何羅爹威士洋行（Holliday, Wise & Co.）等。參考 *The
China Directory 1862*，圖片由 Horden House Rare Books 提供。

卑梨街	（Peel Street，即今天的卑利街）
砵典乍街	（Pottinger Street）
皇后大道	（Queen's Road）
士丹利街	（Stanley Street）
威靈頓街	（Wellington Street）
雲咸街	（Wyndham Street）

街道名稱的人物背景

細讀以上十六條街道名稱與相關的人物，盡顯戴維斯的心思。[10] 街道定名主要是以英國人名為依據，除維多利亞女皇的至尊地位外，可分作三類：英國本土政客、英國軍人和香港殖民地高官。在街道的選擇上，考慮到大小街道的位置和佈局，並以相關人物的重要性，作出先後次序的排列。

其中「皇后大道」是沿海旁貫通東西，也是香港最大和最重要的道路，由前朝英軍和第一任港督砵典乍所定。在「皇后大道」同一平衡線往山邊開發的細小街道，依次是「士丹利街」和「威靈頓街」。

「士丹利街」源自愛德華‧史密斯－士丹利公爵（Edward Smith-Stanley），他是當年英國殖民地秘書長（Colonial Secretary），也即是港督的直屬老闆，其重要性不言而喻。

「威靈頓街」的取名，明顯是來自威靈頓公爵，他的原名是阿瑟‧韋爾斯利（Arthur Wellesley），因重大軍功被英皇封賜威靈頓郡為首位公爵而得名（1st Duke of Wellington）。他的大名不用詳述，原因是英法滑鐵

10　街道的中文名字是依據《1863年中國人名錄》（*China Directory for 1863*）所列出原有的中文名稱，也是香港街道首次有中文名字標記於原有英文街道的列表上。

盧戰役中，他打敗了拿破崙。1844 年，他是英軍的總司令、保守黨政府上議院議長和沒有實權的部長（Minister），在英國是極受尊敬的政治人物，故街道以他取名，是不能或缺的安排（參見圖 6.3）。

接着由東至西的小型街道有「歌賦街」。休斯・歌賦中將（Hugh Gough）於第一次鴉片戰爭時，是英國遠征軍的陸軍主帥，軍紀嚴明，在攻打中國各城鎮時立下不少軍功，是英國與中國戰爭中最受敬重的將領。其中「歌賦山」的取名，早於 1841 年香港首次測量地形時已被英軍所設定。歌賦與他的遠征軍於 1842 年 12 月 20 日正式離開中國地域，戴維斯在香港街道命名上決定選擇歌賦將軍，是因應當年香港的駐軍全是歌賦的舊部屬。

至於從「歌賦街」以東的橫街，依次是「鴨巴甸街」、「卑利街」、「嘉咸街」、「閣麟街」、「砵典乍街」和其交界的「擺花街」。街道取名全是當年英國政客和曾經參與鴉片戰事的軍官，現作簡介如下。

「鴨巴甸街」來自鴨巴甸伯爵，他的原名是喬治・咸美頓－戈登（George Hamilton-Gordon），因家族封賜爵位於鴨巴甸郡而得名，他是第四代的伯爵（4th Earl of Aberdeen），也是當年的英國外相（Foreign Secretary），積極參與中國事務的決策人，即是戴維斯的第二位大老闆，故以他的稱號定名街道，也是必須要做的事情（參見圖 6.4）。

「卑利街」源出於羅拔・卑利（Robert Peel），他曾兩度出任英國首相（Prime Minister），分別是 1834 年至 1835 年和 1841 年至 1846 年，一般被譽為保守黨現代化的創始人。1844 年時正是他第二次任職首相，是保守黨政府的黨魁，也是所有英國官員的大老闆。戴維斯最初上任為英國東印度公司在華大班一職時，卑利正是第一次出任首相。由此可見，戴維斯的官運和卑利首相息息相關，故街道命名也必有他的份兒。

▲ 圖 6.3

威靈頓街，左邊高樓正是羅馬天主教堂。照片拍攝於 1880 年代。
作者藏舊照。

▲　圖 6.4

中環半山鴨巴甸街，照片拍攝於 1870 年代。

　　「嘉咸街」是源於詹姆斯・嘉咸男爵（James Graham），他是一位英國政治家，從 1830 年到 1834 年，擔任海軍第一勳爵。[11] 於 1841 年 9 月至 1846 年 7 月期間，任職內政部長（Secretary of Home Department），並於 1852 年 12 月至 1855 年 2 月再次成為海軍第一勳爵。內政部的主要事務是負責英國內政和國家安全。英國內政部源自 1782 年的南、北部門合拼後，職能上分拆出內政部和外交部。在英政府架構上，內政部是外交部的上司。殖民地的事務，於 1844 年時也是由內政部管轄。早於戴維斯在廣州任職東印度公司在華的大班時，嘉咸已是擔任海軍第一勳爵的重要職位，即是主管海軍政策和海軍事務的政治首腦，也是追隨保守黨卑利政府的忠實官員。他一早與戴維斯認識。戴維斯是卑利首相支持下來港上任，作為第一位文人總督，作為「知華派」的代表人物，和嘉咸在對華政策上是同一理念。[12] 故在港島首批街道命名上，也少不了嘉咸男爵。[13]

　　「閣麟街」出自譚馬士・約翰・閣麟少將（Thomas John Cochrane）的大名。他於鴉片戰爭後，被派駐東印度和中國水域的海軍總司令，當年重 1,747 噸、載有 74 口大砲的三級戰艦「亞金科特號」（HMS Agincourt）就是他的旗艦，也是保衛香港水域的主要海軍司令，故街道取名也預了他的一份。

11　海軍第一勳爵是皇家海軍的政治首腦，他是政府所有海軍事務的高級顧問，負責指揮和控制海軍各個部門，包括皇家海軍、皇家海軍陸戰隊和其他服務隊伍。海軍第一勳爵從 1628 年開始存在，是最早的政府永久職位之一，直到 1964 年海軍部、空軍部、國防部和戰爭辦公室全部合併成新的國防部時才被廢除。

12　1857 年，嘉咸是少數反對巴麥尊（Lord Palmerston）轟炸廣州的炮艦外交政策的政府官員。

13　另一個較低的可能性是命名取自查爾斯・嘉咸中校（Capt. Charles Graham）。他曾參與南京戰役，屬英海軍的艦長。第一次鴉片戰爭後，他的船艦嘉士打號（Castor）曾駐守香港，是派駐香港三艘英艦之一，但沒有資料顯示這位軍官與戴維斯的關係，故以這位軍官定名的可能性不強。至於網上資料所指的嘉咸中校（Lieutenant Colonel Henry Hope Graham），並沒有記錄與香港有任何關聯，所指的人物屬不同時代背景的英軍，應是更早時期任職駐加拿大魁北克的總督。

「砵典乍街」，今天亦稱作「石板街」。取名自第一任港督亨利・砵典乍准將（Henry Pottinger），他是英軍在鴉片戰爭後期接替義律與中國談判的全權代表軍官，他的名字早於 1841 年英軍測量香港島時，已給予東部一個山頭定名。戴維斯以砵典乍作為前任港督身份命名街道，正是香港為卸任港督立名的首例。

至於「擺花街」的原本中文名稱是「麟檄士街」（Lyndhurst Terrace），取名出自當年的英國大法官約翰・科普利（Lord Chancellor John Copley），因被封賜麟檄士郡的爵位（1st Baron Lyndhurst）而得名。他曾三度出任英國大法官，在上議院有重大的影響力，也是戴維斯在英國必須取悅的政客。[14]

破解「荷李活道」的出處

與「皇后大道」相同東西向的大道，是「荷李活道」，也是當年香港第二條大道，闊四十英呎（參見圖 6.5）。奇怪是不以人名命名，而是以冬青樹林（Hollywood）命名。曾有學者誤指荷李活道一帶生長了冬青樹木（即是中華聖誕樹 Chinese Holly），故以此定名。但早於 1957 年，已有植物學專家研究中國冬青時指出，香港這一帶地區是沒有這些品種植物生長的。[15] 故這種說法完全沒有根據。

因為名字不是人名，而是植物的名稱，為了破解這條大道的出處，須以多角度的假設來推斷 Hollywood 的出處，經過翻查歷史檔案和英國地名名冊的幫助，最後的判斷是戴維斯以自己的家鄉小鎮命名為結論。

14　網上資料一再出錯，指出麟檄士（Lyndhurst）是香港殖民地政府的一位助理裁判官。一位英國本土地位顯赫的大法官，居然被網民降格為香港次級官員，作為香港街道命名所依，錯得離譜！

15　胡秀英著《中華冬青》，節錄自 *The Tsing Hua Journal of Chinese Studies*，頁 150–183。

但這個小鎮小得從未受到注目，連英國街道歷史研究書籍都沒有記載。直到近年香港歷史熱潮時，有研究者發現和推論。原因是戴維斯處事心思細密，對於當年以他的家鄉定名香港第二條大道顯得十分低調，在政府記錄和通訊中從沒有說明為何用上 Hollywood 的名字，更遑論其出處。戴維斯的用意是避免不必要的政治抵觸，因為他是該鎮的第一位男爵（1st Baronet），特意以「荷李活道」命名。[16]

可能戴維斯在位時，是一位不受歡迎的港督，故一直沒有人留意他的出生地就是位於告羅士打郡（Gloucester）布里斯托爾區（Bristol）的荷李活小鎮（Hollywood），更沒有人刻意追查「荷李活道」真正出處的背景。在戴維斯任期內和離任後一段很長的時間，都沒有歷史學者對「荷李活道」的出處作出探討。至於確認街名的出處，是戴維斯退休後，晚年定居於他的家鄉小鎮才受到注視。以戴維斯處事的作風，將港島的第二條大道賜名，在香港的地位僅次於英女皇的「皇后大道」，當年用上「荷李活」的名字，表面是代表「冬青樹林」的大道，實則是暗指戴維斯他本人的家鄉地名，其後亦成為他的封賜地，也是現職港督給自己留名的首例。

港府官員命名的街道

戴維斯為街道命名，最巧妙的安排是除了「德己立街」位於「威靈頓街」交界外，其餘位於「荷李活道」向山以上的街道，都用上香港政府主要官員和英國次級政府官員的名字，也即是職級上全是他的下屬，其中包括「雲咸街」、「亞畢諾道」、「伊利近街」和「堅道」。

16　至於破解這條大道真正的出處，也是近年的研究結論。筆者與前香港大學出版社（Hong Kong University Press）副社長文基賢（Christopher Munn）於 2016 年春談論這個話題時，得出外籍歷史研究學者的推論。

「德己立街」源於喬治・查理斯・德忌笠少將（George Charles D'Aguilar），當年是英皇委任駐守香港的英軍司令，也是香港政府的第二號人物，職位是副督（Lieutenant-Governor）。德忌笠是軍人出身，1843 年被派駐香港，領導在香港的部隊，其重要性不言而喻，他是戴維斯任內施政最重要的支持者，身兼行政和立法局的代表，是必須拉攏的對象，故以他的名字定名的街道，是有別於一般香港政府的高官，特別設於「威靈頓街」、「士丹利街」的交界，可見戴維斯用心良苦。

「雲咸街」取名自英國老牌家族「雲咸」（Wyndham）。這個家族源於十五世紀時由約翰・雲咸（John Wyndham）建立。這個蘇格蘭家族多代後人出任英國政客和軍官。在 1843 年至 1845 年間，多名家族成員均是國會議員。相信戴維斯來華任職時，已與成員之一的沃德姆・雲咸（Wadham Wyndham）認識。沃德姆於 1835 年至 1843 年間任職國會議員，是卑利保守黨政府的支持者。相信戴維斯來華的任命和在英國政界的關係，曾得到沃德姆・雲咸大力支持，故香港街道命名，亦加入雲咸的名字。[17]

「亞畢諾道」出自一位名叫喬治・亞畢諾（George Arbuthnot）的公務員，他一直任職英國財政部，未曾來過香港出任香港政府任何職位，但他的父親正是大名鼎鼎的羅拔・亞畢諾將軍（Robert Arbuthnot），亞畢諾將軍領導的 76 旅步兵團，在拿破崙戰役中立下大功。至於喬治・亞畢諾本人，雖然只是財政部的公務員，但他於卑利 1843 年任職首相期間，是擔任首相的私人秘書，任何事情可經他直達首相本人。戴

17　雲咸家族中，與戴維斯有關係的是沃德姆・雲咸，但是他退下國會議員一職後，由他的姪兒約翰・金寶・雲咸（John Campbell-Wyndham）接任，由 1843 年任職至 1847 年，也是戴維斯在英國國會需要拉攏的政客之一。至於雲咸家族中，亦見亞瑟・雲咸上校（Colonel Arthur Wyndham）的名字，他曾於 1842 年參與鴉片戰爭，屬陸軍第二馬德里步兵團，手下多是印度籍兵員。

維斯被委任港督前後，相信經常和亞畢諾接觸，也得到他的不少幫助，故上任港督不久，在街道命名上，便加入他的名字。在戴維斯街道命名中，他的職位是最低級的英國政府公務員，故他對戴維斯的重要性可想而知。[18]

至於「伊利近街」的名字，是來自弗雷德里克‧賴特－布魯斯（Frederick Wright-Bruce），他是著名家族伊利近郡（Earl of Elgin）的第七代傳人，是香港當年的布政司（Colonial Secretary），戴維斯以他的家族稱號命名，也是希望取得香港主要官員的支持。

「堅道」名字源於威廉‧堅中校（Major William Caine），他出身於英陸軍第 26 旅步兵團，參與鴉片戰爭時，任職軍艦的裁判官。他早於 1841 年 4 月 30 日已被義律委任為香港總裁判官（Chief Magistrate），當 26 旅兵團於 1843 年 2 月撤離香港返回英國時，他特別被安排留在香港服務，是因為他擁有豐富的裁判官經驗，正合適擔任香港開埠時裁判官一職，管治極之惡劣的治安，責任重大。也是義律有計劃將英軍沿用的軍事法院法官裁判制度（Judge Advocate General）套用於香港。[19] 戴維斯上任後，威廉‧堅更被確定為警察裁判總長，包攬警務、拘控和裁判各職權於一身，對於香港的治安，職位相當重要，也是必須拉攏的對象。

18　追尋「亞畢諾道」名字的來由，坊間出現不少錯誤。其中一個說法是來自同一個喬治‧亞畢諾，但錯誤認為他是有份參與審定滙豐銀行申請的銀行條例的香港政府官員，故以他作街道立名，時間是 1864 年左右。查實喬治‧亞畢諾從來未到過香港，而「亞畢諾道」的街名早於 1844 年定名，沒有可能在二十年後才將同一個人的名字用作街道命名。命名的背景和時間居然相差了二十年。此外，亦有見喬治‧兵咸‧亞畢諾（George Bingham Arbuthnot）的名字，他是東印度公司第三馬德里輕步兵團的上校，但是沒有進一步資料證明他與戴維斯的關係。

19　香港開埠的裁判官制度，請參閱本書第八章「法治之始」。

「赤柱」和「香港仔」
如何變成 Stanley 和 Aberdeen？

除了給予香港島首批街道定名外，戴維斯更一反慣例，將港島最多華人居住的「赤柱」和「石排灣」（即今天香港仔的位置），[20] 於 1845 年初，以英文名 Stanley（士丹利）和 Aberdeen（鴨巴甸），代替一直沿用以英語音譯原有中文地名的做法，將 Chek-chu 改為 Stanley，將 Shekpaewan 變成 Aberdeen。理由正如測量師哥連臣上尉所言，新任港督以英人名字取代華人主要村落原有的名稱：「香港好像已變成文明的城市，但實情也沒多大差別！」[21] 香港開埠初期，赤柱和石排灣是華人聚居的主要村落，因氣候和地理因素，也是較維多利亞港適合駐軍的地區，故香港開埠初期，英軍常駐於赤柱地區。對戴維斯來說，管治好「赤柱」和「石排灣」的華人有政治的含意。他上任後不久，本着討好老闆的心態，將兩處主要華人聚居之地，以兩位直屬老闆士丹利（殖民地秘書長）和鴨巴甸（英國外相）之名，設於華人原有地名上，隱含着西化和文明的意思。也是首次保留着原有的中文地名，但官方英文版本不以英語標音的慣常做法，而是以英人名字代替的首例。

至於中文地名由「香港仔」取代「石排灣」，現存的資料只見 1897 年的《廣東縣志》內地圖上出現了「香港仔」的記載，與石排灣並列。因為香港官方早年的記錄並不重視中文，故所有地名均以 Aberdeen 出現於該區，直到 1925 年民間印製的地圖上，才出現「香港仔」的中文地名。也即是英文地名先由 Shekpaewan 變為 Aberdeen，而中文地名隨

20　參閱 *The Hong Kong Gazette, May 1841*；香港的人口統計以赤柱為首府，也是最大的村莊，人口達二千人。當年的香港村和石排灣村都是華人聚居之處，其中以石排灣因為有港口，船隻往來頻密，亦是英人接觸為主的地方，故此兩地對英人來說，都具有管治華人地區含意的訊息。至於「香港仔」的中文名稱，是後期因應地區發展時，將原有部分石排灣地區合拼而成的名稱。

21　參閱 *Correspondence of Lieut. Thomas Collinson.* letter dated 6 April 1845. HKMS140-1.

▲　圖 6.5

荷李活道文武廟，上望樓梯街。照片拍攝於 1880 年代。

▲　圖 6.6

照片拍攝於 1870 年代後期，皇后大道西一帶店舖。遠景可見太平山區，屬華人聚居處，地方狹窄，各幢樓房排屋式並列。作者藏舊照。

▼ 圖 6.7

遠望維多利亞城中區半山的建築，近景可見堅尼地道
正在興建中。照片拍攝於 1870 年代。作者藏。

後由「石排灣」改為「香港仔」，形成今天「香港仔」是 Aberdeen 的
情況。

港督用心良苦的街道命名

作為首位文人總督，戴維斯為求在香港施政上得到英國政府、軍
人和香港政府高官的支持，在香港首批街道命名和華人聚居地英文名稱
的更改上，表現出他辦事心思細膩。從十六條首批定名街道分析，剔除
「皇后大道」、兩任港督的「砵典乍街」和「荷李活道」後，餘下十三條
街名，六條取自英國本土的軍政要人、兩條是曾參與在華戰事的軍官、
兩條源自英國相熟的政客和公務員、兩條是與香港有關的軍人，曾出任
香港政府主要職務，只有一條是給予文人出身的布政司。至於前朝過氣
的高官，如在砵典乍上任前主理香港政府事務的莊士敦，也未被列名於
首批香港街道上。[22] 而戴維斯並不是將所有政府高官都列入街道命名中。
新政府高官中，只有行政局的三名代表被命名，至於立法局內的首席大
法官（Chief Justice）約翰・沃爾特・赫爾姆（John Walter Hulme）和律
政司（Attorney General）保羅・史他令（Paul Ivy Sterling）均未被列入
首批街道命名。[23] 由此可見，當年的港督早已是以行政主導，立法、司法
和財政有關的主要官員並不是他需要拉攏的對象。從戴維斯上任後與財

---

22   莊士敦（A. R. Johnston）的名字，最早出現於鴨脷洲的山頭命名，於 1845 年的地圖上，曾見
  名為莊士敦山（Mt. Johnston）的名字。相信是由歌連臣繪圖時用上他的名字定名，但特別之處
  是他的名字被安置於離開港島外的鴨脷洲，和其他軍官在港島山頭命名有別。可見英軍在山頭
  命名上，也別有心思。原因是莊士敦一直跟隨義律，也是義律提攜他擔任署理港督一職（Acting
  Governor）。當義律下台，被撤換回英國後，義律的名字也變成「黑馬」，未能寫進香港島內任
  何地名和街道名稱作紀念。至於其後出現的莊士敦道，並不是來自他的名字。

23   1844 年，香港的行政局（Executive Council）和立法局（舊稱定例局 Legislative Council）的議
  席全是官守的，各有四席。行政局除港督外，有副督（Major General Commanding，亦即是
  Lieutenant Governor）、布政司（Colonial Secretary）和首席裁判官（Chief Magistrate）。至於
  立法局，除港督外，有副督、首席大法官（Chief Justice）和律政司（Attorney General）。參閱
  The Hongkong Almanack and Directory for 1846，Hongkong: China Mail, 1846。

政司和首席大法官惡劣的關係看，戴維斯的感受是這些政府高官屬麻煩製造者，多於是協助他有效施政的官員。

香港開埠初期充斥着大量低下階層的華洋居民，治安不靖，政府主要官員貌合神離，駐港新舊英軍的分歧，跋扈的英商和政府財務的困境，都是導致戴維斯成為不受歡迎港督的原因。以戴維斯本人命名的山頭，於他離任後才出現了摩星嶺（Mount Davis）和相關地區的街道名稱。故破解「荷李活道」背後的故事，也揭開了戴維斯任職港督時，早已為自己留名香港作出巧妙的安排。

第
七
章

皇家土地

「因大英商船遠路涉洋，往往有損壞，須修補者，自應給予沿海一處，以便修船及存守所用物料。今大皇帝准將香港一島，給予大英君主暨嗣後世襲主位者，常遠據守，主掌任便，立法治理。」[1] 根據《南京條約》的第三條，香港島便正式割讓給英國了（參見圖 7.1）。

港島在英軍和西方商人仍未登岸前，北岸港灣曾是來華貿易船隊用作臨時停泊之處。箇中原因，是廣州口岸因清政府鴉片禁運，主要口岸被封鎖。船艦由黃埔港退到金星門，接着流走到伶仃水域，然後是港島的港灣和澳門。在廣州鎖關後的 1839 年，黃埔港只停泊了十六艘商船，而香港和其他水域則停泊了六十六艘商船，其中包括義律在海上的辦公專用艦隻皇家和利治號（HMS Volage）。[2] 當時在港島北岸海灣停泊的船隻，是利用港島北岸獨特的水域環境，從事貿易轉運，貨物由中介人的船隻接駁，一切貨物交收都在海上進行。[3] 1839 年 11 月，清兵向停泊於港島北岸海灣的船隻開炮，指令全部船隻轉移到東莞水域。[4] 到了 1840 年，在港灣停泊的船上貨物，全部轉移到澳門登陸，並向澳葡政府繳付稅項，部分貨物則由內河轉運至廣州。但當整條珠江河道被封鎖後，大

1　1842 年 8 月 29 日簽署《南京條約》第三條。參閱 *The Chinese Repository*, Vol. XIII, Hongkong, 1844, pp. 437-446。

2　參閱 Shipping list of 28th September 1839 *Canton Press*, cited from *The Chinese Repository*, Vol. VIII, from May 1839 to April 1840, Canton, 1840, p. 272。

3　港島北岸對出的海灣，歷史學者一般以維港屬深水港，是船隻停泊的良港，故成為商船之選。查實香港開埠前後，到達港灣最大型的軍艦才 1,800 多噸，吃水深度有 7 噚（fathom）已足夠，而當年維港灣航道測量的水深一般在 10 至 12 噚，但在南中國海至廣州多條航道中的島嶼海灣和港島附近的島嶼，不少都有 7 噚以上的水深，很多更有 22－30 噚水深，比港灣更深。由此可見，船艦選擇港島北岸海灣停泊，主因並不是深水港，而是「三不管」的港灣。當年海盜在南中國海域橫行，其中葵涌和青衣島一帶更是著名的海盜出沒之處。清政府在九龍半島駐守的兵員不足，控制不了海盜活動和保護船道上的商船，更談不上執行鴉片封鎖的行動，或是執行進口收取關稅的任務。至於用作運載鴉片的商船，全是重型武器裝備，海盜也不敢進犯。故港島北岸的海灣，便成為暫時停泊的「三不管」港口。參閱 1827 年由英國東印度公司編輯的航行指南《印度名錄指南：東印度群島和中國等地的航道》（*India Directory, directions for Sailing to and from the East Indies, China , etc*）的第三版，1827 年，頁 349－382。

4　參閱 "Journal of occurrences", *The Chinese Repository*, Vol. VIII, May 1839 - April 1840, Canton 1840, p. 379。

部分貨物只能長期存放於澳門，繳交昂貴的倉租。[5]

　　興建倉庫和貿易辦公大樓是早期土地使用的重要商業考慮，其中最早在香港立足投入建設的商行，正是極力主張與華開戰的怡和洋行。《穿鼻草約》簽署後，英海軍便急不及待，在港島水坑口登陸，宣稱港島已屬大英帝國領土，並於 1 月 26 日作升旗儀式，怡和大班是唯一非軍方人員在場觀禮。怡和的兩位大班渣甸（William Jardine）和物地臣（James Matheson），一直與英軍和英政界保持良好關係，當他們確定英軍已在港島登岸後，便即時行動，從澳門安排運來簡單的建築物料，在港灣近中區的臨海岸邊，搭建了簡單的草棚倉庫，完成後，立即將存放於澳門的綿花轉運到香港（參見圖 7.2）。[6]

香港第一次賣地

　　義律雖然成功將香港島劃作大英帝國的殖民地，但在吸引商人來港發展上卻進度緩慢。英軍工程部隊在港島北端海灣作大型修橋築路，在多處建立軍營、軍需物資倉庫和海軍醫院等建築物。在一般商人眼中，香港更像是英國政府在華建立的軍事基地。[7] 為解決招商的問題，義律曾經嘗試免費提供土地給澳門的葡萄牙商人霍斯卡（Joze Maria de Fonseca）和巴塔哈（Antonio F. Batalha）來港島發展，但均被拒絕。[8] 可見香港開埠時，沒有良好的商業基礎和惡劣的治安，對於在中國境內經

5　參考 *The China Mail*, 20th December 1849, no. 253, p. 202。

6　怡和在中區臨海建成的草棚倉庫，英軍工程部隊初步踏足港島時，已注意到這是港灣岸上唯一的建築物。在香港第一次賣地時，這幅地段也是唯一平整了地台的七地，離水平線四英呎高。翌年的 1842 年，英軍已將此幅倉庫地，改為軍方的物資糧食店。參閱 *The China Mail* , 20th December 1849, no. 253, p. 202; 1842 Plan of Victoria。

7　參閱 *The China Mail*, 10th January 1850, no. 256, p. 7；20th December 1849, no. 253, p. 202。

8　澳門的葡籍商人在鴉片戰後期是得益者，不少來華的貨船因廣州河道被封鎖，澳門的倉庫立即變得奇貨可居，租金大升。故澳葡商人對仍未有基本設施的香港，是沒有興趣投資的。參閱 Hong Kong early land sales 1841-1844, *The China Mail*, 10th January 1850, no. 256, p. 7。

營多年的西方商人來說，並沒有吸引力。故義律於開埠五個月後，便急於舉行第一次賣地，目的是給予英商在港島提供興建永久辦公大樓和倉庫的土地，希望一眾原於廣州設行的西方商人，遷移到香港發展經貿。故競投土地的底價設定非常之低，已接近免費送給商家的程度。拍賣於 1841 年 6 月 7 日刊登廣告，拍賣程序和條款分列如下：

1. 因為地形的關係，只有四十幅土地用作拍賣，每幅地段都是在大道旁臨海的位置，100 英呎寬的土地。至於大道旁近內陸的土地，因山勢和市區平整工程，未能如期推出。

2. 每幅臨海地段有 100 英呎面海的長度，深度因連接大道不同的距離，故每幅土地的實際面積不同，買家須要預早親自視察實際的位置和大小。

3. 競投以退租（quit-rent）[9] 的年率作計算，由英鎊支付，或以 4 先令 4 便士兌墨西哥銀元作折算。起拍價每幅地段為 10 英鎊，每口價加 10 先令。

4. 每幅土地以價高者投得，成功買家將收到確認書，當實際測量和登記完成後，確認書將以正式的土地契約代替。

5. 當正式地約批出後，買家由售出日起計算，首年須要繳納租金。

6. 買家須於投地後六個月內，交出建屋的圖則，建築費不少於 1000 元。為保證工程進度如期進行，買家於投地後一個星期內，將 500 元按金存入商務總監的庫房，待工程相等金額支出後，按金將全數退還。若未能遵守這些條款，已交存款和土地分配將被沒收。[10]

9　退租（quit rents）是早期英國常用於殖民地政府的土地政策。在十九至二十世紀時，是一種業權支付的制度。形式上，這是一種回購，而不是稅收，將土地價值定出繳付年租的上限，若不能如期支付的業主，欠款將加於業主個人財務壓力上。參考 Mozley and Whiteley's *The Dictionary*, Butterworth & Co., 2012, pp. 270, 277。

10　參閱 The first sale of land, *The Chinese Repository*, Vol. X from January to December 1841, Canton, 1841, p. 351, Sale of land of Hongkong Island, letter to Jardine, Mathesons & Co, and Dent & Co., by Charles Elliot, Macao, 7th June 1841, cited from *The Chinese Repository*, Vol. XIV, Canton, 1845。

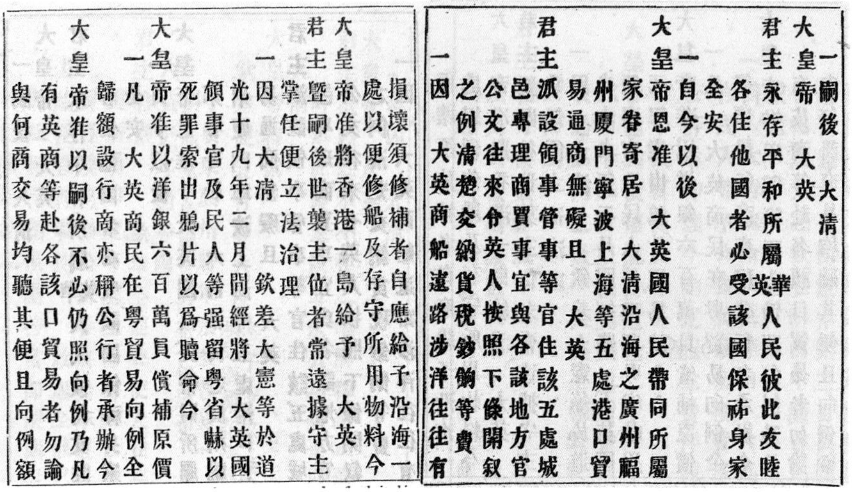

一嗣後大清
大皇帝大英
君主永存平和所屬華英人民彼此友睦
各住他國者必受該國保祐身家
全安
一自今以後
大皇帝恩准大英國人民帶同所屬
家眷寄居大清沿海之廣州福
州廈門寧波上海等五處港口貿
易通商無礙且大英
君主派設領事管事等官住該五處城
邑專理商賈事宜與各該地方官
公文往來令英人按照下條開叙
之例清楚交納貨稅鈔餉等費
一因大英商船遠路涉洋往往有
損壞須修補者自應給予沿海一
處以便修船及存守所用物料今
大皇帝准將香港一島給予大英
君主暨嗣後世襲主位者常遠據守主
掌任便立法治理
一因大清欽差大憲等於道
光十九年二月間經將大英國
領事官及民人等強留粵省嚇以
死罪索出鴉片以為贖命今
大皇帝准以洋銀六百萬員償補原價
一凡大英商民在粵貿易向例全
歸額設行商亦稱公行者承辦今
大皇帝准以嗣後不必仍照向例乃凡
有英商等赴各該口貿易者勿論
與何商交易均聽其便且向例額

▲ 圖 7.1

《南京條約》中文印刷本，節錄第一至第五條，其中第二條是開放五口通商，第三條是割讓香港島，原文由麥都思作翻譯。插圖節錄自《中國叢報》第 13 卷，1844 年，頁 439－440。

▶ 圖 7.3

香港由開埠到現在，不論是洋人工程師或是華人承建商，也是採用廣東的竹棚建造房屋。照片拍攝於二十年紀初。來自英國三名建築師正立於具香港特色的竹棚支架上，視察工程進度。作者藏。

▲ 圖 7.2

1845 年由澳洲建築師 Edward Ashworth 繪劃的怡和洋行
（Jardine Matheson's & Co.）在東角的建設。東角背後的中國
農村，正是當年的「紅香爐」村所在。圖中有舢舨和村民站
立的位置，正是今天的銅鑼灣，而畫家繪畫的位置，是於
「紅香爐天后廟」外沙灘的地方。圖片由 Horden House Rare
Books 提供。

香港的大好友：怡和洋行

6 月 12 日的土地拍賣，吸引了不少英印商人參與。第一幅推出競投的是第 15 號臨海地段，起拍價 20 英鎊，只有商人羅伯特·韋伯斯特（Robert Webster）舉手接價，在沒有其他競爭對手下成功投得。可是韋伯斯特在投得後，笑着表示出價太貴了。接着推出的是第 14 號地段，競投至 21 英鎊時，在再沒有承接下，政府收回。[11] 首兩幅土地在低價完成拍賣後，政府推出沿皇后大道較接近中區位置的臨海地段，此等地段因為沒有崎嶇的海灘，故競投反應比較熱烈。

當拍賣到第 20 號臨海地段時，怡和大班物地臣表現得緊張，因為怡和一早在這個地段平整了地台，並曾搭建臨時倉庫。在拍賣時期，怡和正建造一座樓房，故物地臣希望沒有其他對手，阻礙他投得這幅土地，正是志在必得。為阻嚇其他對手，他開拍時立即提出標價為 150 英鎊，結果沒有人追價，怡和成功取得心頭好。物地臣接着以 185 英鎊和 230 英鎊分別投得接鄰的兩幅地段。在拍賣完中區臨海的黃金地段後，餘下的六幅近中上環地段的競投價格開始下跌，只能在 25 英鎊至 67 英鎊內成交。港島第一次賣地結果，由義律的助理秘書和財務官馬儒翰，於 1841 年 6 月 14 日在政府憲報公佈結果。[12]

第一次土地拍賣結果

四十幅土地合共拍出三十四幅，其中五幅保留不拍，用作郵政局、中央市場、活口市場等公共用途外，一幅流拍，拍出總值為 3,236 英鎊

11　此幅土地政府收回後，到了 1845 年再推售，賣出 220 英鎊。見 *The China Mail*, 20th December 1849, no. 253, p. 202。

12　參閱 *The China Mail*, 10th January 1850, no. 256, p. 7。

14 先令。最高價值一幅佔地最大 35,000 平方英呎，售出 265 英鎊；最低售價是 20 英鎊，佔地 15,900 平方英呎，售給商人羅伯特・韋伯斯特作為兩幢樓房的建築，位置即是今天域多利皇后街與皇后大道中的裕成商業大廈。從呎價平均值看，最貴是第 1－2 號地段佔地面積 6,700 平方英呎，以 80 英鎊售給商人 Gribble, Hughes & Co.，平均呎價等於 3.8 便士。[13] 最便宜的地段是接近上環下市場的土地，35,000 平方英呎才售 250 英鎊，平均呎價是 2.28 便士。除了一幅售給摩根船長價值 205 英鎊的面積未能確定，售出的中環臨海地段總面積合共 396,965 平方英呎，平均呎價為 2.6 便士（4 分錢）一平方英呎。但是賣地所得的總金額，只能支持港督六個半月的薪金！[14] 其中投得最多地段的，是怡和洋行和巴斯商人律頓治（H. Rustomjee），各投得三幅地段。金額以怡和的 565 英鎊為單一最大買家，一共投得總面積 57,150 平方英呎。[15] 而它的業務對手寶順洋行（香港名稱是顛地洋行，Dent & Co.），只投得兩幅第 3－4 號和第 4－5 號地段，以 129 英鎊 10 先令取得總面積 14,700 平方英呎的土地，位置正是今天的置地廣場。而最大的巴斯商人洋行 D & M Rustomjee，則投得旁邊的第 5－6 號地段，以 50 英鎊投得 5,400 平方英呎土地，位置即是今天的中建大廈。拍賣後，到確認書批出時，有九個買家取消買地，四個買家須要重購，一幅由政府收回。此外，由商人羅伯特・韋伯斯特和畢打先生（Mr. Pedder）投得的兩幅土地，須要依據售賣條款重新訂定，因為這兩位買家均未能在指定期限內興建大樓。

13　第 1－2 號臨海地段是第一幅土地推出拍賣，位置正是雪廠街對出皇后大道中的一幅土地，亦即是今天文華東方酒店所在的位置。

14　1847 年政府支出報告列出了各級主要官員的年薪，最高是港督，年薪 6,000 英鎊。參考 "Schedule of the civil establishment for the year 1844"，*Hong Kong Blue Book 1844*, p. 62, cites from CO133/1。

15　怡和洋行當年投得三幅相連地段的位置，屬第 27 號至 29 號臨海地段，正是今天的萬邦行至豐盛創建大廈一帶的土地。

　　第一次賣地結果，香港政府已到「賣大包」的價格，將港島最好的地段售給主要的英商。但是反應不如理想，主要是政府在出售條款上的限制，設有建屋的期限，商人要投入大量金錢興建樓房，而香港開埠初期的商貿活動，仍遠遠不及廣州和澳門，但香港的地租則高於廣州和澳門的樓房和倉庫。[16]

署任港督莊士敦的土地大贈送

　　第一次土地拍賣後，義律便委任他的手下，在華副商務總監莊士敦主理香港政府的事務。[17] 其後，砵典乍走馬上任，接替義律在華的工作，同年 8 月 10 日抵達中國後，便立即北上進行軍事行動，故處理港島上的土地政策，實際是由莊士敦決定。[18] 砵典乍於 1842 年 2 月 1 日返回香港前，莊士敦以吸引澳葡商人來港發展為由，[19] 任隨己意，將已規劃在皇后大道以上的內陸地段，在沒有經過拍賣的程序下，批給任何英籍的申請人。其中得益者，包括有權勢的高官和貪婪的英軍將令，如第一任裁判官威廉 · 堅（Captain William Caine）、駐香港英陸軍指揮官金寶（Colonel

---

16　"Memorial from the inhabitants of Hong Kong to Lord Stanley dated 13th August 1845"；cited from *The Chinese Repository,* Vol. XIV, 1845, Canton.

17　莊士敦於 1841 年 6 月 22 日正式負責香港政府的工作。在義律落台和砵典乍正式上任前，香港政府的管治是由他全權主理，其職位是署理港督（Acting Governor）。參閱 *The Hong Kong Almanack and Directory for 1846*, Hongkong: The *China Mail*, 1846, August Calendar of events。

18　參閱 *The China Mail*, 10th January 1850, no. 356, p. 7, remark notes on China mails to Hong Kong via Macao。

19　莊士敦相信也是受到洋行商號的壓力，才特別考慮向澳葡商人招攬，原因是印度到中國的郵件，包括重要的貨運匯票，到達澳門後，只有三天期作兌換，其中不少鴉片提單的匯票面額高達一百萬銀元，若郵遞要從澳門轉到香港，船主是趕不及三天期匯票的兌換。若澳葡商人來港，貨物轉運便不用經澳門作兌現。參考 *The China Mail*, 10th January 1850, no. 256, p. 7, remark notes no. 2。

C. Campbell）和一些政府文職公務員。[20] 所收取的地租，以標準每幅地段
105 平方英呎算，從 5 英鎊到 40 英鎊不等，政府的批地計算，以該地段
與皇后大道的距離遠近為依據。這個批地條款被形容為「沒有特定的條
件」地贈送土地，情況令先前投得土地的買家非常不滿。[21] 原因是申請批
地的任何地租值，代價有限，申請人幾乎是沒有任何損失下取得土地。
在砵典乍回港前，莊士敦已批出 60 至 70 幅內陸地段，給予以公務員為
主、洋行的文員和那些路過香港的訪客，但在批地的名單上，沒有一名
是長久與華貿易有關的英籍老居民。[22]

　　砵典乍為了平息洋行大班對莊士敦批送土地的不滿，於 3 月 19 日親
自巡視已建成的私人樓房（除公共建設外）和正在施工的情況，並於三
天後，向英籍居民發表成立土地議會的建議，歡迎任何對土地用途和規
劃有興趣的人士參與。議會最少有三名成員，負責調查在任何條款下，
已售出或獲批土地位置的任何申訴，最終目標是對售出的土地的正確位
置和界限作出準確定義。砵典乍成立土地議會的目的，除了安撫投得土
地的買家外，主要是為港島將來的建設和規劃掃除障礙。議會專注於道
路建設的最佳位置，合法拆除任何障礙和提議可發展的土地，以應付日
益增加的華人和歐洲新移民。此外，亦重申港島的土地已屬英皇擁有，

20　從《1842 年香港島北岸的發展藍圖》看，香港第一任裁判官威廉・堅於沿岸地段（近船頭官山
　　Harbour Master Hill，即今天雲咸街和威靈頓街交界的土地）已取得兩幅土地，收歸他個人的名
　　下。至於他獲得的地段對上山腰一大遍的土地（亦即今天蘭桂芳一帶地段），也是給予當年駐香
　　港英軍指揮官，陸軍第 98 步兵旅的金寶上校（Colonel C. Campbell，金寶也是帶領進攻南京的主
　　要陸軍部隊軍官）。其他政府公務員獲得土地的，包括郵政處的文員驛史魁墨（Job Palmer）和
　　土地處的師爺未氏谷（Samuel John Carter; book keeper in land office）。看來香港開埠初期，英
　　軍軍官和政府官員已將香港最珍貴的地段作私相授受，到了肥水不流別人田的地步。參閱 "Plan
　　of the North Shore of Hong Kong Island and immediate Hinderland from the vicinity of West
　　Point to North Point 1842"，Map MM-0279, HKPRO; "Memorials of Land Registry from 1844,
　　Memorial Nos. 32 & 35"，HKRS490-28, PRO-HK。

21　參閱 The China Mail, 10th January 1850, no. 256, p. 7。

22　批地名單中只有四名是與華貿易有關的舊商人，其中包括羅伯特・韋伯斯特（Webster）和亨德
　　森（Henderson）。參閱 The China Mail, 10th January 1850, no.256, p. 7。

提醒英籍人士，若沒有官方的批准，再不能從本地華人手上購買或租賃任何土地。也因應港島的土地擁有權已歸皇室，議會亦為華人原居民的土地，作出補償金額的提議。砵典乍為確保議會有足夠的指引，於同月29日委任政府負責土地發展的官員曼理施（Captain Mylius）加入土地議會，除了提供政府的土地規劃和地標等資料外，主要是引導議會選出興建各類型軍營、海軍港口、船廠、提供清潔食用水的政府和軍用地點。[23]

　　砵典乍在《南京條約》簽署六個月前，對港島維港岸上的建築情況作出檢視，發現共有三十幢樓房和倉庫已完成或在建造中，分別是樓房十五幢、倉庫八座、辦公樓三幢、士多商店三座和一幢酒店連商店。[24] 當年仍未有田土登記制度，這個調查記錄，也代表香港開埠賣地後，最早建築的樓房、倉庫、商店、辦公大樓和酒店。砵典乍回到香港後，立即叫停批地的政策。這個決定令之前批出的土地年租價值飛升，出現了大額買賣和多次轉手的情況。那些獲批土地的擁有者，在1842年初，有不少仍未能興建樓房的，或是根本沒有能力繳付急升的年租金額，或是沒有金錢投入建造大樓的，都急於想辦法解決手上的土地。接着便產生了承包建屋的情況，特別是那些獲批出大量小型土地的西方商人和公務員。有限的土地，使承包建屋的租賃價亦被拉升。不少小型地段經多次轉手，最終流入有能力的華人手中。至於那些未能於規定時間內建房的土地，便被收回，於1844年1月的土地拍賣時再次推售。[25]

23　參考 "Journal of occurrence", *The Chinese Repository*, Vol. XI from January to December 1842, Canton, 1842, p. 184, 240。

24　依記錄看，酒店名叫「奧克蘭酒店」（Auckland hotel and store），就所在地段大小看，酒店應屬小型旅館連商店。參考 Hong Kong early land sales 1841-1844, *The China Mail*, 10th January 1850, no. 256, p. 7。

25　這些地段屬大量小型的土地，位於當年「華人上市場」（Upper China Bazaar）的50至63號內陸地段，即今天鴨巴甸街至砵典乍街一帶。參考 *Plan of the north shore of Hong Kong Island and immediate hinterland from the vicinity of West Pont to North Point 1842*, HKPRO Map MM-0279。

地產狂熱

　　引發香港土地價值飛升，主因不是砵典乍叫停批地，而是香港人口的急增。在英人仍未踏足港島前，港島內的大小村莊住了約四五千人。到了 1844 年底，總人口已急升到 19,463 人。扣除歐美居民只有 454 人，沒有固定居所的流動苦力 1,925 人，住在船上的漁民 5,368 人和寄居於洋人家庭打工的華人 857 人，仍然有 10,859 個華人需要安置居所。[26] 但是 1844 年前來港島的新移民，幾乎全是跑到香港來謀生的男性低下階層，多從事苦力工作的華人，除了早期為英人工作、承接工程，或是開店營商的小店主外，根本沒有足夠大額資金用作炒賣房地產。而真正引發土地狂熱的，是駐港的英軍部隊。

　　英軍派往中國作戰的部隊，共有 11 個兵團和 22 艘主力艦艇，軍官 259 人、兵員 5,567 人。《南京條約》簽訂後，被派駐留守港島作建設和佈防的，有 9 個兵團；連同支援服務部門，高峰時有 108 名軍官和 3,097 名兵員。到了 1844 年，常駐兵員亦有 2,280 人，分別駐守維港各處、赤柱和西灣。在軍費支出上，駐港軍人薪資一年支出 93,242 英鎊，在港島的軍事工程和建設亦支出 59,100 英鎊，每年在香港的軍費高達 152,343 英鎊。相對香港政府公務員的總薪資 31,760 英鎊和基建花費 21,347 英鎊，香港政府一年總支出是 53,107 英鎊，軍方的開支是港府的 2.8 倍。[27] 雖然香港政府不用負擔駐軍的費用，但是軍部在香港的龐大支出，直接

26　參考 Chinese population, *Hong Kong Blue Book 1844*, p. 102, cites from CO133/1。

27　香港政府 1844 年的總收入只有 9,534 英鎊，超支由軍資處長從部分中國的鴉片戰爭賠款中，抽了 64,234 英鎊等值的銀元補助香港政府。至於駐港的軍費，全數由軍部支付。參考 *Hong Kong Blue Book 1844*, p. 18, cites from CO133/1; *The Chinese Repository*, Vol. XI, 1842, Canton, pp. 114-119。

▼ 圖 7.4

1843 年耆英親臨香港島，正式交換《南京條約》中英文本，但是他也只能被安排入住商人於中環區建成的大樓。

圖 7.5

1845 年澳洲建築師 Edward Ashworth 筆下的歌賦街美國浸
信會石柱大教堂，當年華人聚居於上環和太平山一帶，
也是香港早期炒賣土地最熱烈的地區。圖片由 Horden
House Rare Books 提供。

或間接地影響香港的物價和消費模式。[28] 而各類消費價格中，金額最大和投入最多資金的，便是房地產的租賃價格。

作為英軍駐中國部隊的總指揮官修爾頓勳爵（Major-General Lord Saltoun），他在駐港期間，沒有處理好興建良好軍官宿舍和兵營的安排，被批評沒有承擔。在西角（即今天的西營盤）山邊建造的所謂兵營，只是用支架搭建的簡陋小屋，軍隊一般稱之為「昆蟲屋」（pest houses）。駐守該處第 55 步兵旅的 286 名官兵，因水土不服，溫病死了 68 人，因為情況嚴重，全部兵員移至船上，最後該處的營房被棄置和夷平。[29] 部隊在沒有政府建築物的安置下，只能依靠商業用途的社區樓房作安頓。原因是早期興建的政府樓房質素都非常差，特別是兵房，連醫院都不能適合動物入住，其中只有裁判官的大樓是例外。[30] 因為私人建築的樓房比較完善，有露台和堅固的屋頂，連香港政府副督德忌笠少將也是居住於一座私人旅館大樓，政府除了要支付市場租金外，還要支付店家的經營利潤。至於軍官的宿舍，更以高達月租 400 元租用第 55 號臨海地段的大樓。軍人醫院也是以月租 300 元租用私人第 46 號臨海地段使用。各級的政府官員和軍官亦在不同的私人樓房以昂貴的租金租用。

正當耆英於 1843 年蒞臨港島作正式條約交換時，他也只能被安置居住於一名商人的大樓（參見圖 7.4）。香港的地租被軍部和香港政府推高，連帶私人租賃市場價格也水漲船高。到了 1844 年，東藩匯理銀行（原稱西印度銀行，Oriental Bank）來港設立中國第一間銀行分行，在德

28　英軍駐守港島的大量兵員，也帶動酒吧和酒店業的急促發展。到了 1845 年，皇后大道沿路旁，已有十四間酒吧和五間旅館開設，也是為了嗜酒如命的大兵服務。參閱 *The Hongkong Almanack and Directory for 1846*, Hongkong: *The China Mail*.

29　第 55 旅的全部官兵於 1843 年 8 月 16 日移居於船上。參閱 "Sickness at Hongkong"；*The Chinese Repository*, Vol. XII, 1843, Canton。

30　參閱 "Notice of Hongkong"；*The Chinese Repository*, Vol. XIV, 1845, Canton, p. 295。

忌立街的小樓房辦公，需要繳付高達 200 元月租，而旁邊的倉庫，亦被
政府以月租 150 元用作法院樓房。在此之前，一個臨海地段，由新業主
加斯克爾（Gaskell）以年租 320 英鎊 16 先令 10 便士購入，並以 20,000
英鎊的建築費建成大樓，但一直空置，因財務壓力，只能以 375 英鎊年
租，租給鐵行輪船公司。但到同年 7 月，他的樓房以月租 250 元（相當
於 604 英鎊年租）租給托馬斯‧里普利公司（Thomas Ripley & Co.），不
到一年，樓價市值升了 61%。[31]

　　整個 1843 年到 1844 年，港島的土地需求有增無減，但是砵典乍組
成的土地議會，在調查土地買家的申訴期間，再不批准新的樓房興建。
各買家的申訴結果和進度，政府一直保持神秘。但政府內部官員一早便
收到風聲，知道砵典乍將收緊土地政策，早前獲得批地的公務員和貪婪
的高官，因沒有足夠的資金去建造房屋，於 1843 年內已轉售圖利。其中
香港開埠第一任裁判官威廉‧堅於 1843 年 1 月 13 日將他獲得的地段，
轉售給華人翻譯員梁進德（Liang Taeh），經手人正是美國傳教士裨治
文（Elijah Coleman Bridgman）。[32] 直到 1844 年 1 月，政府公佈新的土地
拍賣，才發現不少內陸地段，因批出的地主未能依期興建房屋，其中包
括不少在華人上市場（Upper Bazaar）一帶的土地，由政府收回再安排
拍賣。但這次拍賣條款也是受到批評，因為參與競投的準買家不用支付
按金或罰款，成功投得的買家可以保留土地作轉售圖利，但可以隨時放
棄投得土地，而不須罰款，成功買家只須支付年租率的 10%，便可保留
土地作炒買，故不少華人亦能參與投地，令上市場一帶小型 105 平方英

31　在退租（quit rents）的制度下，市場的租金直接影響土地的年租價格：市場的租金若是低於支
　　付政府的年租率，業主便是賠本了。相反地，租金上升，並高於政府所訂的年租率，他的土地
　　價格便上升了。

32　參考香港土地登記檔案 "Memorials of Land Registry from 1844"，Memorial #33，HKRS490-28，
　　PRO-HK。

呎的地段，由起拍價的 25 英鎊，以超高價的 46 英鎊至 54 英鎊年租率成交。而這一帶的土地，也開始大部分落入華人手上。[33]

　　接着，香港的土地價格急促上升，這個趨勢於同年 6 月 9 日的第二次賣地被確定：十二幅臨海地段以 40 至 370 英鎊年租售出，平均優質位置是 2 英鎊（9 元 6 角）一英呎。另外十二幅市外地段以 13 至 103 英鎊售出。政府第二次賣地總收入 2,300 英鎊年租。短短三年，香港土地價格上升了 184 倍。1844 年 6 月的第二次賣地後，香港土地的炒賣和轉手熾熱，12 月份曾出現三天內轉手「摸貨」狂升的現象，參與者正是深諳英文的華人翻譯員梁進德、英華教書梁發（Liang A-Fat，他也是著名傳教士馬禮遜的《中文聖經》翻譯助手）和美國傳教士裨治文。[34] 從 1844 年和 1845 年香港土地買賣登記記錄分析，參與炒賣的香港居民，主要來自新會、開平、南海、順德、澳門、番禺、香山、新安和東莞。他們在香港的事業包括木匠、木舖、番衣、店舖、教書、翻譯、造屋、買辦、印書、打銀、地保、典當、洋貨。其中只有羅添是潮州人，在香港做水坭。可見香港第一代炒賣土地的華人參與者，主要來自新會、開平、南、番、順、香山和澳門一帶的華人。其中不少也是香港第一代的華人代表（參閱表 7.1）。香港靠地產發達的炒賣情況，自開埠不久，已出現了狂熱。

33　1844 年 1 月的土地拍賣，被形容為砵典乍為製造土地炒賣，推高地價的方法。當他被詢問競投不用支付按金，投得後放棄不用繳付罰款，是否買家可以推高地價，而不用負上責任？砵典乍直接回答：「正是這樣！」。參考 *The China Mail*, 20th December 1849, no. 253, p. 202。

34　梁進德、梁發和裨治文於 1843 年 1 月已參與香港土地買賣，從香港政府官員批地所得的地段，買入後轉售給華人圖利。至於基督教華洋傳教士參與土地買賣的記錄，是初次談論，故 1844 年 12 月的「摸貨」行為，已是有經驗的炒賣行為。參考 "Memorials of Land Registry from 1844", Memorial #36 &37, dated 21st and 24th December 1844, HKRS490-28, PRO-HK。

表 7.1　香港 1843 年至 1846 年華人土地買賣登記記錄

呈文編號 Memorial No.	日期	土地買賣登記地主	見證人
25	13.12.1844	陳達瑞—開舖，南海人 譚亞才—木匠，開平人	陳亞漢—番衣，南海人 譚亞添—木匠，開平人
26	13.12.1844	鍾亞佐—開舖，新會人 譚亞才—木舖，開平人	鍾亞茂—開舖，新會人 譚亞添—木匠，開平人
27	5.8.1844	葉容茂—開舖，新安人 譚亞才—木舖生意，開平人	陳亞勤—木匠，新會人 譚亞添—木匠，開平人
28	14.12.1844	梁貴—開柴炭舖，澳門人 杜永貞—開洋貨舖，南海人	陳洪—開雜貨舖，南海人 潘吉利—開舖，番禺人
29	7.12.1844	郭亞昌—澳門人 容嵩—澳門人（容亞崧）	郭英—順德人 吳祥—澳門人 林贊
30	11.12.1844	梁有珍—番禺人 fitmentger of Victoria 容嵩—澳門人（容亞崧）builder of Victoria	梁貴合—番禺人 區乙—南海人
31	11.12.1844	羅添—香港做水坭，潮州人 容嵩—澳門人 在香港做買辦	黃洪—順德人 蔡松—澳門人
32	17.12.1844	杜永貞—在香港開洋貨舖，南海 人（Too Wing Ching）—chandler of Victoria West 英吉利 驛史魁墨—Job Palmer, clerk in the Post Office of Victoria	潘吉利—開舖，番禺人 吳朝—買辦，香山人
33	13.1.1843	William Caine, Chief Magistrate of Hong Kong 英國巡理堅 梁進德—番禺人（Liang Taeh—as interpretor , resident of Hong Kong）	裨治文—花旗人 E.C. Bridgman, American 陳日新—印書，南海人
34	25.6.1843	馮廷光—開舖，番禺人 梁發—教書，番禺人	陳日新—印書，南海人 劉六新—木匠，新會人
35	20.12.1844	Samuel John Carter, Book keeper in land office, 未氏谷—師爺，英國人 吳秀—開舖，澳門人（Ong Sou— pawn broker of Victoria）	吳亞發—買辦（Ong-A-Fat, comprador of Victoria） 吳祿—（Ong-Luk, comprador of Victoria）

（接上表）

呈文編號 Memorial No.	日期	土地買賣登記地主	見證人
36	21.12.1844	Liang A-Fat- Chinese teacher of Victoria 梁發—教書，番禺人 Elijah Coleman Bridgman -custor of Church 禪治文—教師，花旗人	陳亞河—開舖，南海人（Chin A-ho merchant of Victoria） 韋亞光—書辦，香山人（Wei A Kwong—Clerk to Bridgman）
37	24.12.1844	梁進德—番禺人，做英華翻譯（Liang Taeh—as interpretor , resident of Hong Kong） 禪治文—教書，花旗人	韋亞光—香山人（Wei A Kwong） 陳亞河—開雜貨舖，南海人（Chin A-ho merchant of Victoria）
39	24.12.1844	陳恒光—開舖，番禺人（Chin Hang Kwang, chandler of Victoria） 歐魁—買辦，香山人（Gou-fir, merchant of Victoria）	黃以綱—開舖 馮華賢—開舖
45	4.10.1844	屈和彰—開舖，番禺人（Kut Wo-chuang, chandler of Victoria） 何信南—刻字，南海人（Ho-sin—printer of Victoria）	屈亞祥—開舖，番禺人（Kut A-leung—tauren keeper） 何亞吉—刻字，南海人（Ho-A-kit—printer）
47	21.1.1845	陳三—開舖，番禺人（Chin A-sam—chandler） 陳達瑞—洗番衣，南海人（Chin Tat Suir—Tailor of Victoria）	梁攀麟—開牛欄，新安人（Liang Pun-ling, butcher of Victoria） 陳女—打銀，南海人（Chin A-un—silversmith of Victoria）
48	21.1.1845	陳有意—行船，番禺人（Chin You-ure—boatowner of Victoria） Daniel R. Culoville—interpretor to the Supreme Court 高露雲—師爺—巡理	陳榮—開舖，東莞（Chin Wing—stationer of Victoria） 梁意成—買辦（Liang E-ching—comprador of Victoria）
50	20.1.1845	邱亞仁—開舖，新安人（Ken A-yan, chandler） 譚亞才—木舖，開平人（Tam A-soy—comprador ）	（Yang Sour —merchant） 譚添—坭水木，開平人（Tam Yun -comprador）
52	27.1.1845	林秀—買辦，香山人 吳祿—買辦，澳門人	吳秀—開舖，澳門人 馮泰—開舖，澳門人

（接上表）

呈文編號 Memorial No.	日期	土地買賣登記地主	見證人
55	1.2.1845	高露雲—傳話，巡理衙 Daniel R. Culoville—interpretor to the Supreme Court 羅忠—買辦，番禺人	梁怡勝—買辦，南海人 吳鳳山—師爺，巡理衙
57	14.12.1843	黎堅—造屋，南海人 Lei-Kin—builder of Victoria 主理律—教師，英國人 James Legge, doctor of Divinity	何進善—教師，南海人 Hon Chung Sein 黎三—買辦，南海人 Lyn A-sum
83	3.5.1843	茶耀或蔡耀—開舖，東莞人 黃啟—買辦，番禺人	黃子高—買辦，番禺人 何承遠—上環地保，番禺人
122	6.8.1845	唐亞正（唐金勝之基業承辦人） 韋亞貴—中市公所 act as 典當	唐匯 韋亞全
143	12.10.1845	韋亞貴 吳永祺	唐亞正 勞亞福
213	29.6.1846	Chun Ashing 陳亞盛，a builder resident in Victoria—開舖 Choongsan 郭東山，general dealer, comprador also resident of Victoria 開舖	Channasyear 鄭啟耀，teacher at Hong Kong 寫字 for seller Tooru On 曹安，comprador at Hong Kong 買辦 for buyer
214	22.8.1846	Yung-ASung 容嵩，a contractor 買辦，香山人 Ching yan-kro 鄭燕翹，comprador to the Lieut. Governor —買辦，香山人	Ong Chung 吳昌，shopkeeper of Victoria，開舖，香山人 ching Sow 鄭秀，shopkeeper of Victoria，開舖，香山人
215	12.2.1846	Chiang-cheong，鄭昌，writer in the Chinese Secretary's office，寫字，香山人 Ching-yeen-kuw 鄭燕翹，買辦，香山人	Cing Saun 鄭桑，shopkeeper in Victoria for seller 開舖，香山人 Chngsow 鄭秀，shopkeeper in Victoria for buyer 開舖，香山人

Sources: Memorials of Land Registry from 1844 HKRS490-28 PRO-HK

第八章

法治之始

　　談到香港具備的優勢，一定提到良好的司法精神和制度。但備受讚揚的，並不是開埠時仍適用的《大清律例》，而是開埠後移植到殖民地的大英帝國普通法的司法制度。《大清律例》（參見圖 8.1）在滿清時代行之已久，但條例上的運作與其中的理念，與英國的普通法公義制度相去甚遠，故不能作出比較。[1] 事實上，大英帝國最初在香港建立的司法制度，並不是特別為香港度身訂造的，而是把英國沿襲的普通法和殖民地條例用於香港，目標是有效管治作為自由港的香港。務實的港英政府，對於處理開埠後的司法，除了華洋有別外，在執行上也有不同的分類和優先次序之別。

◀ 圖 8.1

《大清律例》是清代沿用的法律，1810 年由東印度公司的史單東翻譯為英文版本，在英國上流社會備受重視。George Thomas Staunton, Ta Tsing Leu Lee（大清律例）– *Being the Fundamental Laws, and a Selection from the Supplementary Statutes, of the Penal Code of China,* London, Maritime, 1810.

1　《大清律例》的英文全文翻譯版本早於 1810 年由漢學家斯當東翻譯出版，曾在英國上流社會被廣泛研討，也是英國人對中國律法最早的了解。參閱 George Thomas Staunton, *Ta Tsing Leu Lee（大清律例）— Being the Fundamental Laws, and a Selection from the Supplementary Statutes, of the Penal Code of China*, London, Maritime, 1810。

香港首宗刑事和海事法院案件

　　早於英國東印度公司在華專利完結前的 1833 年 12 月 9 日，英議會已訂立法案，作為規範在中國和印度的貿易行為，內容包括成立議會和設立具有刑事和海事的法院制度，目的是針對英籍人士在中國領土、港口和海岸線一百哩內的海上範圍，所干犯罪行的訴訟。內容共有九章三十七節，涵蓋包括拘捕、檢控、訴訟、刑罰、程序、上訴、裁判、強制性的陪審團責任制度、證人出庭、緩刑和判決等。[2] 法院成立以來，未見有正式的記錄，也沒有進行訴訟的任何案件。直到 1839 年 7 月 7 日發生於尖沙嘴岸邊的林維喜命案，案件交到廣州府依《大清律例》審理，因行兇者是英籍水手，若是罪名成立，會是一命填一命的死罪。鑒於案情的嚴重性，義律本着英議會的法案，拒絕將犯人交給中方處理案件。更於同年 8 月 12 日在香港水域的船上，由義律以英商務總監的身份，召開香港第一宗刑事及海事法院（Criminal & Admiralty Court）的傳訊，由文書官員甘頓（J. B. Compton）作記錄。除主席外，大陪審團員十六人和小陪審員十二人，全是在華經商各大小商行的英、美和巴斯商人。[3] 會議中，義律除了提出兇殺和誤殺的法律觀點外，重點指示案件不可能交由中方以大清法律處理。大陪審團最後裁定水手的謀殺罪不成立，連同其他五名水手的控罪：傷人、破壞財產和引至人命損失的罪名成立，翌日由義律將裁判結果宣讀，法院判決記錄成為香港地區（港口船上）開埠前的第一宗法院審理案件。[4]

2　詳細內容參閱 "Affray at Hongkong"，Official public notice to British subjects, Macao dated July 26th 1839; *The Chinese Repository*, Vol. VIII, from May 1839 to April 1840, Canton: 1840, pp 180-194。

3　參閱 "Court of Criminal and Admiralty Jurisdiction"，cited in *The Chinese Repository*, Vol. VIII, from May, 1839 to April 1840, Canton 1840, pp. 187-194。

4　義律在香港開埠前的辦公地點是停泊於香港港口灣區的英艦 HMS Volage，由船長史物夫（Captain H. Smith）領航，協助義律處理繁重的秘書及財務工作的是愛德華・埃爾姆斯利（Edward Elmslie）。參考 "Journal of Occurrences"，*The Chinese Repository*, Vol. VIII, from May, 1839 to April 1840, Canton 1840, p. 272。

1841 年 2 月 1 日，英軍的巴麥上將和義律對港島華裔居民作出聯合公佈，宣佈港島已成為英國屬地，除了指出華人受到政府保護外，亦保留原有的宗教信仰、禮儀和習俗。同時特別指出在英國管治下，華人原有的風俗和行使的律法不變：在英國裁判官監控下，訴訟交由各村的長老主理。若是對英國人或外籍人士的審理認為不公義，可向就近的官員作出投訴，直到公義得到伸張。[5]

接近軍管的巡理廳法院

聯合公佈後的 4 月 3 日，義律委任了香港第一位裁判官（Magistrate，當年稱作巡理廳法官），目的是盡快在港島穩定海盜橫行、流氓犯事的治安問題，故曾於海軍第 26 旅任裁判官的威廉・堅，是唯一的人選。香港開埠初期，巡理廳法院的判決，完全是依據英國的軍事法院法官制度（Judge Advocate General）為藍本，即是裁判官身兼主控官、決定法律觀點、協助犯人提出辯護理據，最後作出總結和判決。至於總判決官的背景，一般是來自軍部的指揮官，有最終的裁判權；若犯人屬軍人，是沒有上訴的權力；若是平民的身份，可保留上訴的權力。由此可見，開埠時的巡理廳裁判官制度（Magistrate of Police），正正是集警務檢控、辯護和裁判於一身，屬至高無上的裁判制度。香港開埠時針對華人的司法，已是接近軍管的制度。[6]

英國報章《星期日三聖報》（*Trinity Sunday*）於 6 月 1 日正式宣稱香港已成為「自由港」（Free Port），可是砵甸乍要到 8 月 21 日才抵達，履

5　參閱 "Proclamation make known to the inhabitants of the island of Hong Kong, *The Chinese Repository, Vol. X, from January to a December 1841*, Canton 1841, p. 64。

6　當年香港的首位巡理廳裁判官是出身軍部的威廉・堅少校，他的任命比砵甸乍於 5 月 14 日被委任為首任香港總督更早。裁判官身兼檢控和裁判之職，可見當年香港開埠時治安之差，在法院和最高法院仍未成立時，正是用作快速處理犯人案件的方法。參閱 *The Hongkong Almanack and Directory for 1846*, Hongkong: *China Mail, 1846*, "Calendar of events—Month of April & May"。

任港督一職，故駐華副商務總監莊士敦早於 6 月 22 日便接手香港政府的行政工作。[7] 對於重商主義的英國政府，官員在香港首要建設的，並不是構建完善的法院或成立行政立法等機構，而是於同年 7 月 31 日設立船頭官的辦事處（Harbour Master Office，即現今的海事處），首位船頭官是威廉・畢打中尉（Lieut. William Pedder，中環畢打街以他命名），可見香港開埠時最急於處理的事務，是港口的船務管理，而不是法院和立法的事項。[8] 1843 年 1 月，英廷以香港為中心，將適用於中國內地、通商口岸和沿海一百英哩範圍內英籍人事的刑事案件交由香港處理。但是香港開埠時的政府主要官員，大多來自軍部的軍官。到了 1844 年，第一位文人出身的大法官到任，香港首宗刑事和海事法院案件於 1844 年 3 月 4 日才開審。首宗案件是審理一名菲律賓籍水手的兇殺案。[9] 其後的發展，香港的司法才由一般的刑事和海事法庭訴訟程序，慢慢改為民間刑事審判的制度。[10]

7　香港割讓給英國後，擔任臨時政府首長的是義律，他當時的身份除了是鴉片戰爭時期英海軍的全權代表外，也是在華的商務總監，至於副商務總監，就是莊士敦，由義律委任，接任作為署任港督一職。參閱 List of H. B. M. Forces, *The Chinese Repository*, Vol. X, year 1841, Canton, 1841, pp. 57-58。

8　從香港政府 1847 年財務支出報告看，各級政府官員的薪酬，按高低依次序排列，可窺看到各級職務的重要性：年薪分別是港督 6,000 英鎊；首席大法官 3,000 英鎊；布政司 1,800 英鎊；律政司 1,500 英鎊；巡理廳裁判官 1,000 英鎊；庫務司（財政司，Treasury）900 英鎊；測量處長 800 英鎊；殖民地主牧 700 英鎊；船頭官（harbour-master）兼海事裁判官（海事處長）600 英鎊；警察處長 500 英鎊。參閱 "Schedule of the Civil Establishment of Hong Kong from 1st January 1847", *The Hong Kong Blue Book, Year 1847.*

9　這宗刑事和海事法院審理案件，由砵典乍和副督德忌笠作裁判官，因語言問題，被告得不到翻譯員和辯護律師協助，被判死刑，但後來經申訴後，改作暫緩執行。參閱余繩武、劉存寬主編：《十九世紀的香港》（香港：麒麟書店，1994），頁 153。

10　英國的軍事法院，不一定設於英國本土，裁判可於任何地點，戰爭時期可於船艦上作出判決。軍事法庭須由一名將校級的指揮官（commander）和最少一名少尉（post captain）擔任，作出裁判。參閱 "British Military & Criminal History" — Home- British Courts Martial, Development of Modern Military Courts; cited from http://stephen-stratford.co.uk/history; HC Deb 31 July 1846 vol. 87, cc 1337-47 "Naval Courts-Martial and Flogging sailors", http://hansard.millbanksystems/common.com。

香港水域內首宗軍事法庭記錄

　　香港依據《南京條約》割讓給英國一年半後，才出現正式的法院審理案件。到了同年 10 月 2 日，香港的最高法院（當年稱作「大葛」，Surpeme Court）開始第一屆刑事會議，亦標誌着香港法院制度的正式確立。[11] 這方面的司法改革，並沒有包含在香港地區一早已實行的軍事法院制度。

　　從最新發現的文書檔案記錄，在香港地區作出的軍事法院審訊案件，最早應出現於 1842 年 12 月 17 日，亦即是《南京條約》簽訂的三個半月後。這宗軍事法庭案件被歷史學者所忽略，原因是當時香港的刑事和海事法院制度，是有別於海軍沿用的軍事法院法官制度。而這宗審判記錄，原本是存於英國軍事法院，故被前人所忽略。若從這宗案件的處理地點和背後的法律程序，正好窺看到英國的法治制度，早已於香港開埠後不久發生於香港地區。此案件重要之處，是前人不曾注意香港開埠初期的司法制度，也包括適用於駐港部隊的軍事法院制度。香港開埠初期，駐港英軍的兵員人數，是全港外籍居民的五倍。由此可見，香港開埠實施的刑事司法制度共有三種：第一種是為華人而設的巡理廳法院；第二種是為非華裔歐美籍人士而設的刑事和海事法院；第三種是為駐港英軍而設的軍事法院法官制度。

　　這宗在香港地區處理的海軍軍事法院審判案件，正好補充於香港審判的軍事法院首宗案例。案發地點並不是在香港，而是發生於第一次鴉

11　香港第一任最高法院（Supreme Court）首席大法官（Chief Justice）是約翰‧沃爾特‧赫爾姆（John Walter Hulme），律政司（Attorney General）由保羅‧史他令（Paul Ivy Sterling）接任，代表香港以文人擔任法政改革的開始。參閱 *An Anglochinese Calendar for the Year 1845*, HongKong: The Chinese Repository by J. Dos Anjos Xavier, 1845; *The Hongkong Almanack and Directory for 1846*, Hongkong; *China Mail*, 1846, "Calendar of events —month of March & October"。

片戰爭期間，英軍在中國戰場上所犯的罪行。英軍於香港正式成為殖民地後，特別於香港水域作出軍事法庭的判決書。審判記錄原稿見圖 8.2。英文原文詳情節錄如下：

> Private John Landrigan 49th Regiment
>
> Ningpo   2nd May 1842
>
> Proceedings of a General Court
>
> Martial assembled at Ningpo/in China/on Monday 2nd May 1842, by order of His Excellency Lt. General Sir Hugh Gough, G.C.B.
>
> Confirmed, to the extent of two years imprisonment, including solitary confinement, the utmost limit a punishment of this nature can be beneficially carried to, and which I am new induced to sanction on account of the very heinous offence the prisoner has been found guilty of.
>
> H. Gough Lt. General
>
> Army Expeditionary Force
>
> Transport Marine
>
> Hong Kong Harbour
>
> December 17th 1842
>
> The Court adjourns at 1 o'clock a.m. sine die
>
> N. Morris (Colonel Morris – commander of 49th Regiment)
>
> Deputy Judge advocate General
>
> The officer commanding Her Majesty's 49th Regiment will appoint the places of imprisonment which will be reckoned from the 2nd May 1842.
>
> H. Gough Lt. Gen.

原文中文翻譯：

案件：約翰‧蘭德里根　第 49 步兵團士兵

寧波 1842 年 5 月 2 日

「普通軍事法庭訴訟案件 —— 由歌賦中將於 1842 年 5 月 2 日
星期一中國寧波提出的訴訟」

確定，兩年監禁刑罰，包括單獨監禁，這種最低限度的處罰最
為適當，裁決已考慮犯人被指犯上令人髮指的罪行，罪名成立並作
出的判刑。

堯夫‧歌賦中將（簽署）

中國遠征軍（陸軍統帥）

海洋運輸

香港海港

1842 年 12 月 17 日

法院於凌晨 1 時結束或無限期休庭

埃德蒙‧莫里斯（簽署）

副軍事法庭審判官（上校官階，也是 49 步兵團的指揮官）

第 49 軍步兵團的指揮官將安排囚犯服刑的地點，刑期於 1842
年 5 月 2 日開始。

堯夫‧歌賦中將（簽署）

案件訴訟時間追溯至 1842 年 5 月 2 日，地點是中國的寧波。被告
人是英國陸軍第 49 步兵團的士兵約翰‧蘭德里根，提出檢控的是英國遠
征中國的陸軍最高統帥堯夫‧歌賦將軍。當年英軍進攻長江一帶地區，
攻佔寧波後在該處停留駐紮了四十二天，等待重整軍隊，並於 5 月 6 日
上船出發到乍浦鎮（Town of Chapoo），作為下一個攻擊目標（參見圖

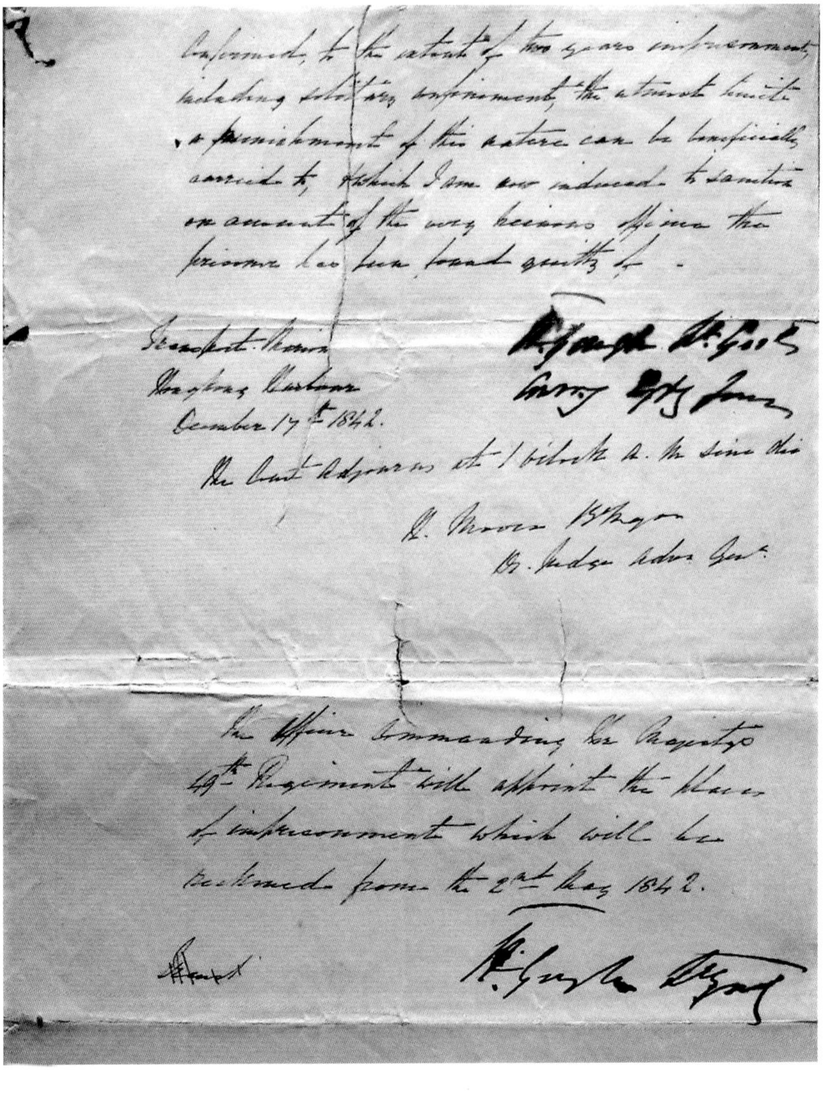

▲　圖 8.2

1842 年 12 月 17 日在香港水域執行的軍事法庭判決
書。這是有記錄中香港最早的軍事法院的裁判記錄。
作者藏。

▲ 圖 8.3

訴訟案件發生於寧波的戰事，歌賦將軍出名紀律嚴明，特別安排軍艦到香港後審判一
眾戰時罪犯。圖為英軍在乍浦戰役中傷亡的情況。

▶ 圖 8.4

備受英兵尊崇的歌賦將軍。他主
持香港首宗軍事法院審判。

8.3）。乍浦鎮在杭州以東 30 至 35 英哩近海地區，從寧波出發，船行 60
英哩路程，但因為航道阻礙，用了九天時間，即 17 日才到達乍浦鎮。英
軍在寧波四十二天的駐紮期間，戰鬥總指揮官（Commander-in-chief）正
是堯夫・歌賦。歌賦當年的官階是中國遠征軍的陸軍統帥，而海軍統帥
是柏架將軍。以英軍部隊的官階，歌賦的陸軍少將（Lieutenant General）
與柏架的海軍少將（Vice Admiral）是同級，但以軍功獎牌則是以歌賦
為高，在鴉片戰爭時，歌賦於 1841 年 3 月 7 日進軍廣州，戰役後取得
GCB（巴斯十字勳章），維多利亞女皇並於 1842 年 12 月 1 日在英國白
宮（Whitehall）賜給歌賦特大勳章，加賜藍爵的榮譽。[12] 至於柏架亦於翌
日在唐寧街（Towning Street）與砵甸乍被封授 GCB。可見歌賦的權力和
影響力，於第一次鴉片戰爭時已是高於其他軍官。[13]

英軍軍事法院制度

堯夫・歌賦中將是身經百戰、遠征中國的英陸軍總指揮官，是聲名
顯赫的陸軍將領，於拿破崙戰役中跟隨威靈頓，曾作戰受傷，被形容為
「英軍最佳榜樣和最高質素的士兵」（參見圖 8.4）。歌賦軍紀嚴厲，屬實
戰型的將領，當他準備從寧波出發時，於 5 月 2 日審訊第 49 旅步兵團的
士兵約翰・蘭德里根，原因是他犯了「令人髮指的罪行」，案件雖然沒
有詳述內容和所犯的罪行，但從判決的用語，應是犯了以下犯上、企圖
殺害或嚴重傷害軍官的罪行。從戰時的記錄，英軍在攻打寧波和鎮江時
曾對清兵進行大屠殺，故案件應與殺害中國軍民無關。

12　同上註。參閱 "Calendar of events — month of March"；*The London Gazette*, Friday December
　　2, 1842, p. 3565, Whitehall record.

13　同上註，*The London Gazette*, Friday December 2, 1842 , p. 3565, Downing-Street.

　　歌賦在華戰爭報告中，除了表揚各級指揮官的功勞外，也曾提及軍中除歐籍兵員外，也包括向本地華人致謝。可見當年鴉片戰爭，有不少華人「漢奸」（清政府稱為「英奸」）是協助英軍作戰，或是提供情報。[14] 歌賦除了表揚各級軍官外，也不避諱地指出，在他領導下，水手和士兵的種種劣行。其中提到在廣州登陸的八天期間，發生兩宗醉酒鬧事，第49旅步兵團的士兵在村莊搶奪本地人的白酒，帶上船上，在他們的上司信任下，喝得酩酊大醉後，將船隻弄破了。歌賦對於軍官容許下屬這種行徑表示關切，並明確向各級軍官發出指示，在他的領軍下，不論士兵多勇敢作戰，紀律是不可或缺的。[15]

　　從這一份在香港水域作出的軍事法庭判決書看，其判決的程序和總結，正可探究香港開埠初期的巡理廳制度的運作。第一任巡理廳裁判官威廉・堅少校，正是跟隨歌賦於第一次鴉片戰爭時，擔任軍中的裁判官。[16] 他被義律委任，並於香港第一和第二份憲報作出正式的公告。[17] 從這個歷史背景推斷，港英政府成立初期，對華人的司法管治，是源於英海軍的軍管制度。屬軍人出身的威廉・堅，他在香港實行的巡理廳裁判官制度，正是依據當年英國的海軍軍事法院法官制度，來處理香港的刑事案件。

14　義律宣佈香港成為自由港的公佈中，特別提到任何人曾為英軍提供情報，中國政府將會裁定他們為海盜，被清政府通緝和送官查辦。其目的是相勸曾協助英軍的華人和商人，投奔香港。參考 "General Orders issued by Lt-colonel and deputy adjutant-general Armine S. H. Mountain in Ship Marion dated June 5th 1841; Journal of Occurrence: A proclamation "Hongkong has been declared a free port" cited from *The Chinese Repository*, Vol. X , Canton 1841, pp. 348, 350。

15　"General Orders issued by Lt-colonel and deputy adjutant-general Armine S.H. Mountain in Ship Marion dated June 5th 1841"; cited from *The Chinese Repository*, Vol. X, Canton 1841, p. 348.

16　威廉・堅少校在第一次鴉片戰爭時，任女皇陛下第26步兵團（或稱卡梅倫步兵團 Cameronian）的軍事裁判官，亦是英軍中唯一主理軍事法庭的軍官。

17　香港第一和第二份憲報（*The Hongkong Gazette*）同時於1841年5月1日刊登。參閱 *The Chinese Repository*, Vol. X, year 1841, Canton, 1841, p. 286。

至於義律當年委任威廉‧堅作為第一任裁判官，他的職權說明如下：

根據中國的法律、習俗和習慣，盡可能行使權力（每一種酷刑除外），維護和平，保護島上和港口內所有當地居民的生命和財產。

授權並要求在任何情況下，當罪行根據中國法律作懲處時，其嚴重性超越以下的程度，案件將交由香港政府的首長作出匯報和裁決。

程度：監禁，不論有沒有苦工，刑期超過三個月；

或罰款超過 400 元；

或體罰超過 100 鞭。

所有案件包含刑罰或施加的懲處，一定要保存記錄，包括案件的簡短陳述和判刑的副本。

進一步授權，根據英國警察的慣例和行使的法律，對所有人行使裁判和警察的權力（除了島上的當地人，或被控叛國罪的人，或有關普通法內管轄艦隊的法規），將適用於島上或港口內，被發現破壞和平，或違反本地政府不時發佈的任何規律。

根據英國一般警察法的原則和慣例，特別在此之前，為了警務工作的目的，獲授權作出逮捕、拘留、檢控和懲罰此類罪犯。

任何人，若干犯叛國罪，或管轄船隊的普通法，違反警察條例或其他罪行，將交由他們有關的軍部上司，作出懲處。

依據英國法律，授權拘留干犯香港政府管轄內，相當嚴重罪行的任何人，並向香港政府的首長，通報相關的訴訟程序和理據。

在合乎法規程序下，此委任狀將給予足夠的保障和授權。

由義律於 1841 年 4 月 3 日澳門蓋印簽發。

▶ 圖 8.5

香港開埠初期罪案嚴重，政府多次擴建監獄設施。圖為 1847 年位於荷李活道維城監獄的新設計建築圖。*Hong Kong Blue Book Year 1847,* CO133 PROUK, p. 153。

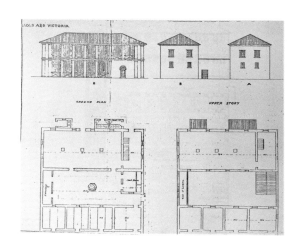

▲ 圖 8.6

香港開埠時由巡理廳主理警務，集檢控、辯護和裁判於一身，是近乎軍管式的執法，屬至高無上的裁判制度。也因極權導致貪腐，香港首位巡理廳總長威廉，堅貪污受賄嚴重，華人警員給市民的印象極差。照片拍攝於 1880 年代。作者藏。

從以上香港首位巡理廳裁判官的委任書內容看，香港開埠時司法的
法律依據，也分為三類：第一類為香港的華人而設，保留行使《大清律
例》的條款和刑法（除指定的嚴重刑罰外），一般事件由華人長老審理；
第二類是適用於其他人，即非華人的歐美籍人士，行使英國的警務和普
通法，嚴重案件由刑事和海事法院審理；第三類專為艦隊和西方船隊訂
立的規管程序，義律特別訂定了《英國商船的規則和條例》，其中分作
五章十六節，詳列四項罪行和相關的刑罰，以及裁判官和警務上的職權
等等。[18]

至於法院的審判和案件的處理，在開埠首三年，主要是由巡理廳、
海事法院和軍事法院三個不同的地方處理，但被判罪的犯人，全都是判
入港島唯一的監獄（參見圖 8.5）。依記錄，1843 年被判入獄的犯人共
482 人，其中 430 名為華人、印度人和非歐洲籍人，他們都是經巡理廳
和海事法院判處的犯人，是與歐籍犯人分開囚禁。至於歐籍犯人，都是
由海事法院判罪入獄的 134 名歐籍水手和約 20 名由軍事法院判刑入獄的
英兵。到了 1844 年，入獄的犯人總數增至 616 人。其中新增有 281 名華
裔、印度和非歐籍犯人，另外 47 名英兵由軍事法院判刑入獄，約共 74
名已判刑和進行判罪的歐籍水手由海事法院判刑。由此可見，香港開埠
初期的監獄，主要是由巡理廳審判入獄的華人，其次是歐籍水手和非歐
籍如印度裔的犯人，全是由海事法院判罪入獄，最後是由軍事法院判罪
入獄的英兵。[19]

香港開埠初期最麻煩的治安問題，除華人罪犯和海盜外，是來自船
上的水手和海軍部隊。對義律來說，中國的《人清律例》已相當嚴厲，

18 詳見香港憲報第二份報告中有關《英國商船的規則和條例》的內容。參閱 *The Chinese Repository*, Vol. X, year 1841, Canton, 1841, pp. 287-288。

19 參閱 *The Chinese Repository*, Vol. XIII, Year 1844 Hong Kong, p. 654, "Record of Criminals"。

反而在嚴刑上，附加了上呈港督處理的程序，亦沒有必要重疊英國的法規於華人身上，也是避免在華人的管治上，中英不同的法律背景下，造成混淆的情況。可惜是威廉・堅和其他早期政府官員的品格都很有問題。威廉・堅被形容為極之貪腐，利用權力，參與炒賣土地、謀取私利、道德鬆散，以軍管紀律手法作司法管治。[20] 他手下的警察，不論華洋官員，在華人居民眼中，都是十分敗壞和經常收受賄賂（參見圖 8.6 的說明）。[21] 香港開埠時，司法的公正和公義沒有得到伸張，在刑事案件處理上，更是華洋有別。威廉・堅主理的巡理廳，令香港治安惡劣，罪案得不到控制，正是嚇怕富裕華人來香港發展的原因。[22] 雖然首席大法官（Chief Justice）約翰・沃爾特・赫爾姆（John Walter Hulme）上任後，着手處理香港的司法改革，但是他醉酒的劣行和對華人罪犯不公的嚴刑判決，亦受到英國公眾的批評，香港的法治成為笑柄。可見由開埠時司法的混亂，發展到今天以法治精神自豪的香港，真是漫漫長路。

20　參考本書第七章「皇家土地」中，有關威廉・堅利用職權炒賣土地的記錄，"Memorials of Land Registry from 1844", Memorial #33, dated 13th January 1843, HKRS490-28, PRO-HK; G. B. Endacott, *A Biographical Sketch-Book of Early Hong Kong*, New Introduction by John Carroll, Hong Kong University Press, 2005, p. xiii.

21　在馬禮遜學堂學員介紹香港歷史的文章中，多名學員不約而同地指出華人官員都非常敗壞。參考 "History of Hong Kong", *The Chinese Repository*, Vol. XII, Canton 1843, pp. 363-365。

22　參閱 G. B. Endacott, *A Biographical Sketch-Book of Early Hong Kong*, New Introduction by John Carroll, p. xxiv。

第
九
章

第一代學堂教育

　　香港開埠前後，孩童的教育，是由港島上僅有的書館（當年的名稱是書館，不是師塾）所辦理的，書館全是設於人口比較多的黃泥涌村、香港村、筲箕灣、赤柱等地的村莊裏，以八股語文教學，多是死記死背古文的形式進行，在語文學習上，學童得益於識字和考取功名。至於香港的英語教學，是始於中國第一所新式教學書院：馬禮遜學堂。學堂由美國傳教士鮑留雲（Rev. Samuel Robbins Brown）於 1839 年在澳門創辦（參見圖 9.1），並於 1842 年 11 月遷至香港，得到香港政府和大商家的資助，於摩利臣山撥地建校（參見圖 9.2）。[1] 學堂於 1843 年 4 月正式在香港招收第一批新生，也是香港第一代學童接受英語教育的開始。鮑留雲既是校長，也是多年來主要的英文導師。他依據以往其他傳教士在馬六甲和新加坡接觸過華人學員的經驗，了解到大部分華人父母，往往將學了少許英語的學員帶走離開學堂。故學堂於 1839 年在澳門開始招收第一批學員時，便要求孩子的父母簽訂一個八年就讀協議，目的之一是為了防止學員的流失。其次是學堂招收的學員，幾乎全部是沒有接受過教育的小孩，年齡不超過十歲至十二歲，因此須要固定和有延續性的寄宿學校生活環境，來作出長時期的培訓。

鮑留雲校長匠心獨運

　　因為學堂招收的新學員全是來自窮困的家庭，鮑留雲以這些小孩曾接觸到許多不值得提倡的思想，新辦的學堂需要摒棄這些東西，也即是「廢科舉、興學堂」的先導者。來自美國的鮑校長，考慮到學習一

1　鮑留雲牧師的年薪是 1,500 銀元，1844 年學校記錄的經費是 3,177.50 銀元，主要由自願團體資助，砵典乍曾作出每年 1,200 元的補助，但新港督上任後，政府資助無以為繼。學堂結束前一年的 1848 年，總支出是 625 英鎊，其中 512 英鎊 10 先令是教員的總支出。1844 年記錄有三十二名華籍男學員，1847 年學員減至二十三人。聘有中文老師，年薪 92 銀元，屬當年最高薪的華人老師。參考 *Hong Kong Blue Book, Year 1844*, pp. 116-117; Year 1844 to 1848, page on education.

種全新的語言，須要用一段長時間來學習，故此除了使用英語作為教學媒介外，也沒有想到其他更好的辦法來訓練、擴展和充實中國小孩的思維。

除英語外，鮑校長肯定學員也要學習漢語和中國文學，否則即使他們完成教育，也不會成為有用的人材。學堂除了強調教授學員英語和中文的重要性外，同時也教導和培訓學員成為有責任的人。學員在他們十八至二十歲時結業，他們在英語和中文的學習上已分別用了四年的長時間，故大多能掌握流利的英語和中文。至於鮑校長的辦學原則：

> 每次只須教好一個學習點；進度要根據學員的接受快慢而定，不能過快；目標是發展訓練學員的智力，而不是僅僅向他們傳授知識，讓學員以高尚的理想作為動力，不僅以世俗的方法教育他們如何求生，而是要教導學員們時刻謹記自己擁有高貴的靈魂……也許〔我的教學法〕屬於這個或那個教育體制，但只要能夠保證我們以簡潔的語言，並充分教給學員最基本的真理，我們就願意採用這種體制。[2]

華人學子如何學好中、英語文？

馬禮遜學堂教授英語和各種課程的成績突出，鮑校長可謂功不可沒。他將學員分為四個班級，每一級別的學員人數因應進度而定，就以1846年9月為例，學校各班別的學員分別是：第一班有七名、第二班四名、第三班七名、第四班十名。第四班為最初級別，第一班則為最高水平的級別。全校共二十八名學生，正是小班教學的先例。各班級的英語課程，是因應學員不同的水平而編撰；一半時間教英文，另一半時間

2　參閱《馬禮遜教育會第九次年度會議記錄》，節錄自《中國叢報》(*The Chinese Repository*)。

教中文。早上六點開始上課，晚上九點下課，每天有八小時學習書本知識，下午三點到四點是戶外運動和娛樂的時間。

　　最初的級別是第四班學員，年齡從九歲到十五歲不等，除創校時由鮑校長主持外，其後的年份是由邦尼牧師（Rev. Samuel William Bonney）和接任的美斯先生（Mr. William Macy）負責。課程主要目的是教授入門英語，學員不但要學習字母表，也要從最簡單的單詞學起。由於學員的舌頭發音完全不習慣英國人表達意思時使用的聲音，英語教師需要輔導他們進行大量的練習，直到學員當中有人能夠熟練地發出單音節。學員用了幾個星期來練習聲音，當練習一些比較生僻的詞語後，便開始習讀單音節。發音練習包括了各種各樣的字母組合，當練習達到足夠的份量後，學員便開始通過分析、以拆分的方式學習字母表。接着就是要將兩個或兩個以上的單詞結合在一起，然後造句，以此類推。對學堂來說，在所有的語言中，恐怕再沒有像英語和漢語之間存在着這麼大的差別。

英語課程設計

　　為了方便學員學習英語動詞不同的變化，校長用了一段時間，準備了一些口語教材，收集了一千二百多個帶有漢語譯文的英語習慣用語，部分更刊印出來，湊集成一本教學課本，提供給第四班學員使用，以便在課堂上背誦和反覆練習。學員們必須下工夫背誦這些動詞，反覆讀了好幾遍，並用鉛筆抄寫了前二十頁，包括一些常用的物品名稱、動詞最簡單的形式、命令式、存在動詞以及與單數和複數主語之間的關係，還有及物動詞和不及物動詞之間的區別。在這些基礎上，學員練習將比較簡單的漢語單詞和句子翻譯成英語。在教學用的課本上，除了一些青少年初級讀物外，學員還讀了兩遍《約翰福音書》。亦因學員間的年齡和智力差距相當明顯，也造成了進步參差不齊的情況。在主日天，那些英

▶　圖 9.1

香港第一間中英教授學校馬禮遜學堂的鮑留
雲校長。

▼　圖 9.2

圖中左邊位於摩利臣山頂上的建築物，正
是馬禮遜教育會的原址。照片拍攝於 1870
年代。

▼ 圖 9.3

十九世紀中期，香港鄉村書室教學的情況，這種封
建式教學方法，也是鮑留雲校長要「廢科舉、興學
堂」的辦學宗旨。

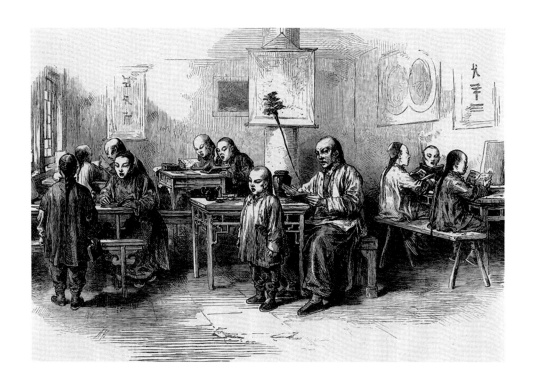

語水平比較高的，即是能夠完全讀懂《聖經》的，便會被要求背誦經文。而英語水平稍差的，則要背誦中文的經文，然後在晚上用中英文反覆朗讀《聖經》。

除了《聖經》作為課本外，學堂也採用了賓特力（Rensselaer Bentley）的《讀者畫報》（Pictorial Reader）中的概述，將書內的單詞、每句話都詳細地向學員講解，並且要求學員達到完全理解的程度。學員們學完詞匯法並進行了複習，之後便一直使用鮑校長撰寫的教材，來減少學員在學習英語和漢語間的差異。這一級別的學員英語水平比較低，學員須要經常在黑板和寫字簿上進行寫字練習。練習部分是聽寫句子，也會將所給的中文句子翻譯成英文，部分則是學員自己造句。雖然這班學員開始時的英語和中文水平有很大的差距，但在完成這班級時，其中的差距明顯減小了，運用的詞匯量也得到了顯著提升。

至於第三班，學員的年齡從九歲到十六歲不等，全是已在學堂學習了兩年多第四班課程的學員。這班課堂的學習時間約在兩年左右，一直由鮑校長主理。英語課程包括閱讀、寫作、造句和寫作比較短的故事。這一級別大部分時間用於閱讀課本上，學堂要求這級學員反覆閱讀三本書，共三百七十五頁。鮑校長會在課堂上問學員問題，給他們解釋一些難點，然後讓他們在黑板上寫下自己閱讀的內容，並將漢語常用語翻譯成英語。通過這種方式，學員們既可提高閱讀能力，也增加了詞匯量和英語的知識。這班級學習的目標，是讓每個學員都能夠正確閱讀理解《聖經》。所使用的教科書是《標準拼寫教材》（Union Spelling Book）、《讀者畫報》和《古德里奇的第二級學校讀者》（Goodrich's Second School Reader）。

學員會背誦一千多條諺語短句，包括漢語和英語，目的是讓學員能夠使用英語交談，並掌握會話中常用英語特有的措辭，學員只能通

過死記硬背的方法，才能真正掌握這些常用語。學堂通過這種方法的實踐，使學員整體上的英語運用達到明顯的進步。當學員到了這個水平，便可以將英語的常用語與相關的中文聯繫在一起。此外，這一級別的學員也閱讀了奧尼的《地理入門》，目的除了要讓學員學習地圖上相關的地理知識外，主要是讓學員能夠了解各個國家相對的位置和國家名稱。這也是為了讓學員的英語水平提升後，向他們介紹有關地理更詳細的知識。

　　第二班的規模比較小，後期因兩名學員生病，最後只餘下兩名學員繼續學習。課程由邦尼牧師和後期的美斯先生負責。這級學員的課程主要是算術、地理、寫作和閱讀。學員廣泛地接觸英語會話，教師要求學員用英語說話和寫作，盡量禁止在課上使用自己的母語，並要求他們用英語對話，只能在做一些解釋說明的時候，才會使用他們的母語。這班的英語教學重點是寫作，寫作課的教學和第三班相近，學員們必須取得更大的進步，在寫作上做到比上一年更加熟練。相同的要求也出現於閱讀課程上，學員在閱讀上亦必須有很大的成效。這級別十分注重語法課，每次閱讀和寫作練習，雖然涉及語法的使用比較少，但嚴格上來說也屬於語法課。

循序漸進學習寫作

　　除此之外，學員也大量地練習如何將規則動詞連接起來，而這方面的練習課程，一直持續有三年半以上。第二班的課程也包括生理衛生、算術、地理和閱讀。教材是簡・泰勒女士的《生理衛生》、摩爾斯（Jedidiah Morse）的《最新地理和地圖》、科爾伯恩的《算術》。閱讀課的材料來自《舊約》和《讀者文摘》。其後《讀者文摘》被凱特利的《英國史》內容所取代，學員自此對早期英國歷史有了一個大致的了解，但

代價是學員的英語學習進度被大大推遲了，原因是《英國史》的寫作風格和語言都是比較難掌握的。學堂其後改用另一本以簡單的語言和簡練風格著作的課本，書的內容將歷史、故事和描寫結合一起，學員們都感到易於掌握。

至於英語寫作課程，學員剛開始時，能用的詞匯量非常少，也不會將詞語連接在一起；最初學員通常都會弄錯，很少能夠做對的，句子的意義更顯得模糊不清。當這一級的課程完結時，學員在寫作上已得到了巨大的進步。雖然部分句子成分仍不夠完整，但他們造出來的句子意思都很明確，對詞語的掌握也有明顯進步。在實際應用上，亦了解如何將詞語按照正確的時態和語態配搭在一起。

學成後影響國民

第一班也是最高水平的班級，課程是學習閱讀、寫作、地理、代數、幾何和化學科，由鮑校長親自主持。閱讀包括《舊約全書》中全部的內容，從《創世紀》到《以斯帖記》，學員每天都要朗讀經文，教學目的不是進行宗教教育，而是教導學員如何使用英語和如何以英語做句，亦可根據各自的需要，選擇閱讀圖書館裏的其他書目。在英文書寫上的練習，學堂通過使用福斯特（Forster）的抄寫本，經過不斷的練習，學員的英文書寫能力得到明顯的提升，而學員提高的程度很明顯與練習時間成正比，其中有幾名學員均能夠寫出非常優美的英文。

至於英語寫作，更佔了學員相當多的時間。課程中包括要求學員用英文寫一段包含所給予單詞的句子，並要說明他們是使用了什麼語法或時態；有時候，會針對語法作轉換，目的是鍛練學員運用不同的單數和複數，並於情景配合下學會使用相應的詞語，更可將句子的其他部分適當地連接在一起。還有一些時候，學員會寫一些文章，題目可以自選，

也可以命題。最後還需要以具體口語講述的方法，令學員們學習如何用英語口語寫成文章。

此外，第一和第二班的學員在最後一段的學習時間裏，亦會側重學習中文作文，務求學員能夠精通自己的母語。鮑校長期望結業的學員，以後能大範圍地影響他們的同胞；在這一目標上，馬禮遜學堂是非常着重的。到了 1846 年，第一班的學員課程增加了翻譯，為了教導學員如何翻譯，學堂盡可能找了一些正式的文檔和其他發表了的文章來讓學員練習。

在辦學的初期，部分學員在中英雙語上已達到專業翻譯的水平。1839 年在澳門辦學時接收的第一批學生中，有一名（應指 1841 年只有十四歲的唐廷植）在學堂上課不足兩年，「經勸說，答應為朝廷高官承擔英語和筆譯的工作，對當日報紙的部分摘要進行翻譯，例如瑪瑞（Murray）的《四洲志》和其他外文著作中有關中國的文章」。[3] 到了辦學六年後，鮑校長更高興地指出他們學堂的一名學員（相信也是指唐廷植）將一本有關西方政治經濟的專著翻譯成中文，「而完成翻譯的這名學員還有一年零三個月才正式完成他在馬禮遜學堂的學習」。[4] 該書最後決定以校長鮑留雲之名為譯者，於 1847 年以中文書名《致富新書》由香港「飛鵝山書院」出版，因為得到廣東士紳的贊助，應是免費刊印。[5] 這部書的出版，正是實現馬禮遜教育會宏偉目標的開端，即是用中文將外國的

3　在第一批於 1839 年在澳門招攬的學生共六名，其中只有來自唐家村的阿植（即唐廷植）仍留於學校繼續學習。參閱《中國叢報》（*The Chinese Repository*）第 12 卷；Vol. XII, 1841 年 9 月 21 日「馬禮遜教育會第三次年度報告」。

4　節錄自「馬禮遜教育會第八次年度報告」。

5　該書原著者是 John McVicker, *Outlines of Political Economy*, 1825。從 1846 年 9 月 30 日的「馬禮遜教育會第八次年度報告」內容分析，完成翻譯的學員還有一年零三個月才正式完成他在學堂的學習。由此推斷，該學員應是 1839 年時招攬的，而第一批學員中，只有一名叫阿植的唐廷植仍繼續在學堂學習。

科學介紹給中國。不少學者誤以為此書是由鮑校長一手翻譯，但在他的報告中已清楚交代，是由其中一名學員翻譯和作幾次修改，並由一位中國教員來幫忙修改。這是馬禮遜學堂學員的第一部翻譯作品。該書的出版在一定程度上帶有教科書的性質，故一直未受中國政經學者所重視。反而到了1874年，日本明治維新，推崇洋學，提出了重視西方的經濟學說，該書曾由日本學者平田宗敬校訂，於東京文苑閣重刊。其後更將該書的中文譯本內容，由日人中島雄和贊井逸三依據中文譯本作日語翻譯，並加註解，以《致富新論譯解》書名在日本出版。

為了增強學員成績的公眾認同，鮑留雲將第一班六名學生撰寫的六篇英語文章刊於《中國叢報》（*The Chinese Repository*）內，各篇題目分別是：「人生是一座建築，青年時代是基石」、「中國政府」、「勞動」、「幻想之旅」、「聖經」和「中國人關於來世的觀念」，全部均未經刪改英文原稿刊出。文章所談的內容多樣化，涉及人生觀、政治、地理、中國民間文化和基督宗教等議題，絕對反映學員的英語語文水平和運用能力。各篇文章用詞準確，遣詞造句變化豐富，句子表達流暢，語法規範中使用大量動詞，並以複合句和非謂語的形式運用，使文章增添色彩，整體文章脈絡清晰、邏輯達意。

鮑留雲校長將詞匯翻譯首次引入馬禮遜學堂，比倫敦會馬六甲英華書院教授英語所用的語法翻譯進了一大步。他在教學中通過課文的閱讀和翻譯這兩個途徑，讓學員掌握詞匯和語法，經過學員對課文的語言進行詳細分析，比較母語和英語之間的差異，從而加深對課文的理解。這種盛行於十九世紀上半葉的詞匯翻譯法，揚棄了語法翻譯法中繁瑣的語法條文學習，通過課本語文的表現，來歸納分析出語法的規則，達到學用相結合的情況，也減少了學習語法的難度，更增強英文語言的規律。馬禮遜學堂的英語教學不僅是單純的語言教學，也將西方科學文化知

識和英語語言教學緊密地融合在一起，使二者相輔相成，互相提升。此外，學堂亦本着以學生為中心的原則下，採用靈活多變、發揮學生的主動性和創造性思維的教學方法，對日後中國內地和香港的英語課程和教學方法影響深遠。

香港第一代學童接受正統的英語學堂教育，中英語文根基均十分良好，對日後事業發展有顯著的幫助。以現今的水平看，大部分學員的英語水平，應不低於著名大學英語系三年級以上。而部分學員在學習時期已表現突出，如 1843 年下半年，英國駐上海領事館剛成立，正需要翻譯人材，領事巴爾福致函鮑留雲，要求在學堂中抽調二人到上海充當翻譯，而第一批學員中的唐廷植正是其中被選中學生之一。因他的品行和能力均表現良好，故被留任到 1845 年初才回到學堂繼續學業。

馬禮遜學堂辦學的年期不長，於 1849 年因經費無以為繼，結束辦學，主要原因是在香港辦學七年，每年學生人數只有二十二至二十三人，最高峰時期是 1845 年，收了三十名男生，但是教師的經費支出非常高，鮑留雲校長的年薪是 1,500 英鎊，美斯先生的年俸是 250 英鎊，邦尼牧師和中國教師的年薪總支出是 512 英鎊。學校的經費一年是 3,177.40 元，雖然是得到香港的大眾和大商家的資助，但這種精英小班的培養教學方式非常昂貴，最終因經費不足而無奈結束。

英語學員粒粒皆星

香港第一代學堂結業的學員，真是粒粒皆星，如著名買辦商人唐廷植、唐廷樞和唐廷庚三兄弟均結業於馬禮遜學堂。兄長唐廷植結業後，於香港政府出任新增設戶籍司的華人翻譯，他其後於 1851 年離港到美國加州舊金山發展，1861 年回國到上海，並於翌年接替其弟唐廷樞在上

▲ 圖 9.4

唐廷樞於 1862 年為中國人學習英語編著的巨著《英語集全》，一套六冊，涵蓋香港日常應用中英對照文的詞語和文句，是首部中英雙解字典，也是當年翻譯員手中必備的參考書。作者藏。

海任首席翻譯。唐廷植後來跟隨唐廷樞在商業上的發展，於 1871 年至 1873 年間為怡和洋行天津買辦，當唐廷樞於 1873 年進入招商局後，由唐廷植轉任怡和上海總買辦一職。

　　唐廷樞亦曾於進入商界發展前，編撰了華人學習英語的巨著《英語集全》（*The Chinese and English Instructor*）六卷（參見圖 9.4），並由廷植和廷庚校訂。書中內容充實，採納中英字詞多達 9,200 多條，正代表香港第一代學習中英雙語的成果，也是馬禮遜學堂在英語教學上的成績。其他著名的學員，包括隨鮑校長赴美的中國首位留美學生容閎、著名西醫黃寬、創辦《華字日報》、《中外新報》和《循環日報》的黃勝和報人李根等人，他們對中國日後在中西文化和實業發展上貢獻良多，影響深遠。[6]

6　參閱《中國叢報》（*The Chinese Repository*）第 1 至 18 卷內有關馬禮遜教育會對學堂每年的報告內容。

第十章

首十五年書館巡禮

　　自從宣佈成為貿易自由港後，最踴躍來港發展的，不是來自廣州或澳門的華洋商人，而是來自歐美的基督宗教團體。這些傳教組織，始於1809年馬禮遜來華，其他傳教士陸續在廣州、澳門、新加坡、馬六甲、印度等地，開始他們的傳道工作。可惜他們在中國內地傳教並不暢順，初期在華南發展只局限於廣州和澳門。當香港確認成為大英帝國保護的屬地，便立即成為來華傳道者的集結基地。這個地理上的變化，對教會在華的發展和傳道上影響深遠。一直以來，基督宗教在傳道上，主要集中於教育工作和慈善活動，也都是深入民間的最佳方法。開埠初期港島的教育，除了原有的華人書館外，新的力量全是來自各個教會團體。

　　基督教團體辦學的傳統，是沿襲十九世紀初期，英國的宗教團體開始興建學校，教育貧窮兒童，其中英國國教聖公會所得的經費也是最多。香港開埠首十五年，學童教育主要分為三類：第一類是來自不同的基督教團體或外籍自願者創辦的學校；第二類是天主教本着培訓教士和教育兒童的學校；第三類是本土原有的書館，由華人自費聘請學者教授村內男童。到了後期，部分書館受到政府的資助，成為早期的「皇家書館」（government schools，即公立學校之始）。首兩類的學校，幾乎是學費全免的，部分寄宿學校更是包食包住。開埠首十五年的學校，辦學並能存在到今天的寥寥無幾，大部分只能運作很短的時間，便因經費不足或是招生不理想而結束。

英國聖公會的英童學校

　　馬禮遜學堂從澳門遷到香港發展後，便成為香港第一間中英雙語學校，它的成績有目共睹。至於其他基督教會辦學的情況，因部分學校只存活於短暫的時段，不少被歷史學者所忽略，故仍值得作整體的梳理和回顧。

聖公會主牧史丹頓（Rev Vincent Stanton）是第一位香港政府架構
內受薪的神職人員，他是鴉片戰爭時期隨船的牧師，曾受傷和在中國被
拘禁數月，英軍佔領香港後，他留下來成為殖民地政府的首位司牧。因
為英國東印度公司的傳統，軍隊內的牧師是要負上教導軍人子女的責
任，故史丹頓以政府司牧的身份，亦努力於辦學和教導兒童。[1] 1842 年
12 月，政府於中區四平方英哩面積的土地上，興建一幢臨時的建築物，
可容納四百人，作為聖公會的宗教活動場所。在史丹頓的主導下，英國
聖公會（Church of England）於 1845 年以年薪 112 英鎊 10 先令（540
元），聘請英籍老師米娜女士（Mrs. Miller）主理學校，一年經費 145 英
鎊 16 先令（700 元），於維城區內辦學，初年招收英籍男童二十三人，
女童十七人，共四十名學童，成為首間英童學校。翌年，分別以 125 英
鎊（600 元）和 22 英鎊（106 元）聘請了英籍老師德雷克（F. Drake）和
助教比特德女士（Mrs Bright），負責教導島上三十三名英籍男女童。這
所全免學費的英童學校，經費由自願團體資助。[2] 到了 1847 年，學員增至
男女童各二十四人，共四十八名英童，連同德雷克的增薪和改聘助教蘭
伯特女士（Mrs Lambert）的支出，經費增至 200 英鎊（960 元）一年。[3]
1850 年，招收英童人數減至十二名男生和三名女生，可能接着有個別
英人辦學和聖公會會督正在籌辦聖保羅書院的情況下，首間英童學校於
1851 年已沒有運作的記錄。[4]

1　參閱 *Hong Kong Blue Book Year 1844*，史丹頓的年薪是 700 英鎊。

2　這是香港第一間英童學校，1847 年記錄是招收了英籍學童男女各二十四名。全部英語教學，
　　以英國的學制教學，由史丹頓主理。參閱 *Hong Kong Blue Book Year 1847*, pp. 168-169; PRO
　　CO133/4。

3　參閱 *Hong Kong Blue Book Years 1844 — 1851*, pages of Education。

4　同上註，Year 1848, pp. 144-145。

醫院內的學校

英國倫敦傳道會（London Missionary Society）於 1839 年派遣畢業於倫敦大學醫科的合信（Rev. Benjamin Hobson）抵達澳門，在那裏的醫院內工作。合信其後被醫學傳道會（Medical Missionary Society）接納，[5] 着力於醫學傳教工作。他於 1843 年上半年到達香港，主理香港的工作和建立傳道會醫院的任務，同年 5 月，位於東區的醫院大樓完成，6 月 1 日正式接收病人。醫院和傳道會的房屋建設在同一幢大樓內，大樓面積 190 英呎長，50 英呎闊，其中有一間大房，佔樓房面積 35½ 英呎乘 20 英呎，用作醫學傳道會委員會的會議室和圖書館。另外兩間房，分別是一間睡房給予一名獲馬禮遜受洗的本地華人牧師居住，另一房間用作學員和教師的閱讀室。合信更以 10 元月薪聘請一名華人教師，教授三十名華人男學員，主要是配合華人牧師教導《新約聖經》，一年營運經費 12 元，由自願團體資助。[6] 這所設於醫院內的學校，是由華人牧師專門教導《聖經》的首間傳道學校。合信於 1845 年因夫人病危，回程到歐洲。故香港的醫院和學校的工作，再不是由他主理，其後的年份，再沒有記載這所附設於醫院內的學校的運作情況。[7]

倫敦傳道會的「英華書院」

英國倫敦傳道會應是最早投入辦學的教會團體，早於 1818 年於馬

5　醫學傳道會於 1838 年 2 月在廣州成立。參閱 Alexander Wylie, *Memorials of Protestant Missionaries to the Chinese*, Shanghae: American Presbyterian Mission Press, 1867, p. 125。

6　參閱 *The Chinese Repository*, Vol. XII, Canton, 1843, p. 441; *The Hong Kong Blue Book Year 1844*, pp. 116-117。

7　合信於 1847 年 7 月才回到香港，繼續他的醫院事務，10 月出發到廣州，並為教會建成惠愛醫館。僅在 1850 年曾醫治 25,497 人。1854 年至 1857 年先後到訪上海，在仁濟醫院工作，並編著了三種中文醫學書籍：《西醫略論》、《婦嬰新說》和《內科新說》。他對華人的醫學貢獻，是各傳教士之榜首。

六甲建立英華書院（Anglo-Chinese College），《南京條約》後，書院決定遷到香港，並於 1843 年連同印刷廠的設備和 3,900 個中文活字模運到香港。學院正式於 1844 年 1 月在港島西區荷李活道與士丹頓街交界的新校址重開運作，由理雅各牧師（Rev. James Legge）主理，為首任校長。最初辦學理念是一所神學院（Theological Seminary），主要培育華人牧師。[8] 學校聘有中文老師、英文老師和教學督導員各一名。[9] 理雅各其後因教會工作繁重，學校工作先後於 1846 年由基利士便牧師（Rev. William Gillespire）和 1847 年由克萊蘭牧師（Rev. John Fullerton Cleland）主理。[10] 初期招生全部是華人男學員，半天教授英文，半天以中文教學，屬寄宿學校，全年經費 450 英鎊（2,160 元），由自願團體資助。1845 年招收了二十三名學員，1846 年開始招收七名女學童，也是香港學校首次招收華人女學員，連同男學員十九名，書院共二十六名學員。[11] 到了 1850 年，已有男女學童六十三人，1849 年增聘華人老師何進善（Ho-tsim-shen），團體資助增至 400 英鎊（1,920 元）一年，經費 370 英鎊（1,776 元）。1852 年，更以年薪 62 英鎊 10 先令（300 元），增聘兩名老師和一名中文老師。但是英華書院收生有下降的情況：由 1850 年高峰期的六十三名學員，1851 年六十人，1852 年五十五人，1853 年和 1854 年已下降到四十五人，故英華書院於 1855 年 1 月號的《遐邇貫珍》首次刊登招生告帖，應是香港最早的學校招生廣告（參見圖 10.2）。[12] 英華書院雖然

8　參閱 Alexander Wylie, *Memorials of Protestant Missionaries to the Chinese*, p. 118。

9　中文本地老師月薪 7 元，英文老師月薪 15 元，督學 5 元。參閱 *Hong Kong Blue Book Year 1844*, pp. 116-117。

10　參閱 Name of School master , pages of Education, *Hong Kong Blue Book Year 1845-1848; Alexander Wylie, Memorials of Protestant Missionaries to the Chinese*, pp. 140, 155。

11　翻查政府記錄，並不存在有「英華女學」的學校名稱或獨立的辦學情況，只是前人以英華書院曾招收女學童，故誤以為是英華書院的分支。

12　參閱 *Hong Kong Blue Book*, Year 1850-1855, pages on education "Returns on the number of schools"。

自稱十餘年收生徒一百華人，但實質是招生有一定困難，就讀學生人數每年減少，經廣告刊登和大力推廣下，1855 年英華書院錄得總學生人數達九十九人，主要是男生的增加，女生仍保持於每年九人。但書院辦學為培訓基督教傳道者目的不達，資助經費大減。翌年記錄學生人數為八十五名男生和七名女生，並首次正式分為男校和女校各一所學舍，寄宿安排是四十名男生和七名女生與理雅各家庭一同生活。同年，理雅各決定停收新生，辦學到 1856 年，正式結束。

美國浸信會的「宏藝書館」和「浸信會學堂」

美國公理會差會（American Board of Foreign Missions）是緊接着英國倫敦傳道會在香港建立學校的教會。此美國教會早於 1829 年已派遣裨治文（E. J. Bridgman）等傳教士到馬來西亞等地，其後於 1833 年轉移到星嘉坡、澳門等地開展傳道工作。香港開埠後，美國浸信會（Board of the Baptist Triennial Convention）派遣傳教士叔未士（Rev. Jehu Lewis Shuck）和他的夫人何顯理女士（Henrietta Hall）來華，並於 1841 年落腳香港，他們於 1842 年 3 月在上環百步梯創辦一所主要向華人傳播基督教義的「宏藝書館」，作為一間教育華人男童的中英雙語寄宿學校。叔未士因為忙於《華友西報》（*Friend Of China*）的編輯工作，並負責主持教會星期日的中英文宣道工作，學校大部分時間是由何顯理主持校務。學校曾以 12 元年薪招募了一名中文助教，負責教導中文課程。1844 年記錄招收了十二名男生，學費全免，學校得到團體資助每名學童 1.5 元寄宿費和膳食衣服的補助。該校的教學特色，除了基本的中英語文，還有歷史和地理。美國公理會差會的教學宗旨，除了識字外，要以知識破除中國人的迷信。教學目標是培訓受過聖經教導的年輕人，作為未來傳道的本土牧者。

▼ 圖 10.1

在香港的英童教育，從開埠不久，已得到自願
團體的資助，幾乎每個兒童都有機會上學。此
圖拍攝於教會在西區為歐籍兒童舉行活動的情
況。作者藏。

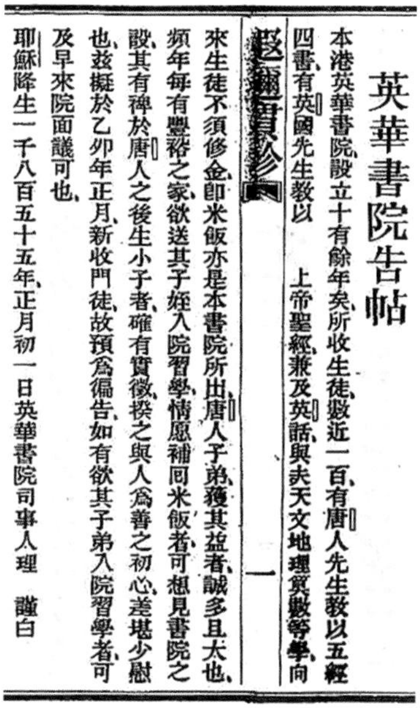

英華書院告帖

本港英華書院設立十有餘年矣所收生徒數近一百有唐人先生教以五經四書有英國先生教以　上帝聖經兼及英話與夫天文地理算數等學向來生徒不須修金即米飯亦是本書院所出唐人子弟獲其益者誠多且大也頻年每有豐裕之家欲送其子姪入院習學情愿補回米飯者可想見書院之設其有裨於唐人之後生小子者確有實徵揆之與人爲善之初心差堪少慰也茲擬於乙卯年正月新收門徒故預爲徧告如有欲其子弟入院習學者可及早來院面議可也

耶穌降生一千八百五十五年正月初一日英華書院司事人理　謹白

遐邇貫珍　一

▶ 圖 10.2

英華學院於 1855 年 1 月號的《遐邇貫珍》，首次刊登招生告帖，應是香港最早的學校招生廣告。

耶穌降生一千八百五十四年

耶穌聖教禱告文

甲寅仲夏

香港聖保羅書院藏板

▶ 圖 10.3

香港聖保羅書院除教導華人男學童外，也曾鐫印基督宗教的書籍。此為聖公會最早刊印中文版的 1854 年《禱告文》。

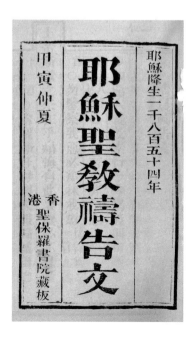

　　到了 1844 年 3 月 1 日何顯理創辦了「浸信會學堂」，目標是教育英
軍子女和華人兒童，也招收女生，曾有男女學員五十人，可惜何顯理於
同年 11 月 27 日病逝，辦學時間只有九個月，叔未士帶同兩個大孩子於
1845 年初返回美國，學校在缺乏主理人和經費的資助下，亦無奈中輟。

聖公會聖保羅書院

　　聖公會主牧史丹頓於 1849 年在維城區內辦了一所華人男童學校，
學校暫設於英籍老師德雷克的英童學校內，並聘請了佐麻須先生（James
Summers）主理教授三十四名華人男童，主要是接收部分因馬禮遜學堂
結束後的學員，也是聖保羅書院開辦的前身。[13] 聖保羅書院早於 1843 年
由史丹頓在英國作公眾籌款建校，1849 年於中環鐵崗建校，以英語教導
華人男童。1850 年，學院招收了二十一名華人男童，於雲咸街臨時校舍
內授課，當時由大主教宋美（或稱四美、施美夫，Bishop George Smith）
和代理殖民地牧師主理，學校經費由公眾籌集。聖保羅書院於 1851 年
正式成立，校址已搬到亞厘畢道鐵崗新校舍（即今天的主教府 Bishop
House），新校首年招收華人男生三十人，教授一般的初級課程，每年
經費 250 英鎊（1,200 元），由香港的商務總監資助，首年由 E. T. R.
Moncrieff 先生教學，是以英語為主的教學安排。

　　聖保羅書院得到政府的資助，是教會辦學團體中最多的。可惜四
年後，招收的學生人數仍從 1851 年的三十人，下跌到 1854 年的二十一
人，學童人數大減三分之一。原因是不少華人孩童的父母「不喜其子姪
誦讀耶穌經書，且嫌館內个安文昌帝君云云……」。所以聖保羅書院雖
然是全免費的寄宿學校，但仍是招生不足。到了 1855 年，於《遐邇貫

13　參閱 *Hong Kong Blue Book Year 1849*, Education, Return of the number of schools, pp. 186-
187。

珍》5 月號刊登招生廣告：

> 　　俗學之誤人甚矣！嘗見有從師七、八年，或十餘年，所說者講
> 章，所課者文藝，平日聆其誦讀，琅琅不絕於耳，所對東家稱說，
> 亦有云學有進益，月異而歲不同。一旦改業，而或為賈客，或為遠
> 商，或為農工操作，則算學不明，物情不曉，地理不熟。即握管而
> 欲作一信札、書一契券，亦執筆望字，茫然而莫得其所從來，十餘
> 年用功，徒勞無益。若此，可慨也夫！諺語云，讀書笨人，良有以
> 也。我香港聖保羅書院，設立久矣，有唐人先生，教讀四書五經。
> 有英國先生，兼及英文，而尤重者，在於天文地理算學，一一皆切
> 要之務。其視俗學之無實誤人，孰得孰失？何去何從？必有能辨之
> 者矣。況旦夕之間，談經講道，又有以啟善心，修善果，而種田於
> 無窮哉。向例來學，不須脩脯，並供飯食。今則信從者眾，有自攜
> 資斧而來者。

> 乙卯年三月十六日，香港中環船頭官上，
> 聖保羅書院　監司宋美啟（Bishop George Smith）

　　廣告刊出後，1856 年收了三十名男生，政府每年資助經費 250 英鎊
（1,200 元），另外自願團體資助 300 英鎊一年（1,440 元），平均每名學
員支出 20 英鎊（96 元）。聖保羅書院辦學質素一直不斷改進，作為中西
橋樑的角色，教學宗旨凸顯華人英語教學的原則。學校一直得到聖公會
的資助和華人社會的重視，創校到今天，培育不少英才，其中包括早期
著名學員伍廷芳，成為香港僅存有一百六十多年歷史的名校之一。

其他基督教學校

　　1855 年，另一間名為 Hong Kong School（香港學堂）的多國籍男

▲　圖 10.4

香港的女孩上學的機會不多，華人只看
重男孩學習識字，故華人女童辦學多由
教會創辦。此圖攝於 1880 年代巴色會
的女導師帶領一群女學童在學院門外留
影。作者藏。

女學校，由亞瑟泰勒牧師（Rev. Arthur Taylor）於歌賦街辦學，是不論國籍，包括華人學員的普通教學學校，由自願團體資助，初年招收了三十四名男學員和十一名女學員。翌年，學校規模大增，改名為 St. Andrew School（聖安德魯學堂），招收了男童四十九名和女童十二名，其中英籍男女童各三名，被安排寄宿於泰勒家中，學校一年經費也增至約 600 英鎊（2,880 元），由自願團體資助。[14]

到了 1856 年，由美國浸信會資助，於赤柱開辦了一所免費私人學校，招收華人男女學員，由美國浸信會牧師莊遜（Rev. W. Johnson）主理，但學校運作，主要由莊遜牧師的夫人和幾位好友支持，有中文教師，主要以中文授課，首年招收了十五名男童和十二名女童，而全部十二名華人女生都是寄宿，學校一年經費約 30 英鎊（144 元）。[15]

羅馬天主教會的辦學情況

羅馬天主教會萬民福音部（Society of the Propaganda Fide）早於 1844 年之前在新建成的中環皇后大道天主堂內設立了神學院，曾以年薪 96 元聘請華人信徒教師 Low Chau（羅洲）教授讀寫中文。初辦時有男學員十七人，學校經費由天主教會資助。[16] 羅馬天主教會於 1845 年增設一所教授外籍男生的學院，以年薪 67 英鎊 10 先令（324 元）招聘甘尼老師（Mr Cane），以英語教授七名男生，教授一般課程。到了翌年，學院改變教學方向，教學內容除了拉丁文和英語外，加入中文教學，由巴達治博士（Dr. A. Batacchi）和學院管理層主理，支付年薪 150 英鎊（720 元），學員增加至二十一名男生。到了 1847 年，學院集中培訓聖職學

14　同上註，Year 1855, pp. 258-259; Year 1856, pp. 268-269。

15　同上註，Year 1856, pp. 268-269。

16　同上註，Year 1844, pp. 116-117。

員，主力招收了二十名歐洲男學員和為事工作準備的華人學員，由菲比先生（Thomas Furby）主理教學，年薪 50 英鎊（240 元），聖修方面由神父教授，教學語言仍以拉丁文和英語為主，亦教授一般中文，方便作傳道準備，學院一年經費 175 英鎊（840 元），由教會和自願團體資助。1850 年，神學院由香港主教里素拉德（Bishop Rizzolati）主理，重新以招收華人聖職學員的培訓為目標，定了一年經費 200 英鎊（960 元），招收了十四名學員，其後兩年每年招收學員人數增加兩名，到了 1855 年，人數增至二十五名華人聖職男學員。翌年，由香港天主教會署理宗座文治亞理（Jerome Mangieri）主理。

1849 年，羅馬天主教傳道會（Roman Catholic Mission）資助葡籍教師約翰貝利杜先生（Joao Pereira）於維城荷李活道辦理一所教導歐洲兒童的學校，以葡語教授一般初級課程，初年招了二十名男學員。[17] 1850 年，學院搬到威靈頓街繼續辦學，經費由自願團體資助，約 20 英鎊（96 元）一年。

此外，1850 年由葡籍學者為葡籍兒童於維城史丹利街開辦了一所學校，由席爾蘇扎女士（Mrs J.J. de Silva Souza）主理，初年招收了八名男童，教授一些初級課程，年經費 60 英鎊（288 元），由自願團體資助。因應從澳門遷移來香港定居的葡籍家庭日增，原本由約翰貝利杜先生辦理的葡語學校，於 1851 年已不再由他主理，改由席爾蘇扎女士主理，原來的校舍，亦由史丹利街遷到威靈頓街的校舍，並分為男校和女校，女校初年招收十二名女生，男校招收了五十名葡籍男生。學費全免，每間學校每年經費各 50 英鎊（240 元），由自願團體資助。[18] 翌年學生減為女

17　同上註，Year 1849, pp. 186-187。

18　同上註，Year 1849, pp. 186-187; Year 1850, pp. 194-195; Year 1851, pp. 170-171。

校八名，男校四十八名。到了 1853 年，男女校合併為一，經費減為 25 英鎊（120 元），招收了十一名男童和十名女童。[19] 可能因為學校規模縮減，席爾蘇扎女士離職，到了 1854 年，學校已改由摩亞先生（Mr Moor）主理，招讀葡籍學員人數不變，學校仍受天主教萬民福音部支援。至於席爾蘇扎女士，她於 1855 年自立門戶，於威靈頓街另設一所免費葡籍學童學校，不再由天主教會支援，初年招收二十名男童和八名女童，經費由自願團體資助。

1850 年，由天主教修女慈善社（Sisters of Charity）協助，由法籍修女加布里埃（Rev. Sister Gabrielle）在維城荷李活道內創辦的免費私校，以英語和法文教學，首年招收了歐籍兒童六名男生和十三名女生。[20] 到了 1856 年，學校由史爾沙修女（Sister Souiza）主理，招收了男女學童各六名，教授英語和法語。

此外，天主教會於 1849 年特別為華人信徒子弟設辦一所免費學校，由華人教師 Chun Ayee（陳阿儀）主理，1849 年招收了十七名男生，以中文教學。[21] 此外，1856 年，天主教修女慈善社於皇后大道東建立了一所孤兒院（Orphan Asylum），接收了男女童共五十名，教授他們讀寫英文和中文。

天主教傳道會曾支援為華人辦學，早於 1850 年在太平山區開始，以月薪 2 鎊 1 先令 8 便士（10 元）的標準薪金，聘請華人教師 How Awan（侯阿萬）主理，招收華人男童十八名。到了 1853 年，轉聘信徒 Wang Paulo（黃保羅）和 Long Joanes（朗鍾士）教學，華人男學童十六名，經

19　同上註，Year 1852, pp. 170-171; Year 1853, pp. 138-139。

20　同上註，Year 1849, pp. 186-187。

21　同上註。

費增至 10 英鎊（48 元）一年。1855 年，改聘中文教師梁先生（Leong）教導十五名居住於太平山區的男學童，教授語言包括中文和拉丁文。翌年，由香港天主教會署理宗座麥子理神父（Jerome Mangieri）主持，主要由梁先生以年薪 72 元負上教導十二名男學員中文的工作。[22]

1852 年，天主教外方傳道會（Society des missions etrangeres）於掃稈埔建立首間神學院，由英克理麼神父（Rev. Charles Inquenino）主理，教授神職男學員十三人，主要教授拉丁文和中文，以及神學理論，每年經費 80 英鎊（384 元），由自願團體資助。到了 1856 年，記錄由歐籍查羅特女士（Ms. Charrot）和神學院的主教負責，招收了二十五名男學員，仍以中文和拉丁文教授學員。[23]

其他歐籍人士辦學情況

1850 年是歐籍人辦學的高峰期，其中由米切爾小姐（Miss Mitchell）於荷李活道開辦一所為歐洲籍學童的私人學校，以教授英童為主，初年招收了三名女童和四名男童，教授一般學校知識，由自願團體資助，辦學至 1851 年。

1850 年在威靈頓街，另一所由菲士先生（Mr. R. Freise）主理的葡籍男童學校開辦，教授初級識字，初年招收六名男童，每年經費 20 英鎊。

1853 年，斯坦霍普先生（Mr. I Stanhope）受聘以月薪 4 鎊 3 先令 4 便士（20 元），於威靈頓街開辦了一所為歐籍兒童學習的學校，教授初級課程，招收了八名男童，經費由自願團體資助。

---

22 同上註，Year 1850, pp. 194-195; Year 1853, pp. 138-139; Year 1855, pp. 258-259。

23 參閱 *Hong Kong Blue Book Year 1852 to 1856*, Education, Return of the number of schools。

教會辦學作為傳教的切入點

　　從開埠到 1856 年的十五年內，教會創辦和資助的學校，每年都有增長，隨着港島的人口急劇上升，到了 1856 年，港島總人口已達 71,730 人，居住於維多利亞城區內，已有歐籍人口 1,732 人，華人更有高達總人口一半以上的 38,754 人是居住於維城區內，在香港本土出生的嬰兒也有 314 名，可見香港的教育需求是多麼迫切。[24] 從教會主辦或私人辦學的情況，幾乎確定歐籍兒童是得到教學的照顧，也是自願團體首要資助費用全免教學的傳統，當年從澳門遷居香港的葡籍家庭，[25] 不少帶同子女定居港島，故開辦教授葡語的學校，主要由天主教會辦理，亦有私人教室負上教學任務。至於開埠初年，基督教團體在香港創辦的學校並不成功。如馬禮遜教育會（Morrison Education Society）於 1842 年把學堂從澳門遷到香港，它也是香港首間中英兼授的學校，但辦了六年便因得不到資助而結束了。此外，源於 1818 年馬六甲建校的英華書院，1843 年遷到香港後，也於 1856 年無奈停辦。根據香港政府統計，天主教和基督教團體所辦的學校，在 1851 年教授學生共 160 人（其中包括只教授外籍學生葡語和英語的天主教書院）。這些宗教團體來港辦學的最終目的是傳教，免費教育是其中一種手段，基督教義的宣揚也由這些學校擴展到華人社會。這些教會義學雖然培訓出不少香港早期政商界精英，但招收的學生人數寥寥可數，覆蓋地域也限於港島內的兩三個地區，更不能說代表香港學校教育的主流。若不是主流，那麼香港在 1856 年之前，華人兒童是受怎麼樣的教育呢？

24　參閱 *Hong Kong Blue Book, Year 1856*, population, pp. 204-205。

25　來自澳門和其他非英屬地的歐洲人，1856 年在香港島的出生人數達 71 名嬰兒，僅次於華人嬰兒的 198 名，可見葡籍兒童的增長急促，這個情況亦見於葡語教學的學校於 1850 年代的增加。參閱 *Hong Kong Blue Book, Year 1856*, population, pp. 204-205。

港島華人書館的研究

　　研究香港開埠本土華人辦學的資料非常缺乏，只能從政府年報和通告中梳理出簡略的大綱。自稱「愛漢者」的郭士立牧師（Rev. Karl Gutzlaff）遺留下來的 1851 年《漢會眾兄弟宣道行為》中文信札（以後簡稱《信札》），提供了香港開埠早期不少華人辦理書館的資料（參見圖 10.5）。[26] 郭牧師相信是在中國境內第一位自稱「愛國」和實際行動上「愛港」的外國人，他因積勞成疾，身故於香港。郭牧師身兼香港政府中文秘書（亦稱撫華道，The Chinese Secretary），懂中國多種方言、馬拉語和多種外語。他是福漢會（Chinese Union）的創辦人，為傳播基督真理，培訓了不少華人傳道者。若不是他在政府任撫華道，深入了解香港華人生活疾苦，當年留下有關華人的生活記錄一定更少。他的華人傳道者每到一區，必試圖造訪當地的書館或是授課的單位。到訪的每一間書館，書館主持人會寫一封信條證明那位傳道者曾到訪，檢閱這些華人宣道者到訪過書館的信札，可對香港早期華人辦學增加了解。

　　除了郭士立提供的資料外，其他熱心以辦學來宣揚基督教義的傳教士，均投入不少精力，他們在嗎六呷和星嘉坡傳道的經驗，得到的結論是華人書卷味重，亦注重教育小童，故傳道亦應在學校教育方面切入，並把當年的教學單位作為宣道重要地點。[27] 此外，西方傳教士在香港政府早期對華人子弟的教學政策上，有着重要的影響。

26　《信札》內的到訪信條是證明曾到訪地點，亦註有水腳錢，以便收回所需交通費。《信札》內的記錄，包括不少到訪香港各處書館的資料。此《信札》原屬作者的舊藏，於 2003 年香港首屆的「書節」展出時，售予鍾嘉樂牧師珍藏。

27　「香港村書館」和「尖沙嘴書館」也是宣道者常到的地方。

香港最早受政府資助的書館

分析香港 1851 年的書館，《信札》報告中提供的名字共二十五間：香港島內七個地區共十間、九龍半島七個地區只有五間、新界區連離島五個區共八間，另兩間位於廣東淡水。雖然所到訪的書館不能代表全香港、九龍和新界當年全部學校，但亦可窺探當年香港主流教育的實況。每間書館大小不一，估計授課學生約十多至二十多人。最特別是全部都稱為「書館」或「書室」，並不存在現代學者研究所指的師塾、私塾或學塾等名稱。[28]

港英政府開埠早期對華人教育事宜並不重視，可能源於英國當年的學校全是由教會資助創辦，教導貧窮家庭的兒童，故辦學全是免費。香港開埠首八年，殖民地政府一直以教會辦學的傳統，沒有投入資金。就算是政府主牧開辦的英童學校，也是由自願團體資助。政府部門投入金錢資助的學校是聖保羅書院，其他的學校全是各自籌集資金經營。

至於華人自辦的鄉村書館，經費全是村民集資，自費營運，設於各主要華人村落內的簡陋屋舍。郭士立以政府中文秘書身份撰寫 1845 年報告時，提議由政府資助香港島的書館，每間給予 10 元。1848 年，成功得到政府資助的書館只有三間：維多利亞城書館、石排灣書館和赤柱書館，受益學童共九十五名。1852 年再增加至五間，其中包括黃坭涌書館，受資助學童增至一百三十四名。[29] 也因為香港政府正式資助華人鄉村辦學，才留下這些書館的一些記錄（書館學堂上課影像，參見圖 10.6）。

28　塾的出處可能是後期一部分人採用遠古名字所致，《禮記‧樂記》云：「古之教者，黨有庠，家有塾。」但是香港的書館是有別於師塾，主要是村民聘請老師於村內教授村內的男童。

29　《信札》內的「赤柱書館」和「黃坭涌書館」已是受政府資助的書館，但仍沒用上「皇家」稱號。

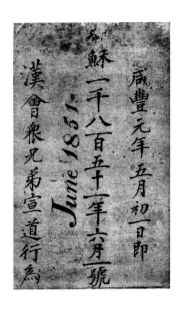

◀ 圖 10.5

郭士立牧師遺留下來的 1851 年
《漢會眾兄弟宣道行為》中文信
札，內有記載到訪香港、新界
和九龍的書館資料。《信札》原
件現屬鍾嘉樂牧師私人收藏。

▼ 圖 10.6

拍攝於 1880 年代香港維城區內的書館
情況，一眾男生準備下課。作者藏。

華人辦學的書館

香港開埠早期各區的書館，主持人大多是秀才或受傳統中國儒家教育的老師，他們自稱「教讀人」、「教習」或「門人」。因香港開埠時人口主要是漁民、打石工人、佃農、小商戶，他們的教育文化水平不高，亦不及新界和新安縣大戶族群一般注重小童教育，故港島書館主要教授初級啟蒙課程，如認字、寫字、珠算、各種文書牘牒，其中亦包括儒學中的《三字經》、四書、五經等。受政府資助的書館會加入《聖經》、地理和基礎算術，水平也接近現時的小學課程。

從《信札》所到訪地區分析，因當年九龍半島以北和新界地區仍屬中國境的新安縣管轄範圍，故傳道者出勤次數不及港島各區。當年新界區著名的鄧氏、廖氏和文氏家族所設立的書館廣佈於沙頭角、上水、錦田、屏山、大埔等地，相信數量不會少於傳教士曾到訪香港境內的書館。亦因這些新界書館仍保存了傳統的「俗學」，這正是香港教會學校所針對須改良的辦學方針。

當年香港的華人普遍不接納《聖經》為指定課程，亦因所有皇家書館堅決不准於書館設立文昌帝君神位，故只能以英語教授和天文、地理、數學等新科目作招徠。但從赤柱受資助的「夏益謙先生書館」卻沒用上皇家字號來看，1851 年在香港地區受資助的書館，仍未能強迫修讀《聖經》課程，這些被教會書院稱作「俗學」的華人書館，仍是香港一百六十年前的教育主流。

維多利亞城的書館

香港最早記錄華人於維多利亞城區內開辦的書館是 1845 年，共有三間，分別是由 Cheong Kew Kwong（張志剛）主理的書館，招收二十六

名男學童，一年經費 25 英鎊（120 元）；第二所書館由 Lou Yeok Chun（呂育春）教授十五名男童，一年經費 12 英鎊 10 先令（60 元）；第三所是 Lo Ching Woon（羅清雲）的書館，受教有二十名男生，經費 16 英鎊 13 先令 4 便士（80 元）。翌年，記錄中的書館增至四所，但是負責的教師已全部改變，分別由 Tsui King Shing（徐景誠）、Lei Took Foow（黎棟富）、Lo Tai Shing（羅泰誠）和 Tsui Shing Cheong（徐成昌）主理，共教育七十三名男童，一年總經費 54 英鎊（260 元）。到了 1847 年，書館登記減至三間，除了教師徐成昌仍在，其他兩所已改由 Muk Mui Chun（穆梅春）和 Leong Sui Chan（梁瑞燦）主理，仍是招收七十三名學童，經費增至 64 英鎊（307 元）。到了 1848 年，政府記錄維城區內有六間書館，其中徐成昌的書館首次獲政府資助年費 25 英鎊（120 元），成為首間「皇家書館」（政府資助學校），招生增至四十三名男童，徐成昌的年薪是 8 英鎊 15 先令（42 元），他任教到 1849 年後，維城區皇家書館於 1850 年至 1854 年，改由 Cheong Kei Chun（張基進）主理，招收華人男童由二十一名增至四十三名，教師工資多年保持着政府資助的 2 英鎊 1 先令 8 便士（10 元）的月薪。其他五所有記錄書館的教師包括 Lum Yok Shan（林玉山）、Leong Sui Chan（梁秀程）、Muk Seen Chan（穆思程）、Chu Mun Shing（朱梅勝）和 Cheang Mun Shing（鄭梅成），連同皇家書館，維城區受讀學童共一百二十八人。其後每年，香港政府只集中資助維城區其中一間皇家書館，直到 1856 年，政府仍然集中資助位於皇后大道西下市場的書館，增加英文教師，教授中文和英文，中文教學仍然由張基進負責，月薪增至 10 元，英文由 Ho Aloy（何亞來）教授，月薪 20 元，共招收四十名男童，一年經費 98 英鎊 15 先令（475 元），由政府全部支付。[30]

30　參閱 *Hong Kong Blue Book Year 1844 to 1856*, Education, Return of the number of schools。

最奇怪是郭士立的華人傳道者沒有記錄到訪受政府資助的維多利亞城書館。在整個 1851 年 6 月份的《書札》報告中，只提及一次回到皇家書館，但沒有記錄教師的資料。其他華人傳道者的信札不時提及回「館」的字眼，從地理位置考核，郭士立的福漢會活動會址正是在維多利亞城內，即現今中環區吉士笠街（Gutzlaff Street），這街名在郭士立在世時已給予定名，故相信郭士立在生前，已指定 Cheong Kei Chun（張基進）作為維多利亞城區受政府資助皇家書館的主理人。

維多利亞城區下市場（Lower Bazaar）的書館

到了 1855 年，維城區人口大增，其中華人已佔 38,754 人，故區內開辦了不少書館。政府首次為該區下市場的書館作登記，其中有五間華人書館，招收了合共九十八名男學童。書館的主理教師包括 Ly Sheng Heon（利成香）、Ho Shing Sang（何誠新）、Lum Shing Leong（林成樑）、Lok Shing Sang（樂誠生）和 Lee Sing Leung（李勝樑），這些書館政府都沒有資助，由華人籌款經營。到了 1856 年，政府登記該區的書館減至四間，除 Lok Shing Sang（樂誠生）仍任教職外，其他三間改由 Cheong Shing Sang（張成生）、Lee Shing Sang（李誠新）、Au Sing Sang（歐勝生）主理，教導學童增至一百二十五人，全是由華人自願資助教學。

太平山區書館

太平山區的發展，一直納入維多利亞城西區的一個部分，雖然一直是華人聚居的地段，但是政府賣地的發展，並沒有考慮華人辦學的因素。到了 1857 年，政府才將太平山區分成七約（sub district）中的其中的一約，位置是荷李活道盡頭接近圓角屋（Circular Buildings）至歌賦街

的梯級和交加街（Cross Road，灣仔道至雅賓利道位置）。[31] 政府首次資助華人於太平山區辦學是 1850 年，選擇了有天主教背景的 How A Wam（侯阿萬）主理的書館，教授十八名男童。他受薪標準是 2 英鎊 1 先令 8 便士（10 元）。到了 1855 年，政府資助的書館除了有天主教會背景的梁先生書館教導十五名男童外，亦資助另一所由 Cheong Ke Chun（張基進）和 Ho Ahoy（何亞海）分別教授中文和英文的書館，共招男生四十五人，中文教師資助年薪 10 英鎊（48 元），英文教師年薪 15 英鎊（72 元），學校全年經費 42 元。到了 1856 年，政府登記該區的書館還有 Hok Shing Sang（賀成新）和 See Shing Sang（施成生）各自辦理的兩間書館，共收生二十五名男學童，由自願團體資助。[32]

維城中區和東區的書館

政府資助華人書館是集中每區一間，人口眾多的維多利亞城區內，位於皇后大道的中區，位置是由交加街至梅利兵房（Murray Barracks），包括皇后大道兩旁和南部全部街道內。[33] 1856 年首次記錄該區有兩間書館，分別是由 Chun Shing Sang（陳成生）和 Wong Shing Sang（黃勝新）主理，共招男學童四十人。中文教師的薪金以招收學員人數、學員的年齡和家庭背景的因素計算，不受政府資助，全費由華人自願資助。

至於維城的東區，即指下環，位置是梅利兵房至觀察臺（Observation Point，即大約今天的金鐘地段）。1856 年記錄的書館由 Chew Shing Sang

---

31 參閱 *The Hong Kong Government Gazette*, 6th May 1857 notice on the Division of the Colony into Districts; on the location of Tai Ping Shan。

32 參閱 *Hong Kong Blue Book Year 1850 to 1856*, Education, Return of the number of schools。

33 參閱 *The Hong Kong Government Gazette*, 6th May 1857 notice on the Division of the Colony into Districts, on the location of Choong-Wan。

（邵成新）主理，招收了三十名男生，也是自費營運，沒有得到政府的資助。[34]

石排灣皇家館

　　石排灣是港島南部最大的村莊之一，與鄰近人口眾多的赤柱村形成姊妹村莊的格局。石排灣早於 1844 年已記錄有一間書館，教授三十三名男童。從其後的教師資料看，應是指 Tsung Yok Tin（曾育田），他在石排灣任教至 1847 年，一直教授村內十五名男學童。[35] 到了 1848 年，政府改為選擇於 1847 年由 Man Yok（文育）主理的書館，給予每年資助 25 英鎊（120 元），並正式改名「石排灣皇家館」，學童人數由二十人增至三十人，年薪 7 英鎊 5 先令 10 便士（35 元）。到了 1850 年，石排灣皇家館由曾發（Chung Faht King）主理，在他教授下，男學童的人數由十七人增至 1852 年的二十四人。到了 1853 年，石排灣皇家館改由來自赤柱的夏益謙（Ha Yik Him）主理，到了 1855 年，他仍是受政府資助主理石排灣皇家館的教師，月薪 10 元，政府每月支付經費 11 元。直至 1856 年，他的月薪由原本劃一的 2 英鎊 1 先令 8 便士（10 元），更改為 6 元或 10 元不等（以每位學童年齡計算），學童人數增至三十人，全年經費約 10 英鎊（48 元），全資由政府資助。[36]

34　參閱 *Hong Kong Blue Book Year 1856*, Education, Return of the number of schools。

35　石排灣其他的書館記錄，除了 1844 年和 1845 年只有一間，1846 年有兩間，分別是 Tsung Yok Tim（曾育田）和 Tsung Tat Tsi（曾達志），共招十九名男童。1847 年已有三間書館，除了曾育田外，已見 Man Yok（文育）和 Loo Ping How（羅平孝），三間共招男童六十二人。參閱 *Hong Kong Blue Book Year 1844 to 1847*, Education, Return of the number of schools。

36　石排灣皇家館教師的名字：曾發和夏益謙是《信札》內的中文記錄，英文拼寫是來自 *Hong Kong Blue Book* 同年的記錄。

赤柱村的書館

　　赤柱村是香港開埠時人口眾多的村莊，曾被歌連臣認為是港島的首府市鎮（Capital Town）。早於 1844 年的記錄，有書館一間，教授三十三名學童，相信資料並不正確，可能與石排灣混淆。到了 1845 年，記錄由 Cheong Fat Cheong（張發昌）主理的書館，有十二名學童，但到了翌年，已記錄赤柱有三間書館，分別由 Lo Sheong Ho（盧相好）、Ng A Tak（吳阿德）和張桂芳（Cheong Kwei Fong）主理，共收學童二十七人至三十二人間。之後幾年，政府只記錄赤柱有一間書館，分別由 Loo Lin Cheong（羅林祥）、Tam Ngi Lum（譚藝林）、夏益謙和 Ow Yan Tuk（歐仁道）主理，政府記錄應不能代表赤柱村整體的書館情況。[37]

　　到了 1851 年，福漢會傳道者到訪赤柱的書館，記錄的書館名字共四間，包括已於 1850 年見於政府記錄的夏益謙先生書館，還有由張仕皇自稱的「香草堂」書館、張桂芳主理的赤柱書室和黃意修先生書館。其中夏益謙先生的書館雖然是受政府資助，教授村內十二至十三名學童，他保持和基督教傳道者的良好關係，但仍沒有特別將書館改名作「皇家書館」，可能和當地村民仍然着重傳統的儒學教授有關。夏益謙於 1853 年轉到石排灣村任教，取代夏益謙於赤柱的教職，是歐仁道教習。到了 1855 年，歐仁道的月薪是 10 元，但學童只有六名，政府每月資助 11 元經費。到了 1856 年，他仍然受到政府的資助，因為學生人數不多，月薪減至 6 元，後期教授人數增至十五名學童，一年經費 19 英鎊 10 先令（94 元），全資由政府支持。[38]

37　參閱 *Hong Kong Blue Book Year 1844 to 1856*, Education, Return of the number of schools。

38　參閱 1851 年《漢會眾兄弟宣道行為》中文信札 6 月份的記錄中有關到訪赤柱村和石排灣村的記錄。

香港村書館

與赤柱村書館同一情況，香港村書館於 1844 年政府記錄是混淆的資料。相信該村主要是客家圍村，大約有二百名居民，1845 年只聘請一名村內教師，教授村內十二名兒童，其中有記錄教師名字的年份是 1845 年的 Chow A Woon（周阿雲）；1846 年的 Chow Sow Chu（周秀柱），招收了十七名男童；1848 年的 Tung Foong Kut（董芳冠），有十名學童；1851 年和 1852 年的葉寵文（Yip Chong Mun），期內分別教授二十七名和二十二名學童；[39] 1853 年至 1854 年的 Ho Yim（何謙），在他教導下，學童由二十六名減至十一名。到了 1855 年，政府資助 Kwok Koh（郭高）在該村任教，教授十三名男童，月薪 10 元，政府每月資助經費 10 元 7 角。到了 1856 年的 Too Ping Han（杜平亨），已成為受政府資助的皇家書館教師，他收取 6 元月薪，香港村皇家書館也只有十五名男生，每年經費 14 英鎊 12 先令（70 元），全部由政府支付。[40]

早於 1845 年，英軍測量官歌連臣曾到訪香港村書館，也是香港現存最早記錄港島內書館的資料，他寄出的家書中，這樣描述香港村書館：「村莊雖然也像其他我到過中國人的地方一樣那麼骯髒，但它擁有一種我沒有預料的文化：村莊老師。他身穿黑色棉質外衣，白色長襪，若剪掉辮子，他的外形可笑地與英國的學者無異。老師有九個學員，但肯定他們是村內二百個村民中最清潔的九個。老師教授學員數學，給予他們很多抄寫習作和用心記錄。書館房內都掛滿不少學員的繪畫，令人驚訝。」[41] 從記錄看，那位村莊老師，正是 Chow A Woon（周阿雲）教習。

39　葉寵文於 1851 年任教的香港村書館，中文記錄源自 1851 年《漢會眾兄弟宣道行為》中文信札 6 月份的記錄中。

40　參閱 *Hong Kong Blue Book Year 1853 to 1856*, Education, Return of the number of schools。

41　節錄自 HKPRO — HKMS140-1: Correspondence of Lieut. Thomas Collinson, Letter dated 1845 年 4 月 6 日。

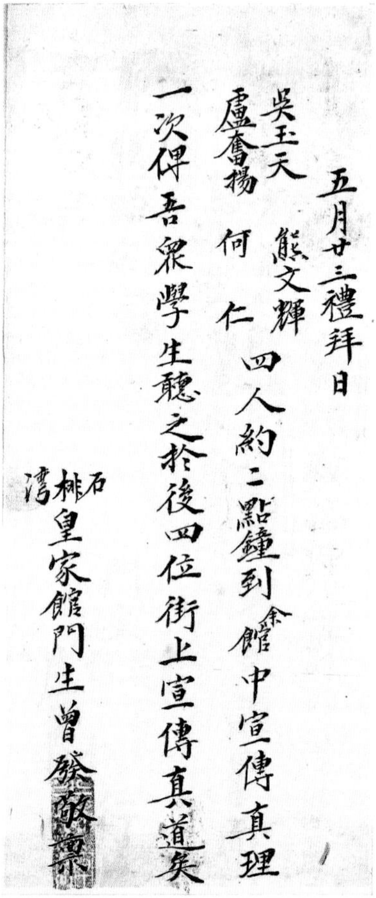

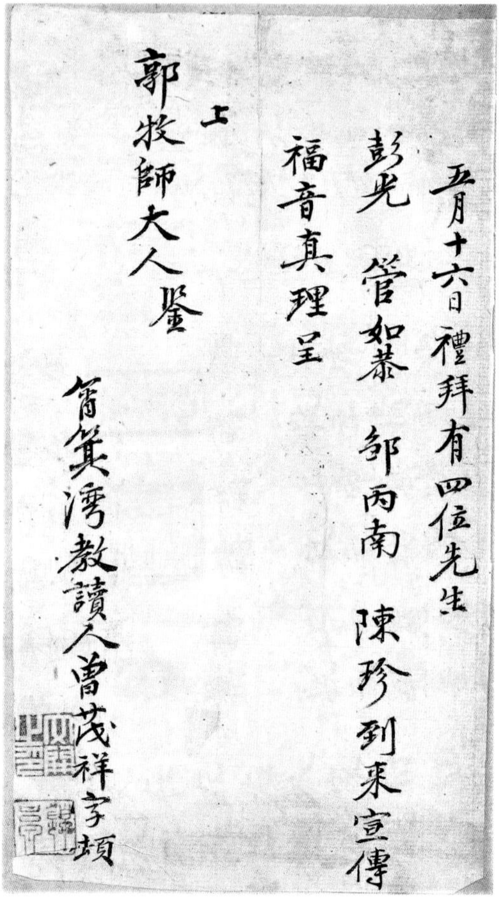

五月十六日禮拜有四位先生

彭光　管如恭　邹丙南　陳珍到來宣傳

福音真理呈

上

郭牧師大人鑒

筲箕灣教讀人曾茂祥字頓

五月廿三禮拜日

吳玉天　熊文輝

盧奮揚　何仁　四人約二點鐘到館中宣傳真理

一次俾吾眾學生聽之於後四位街上宣傳真道矣

石排灣皇家館門生曾發敬稟

▲　圖 10.7 & 10.8

漢福會傳道者於 1851 年到訪筲箕灣和石排灣書館的信札記錄

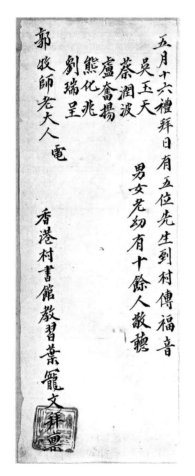

五月十六禮拜日有五位先生到村傳福音

吳玉天
蔡潤波
盧奮揚
熊化兆　男女老幼有十餘人敬聽
劉瑞呈

郭牧師老大人電

香港村書館教習葉寵文拜稟

五月初九禮拜日有五位先生到村宣福音

何仁
熊化兆　　村中男女老幼有十餘人敬聽
屈安　　是以呈
盧奮揚
蔡潤波

郭牧師大人電

黃泥涌村書館門生陳傑道拜稟

▲　圖 10.9 & 10.10

漢福會傳道者於 1851 年到訪香港
村和黃泥涌村書館的信札記錄

大潭篤書館和石澳書館

　　大潭篤村人口稀少，只有約一百名村民，政府只記錄於 1845 年，曾有一所由 Yow A Sam（邱阿森）教授五名村中兒童的書館，月薪是標準的 2 英鎊 1 先令 8 便士（10 元）。相信該村的兒童在其後的年份，是到赤柱村內的書館上課。[42]

　　至於石澳，到了 1856 年，居民也增加到二百五十人，依據政府登記華人辦學的資料，亦涵蓋這區，書室由 Mee shing Sang（未誠新）教導，是七名男童受學的小型書室。[43]

黃泥涌書館

　　黃泥涌雖然是港島內陸的村莊，住了三百多人，但人口比較分散，故該村一直只聘任一位老師教導村內的兒童，打從 1845 年到 1852 年的八年間，均是由陳傑道（Chun Kit To）主理，他也是華人辦學的書館中，任職最長久的村莊老師，[44] 受教學童保持約二十四至二十八人。到了 1853 年，由 Nap Chong Nam（列莊南）接任，一直到 1855 年，他亦開始受到政府資助月薪 10 元，每月政府支付經費 15 元辦學，也變成皇家書館。可能這個改變對列莊南的教學傳統有分歧，故翌年再沒有記錄他受政府的資助辦學。政府亦於 1856 年改為資助由 Chun Cheong Ho（陳昌豪）主理的書館，以月薪 11 元聘用，教授二十七名村內男童，一年經費 27 英鎊 10 先令（132 元），全部由政府支付。[45]

42　參閱 *Hong Kong Blue Book Year 1853 to 1856*, Education, Return of the number of schools; Details of the Year 1845。

43　同上註，Year 1856。

44　陳傑道的中文名字源自 1851 年《漢會眾兄弟宣道行為》中文信札 6 月份到訪黃泥涌書館的記錄。

45　參閱 *Hong Kong Blue Book Year 1853 to 1856*, Education, Return of the number of schools。

掃稈埔書館

掃稈埔的村民略比黃泥涌多，大約三百七十人，早於 1845 年已有書館的記錄，由一名華人老師 Woo Kei Foong（胡其芳）任教村內十九名男童。翌年，政府記錄的書館由 Wong Sun Cheong（黃新祥）主理教導二十一名男童。到了 1847 年，記錄有兩所書館，分別是黃新祥和 Ting Tuk Ching（丁篤清），共收錄三十二名男生，一年總經費 25 英鎊（120 元）。到了 1848 年，只見黃新祥的書館招收了十二名兒童，經費亦減至 6 英鎊 15 先令（32 元 4 角）。若沒有福漢會的傳道者於 1851 年 6 月到訪掃稈埔，政府一直沒有掃稈埔書館的記錄，才發現仍有一所叫「黃木書館」。政府記錄到 1855 年和 1856 年，受政府資助的掃稈埔書館是由 Leong Seak Hing（梁適興）主理，月薪由 10 元提升到 11 元 5 角，教授學童分別是二十八人和三十人，經費由每月政府資助 15 元，提升到一年經費 40 英鎊 8 先令 4 便士（194 元），全部由政府支付。[46]

柴灣和筲箕灣的皇家書館

從福漢會傳道者到訪的記錄，柴灣早於 1851 年已見有羅昌榮先生書館。到了 1856 年，政府正式資助的皇家書館由 Lo Shing Ku（羅成高）主理，月薪 6 元，招收了二十名男生，一年經費 2 英鎊 16 先令 3 便士（13 元 5 角），是政府全費資助最便宜的皇家書館。[47]

1851 年福漢會傳道者到訪筲箕灣，記錄了一名自稱「筲箕灣教讀人曾茂祥」的書館。到了 1855 年，政府在筲箕灣資助了 Chun Cheong Ho（陳昌豪）主理的書館，成為該區首間皇家書館，招收了二十九名男生，

46　同上註，Year 1844 to 1856。

47　同上註，Year 1856。

每月政府資助經費 14 元。到了 1856 年，改為資助由 Wong Guen Ho（黃君豪）主理的書館，資助 10 元月薪，教導三十名男童，一年經費 45 英鎊（216 元）全部由政府支付，成為新的皇家書館。[48]

非港島區內早期的書館

早於 1844 年，政府記錄港島以北對岸的鯉魚門已有四間書館，教授了五十六名學童，全年經費約 50 至 60 元。從福漢會傳道者於 1851 年 6 月遍訪當年仍屬華界的九龍和新界地區，發現部分未見記錄的書館名字，其中包括九龍區內的李秀才書館、陳殿英先生書館、陳章賢先生書館；由吳貴主理的尖沙咀書館；八鄉的張涓先生書館、鄧國英秀才的書室。[49]

瀝源華英書室

其中最突出是傳道者的《信札》中出現了一間「瀝源華英書室」，在史冊中完全沒有記載。[50] 當年瀝源即現今的沙田，而當年的沙田反而是在瀝源內其中一個小區。瀝源有一家華英書室真是大發現，原因是香港最早的華英學校（Wa Ying College）要到 1913 年才出現。雖然有指循道公會於 1858 年在廣州創辦第一間女子學校即是華英學校的前身，但仍未能和這家位於沙田區教授中英文課程的書室拉上關係。故當年為何在沙田區會出現一間華英書室，是哪人主理和資助？這個疑問，有待學者進一步研究。

48　同上註，Year 1855 & 1856。

49　參閱 *Hong Kong Blue Book Year 1844*，Education, Return of the number of schools；1851 年《漢會眾兄弟宣道行為》中文信札 6 月份到訪九龍，新界各區的記錄。

50　《信札》中出現「瀝源華英書室」的信條。

表 10.1 《漢會眾兄弟宣道行為》信札內記錄書館的名稱

書館所在地區	書館名稱 （宣道者 6 月份走訪次數）	書館主理人名字
石排灣	石排灣皇家書館（3）	曾發
黃坭涌	黃坭涌書館（5）	陳傑道
香港村	香港村書館（5）	葉寵文（自稱教習）
赤柱	夏益謙先生書館（3）	夏益謙
赤柱	赤柱書室（2）	（香葉堂）張仕煌
赤柱	張桂芳書館	張桂芳
赤柱	黃意修先生書館	黃意修
筲箕灣	曾茂祥書館	曾茂祥（自稱教讀人）
柴灣	羅昌榮先生書館	羅昌榮
掃稈埔	黃木書館	黃木
尖沙嘴	尖沙嘴書館（3）	吳貴
土瓜灣、馬頭涌圍、紅磡	李嵩山先生書館	李嵩山
九龍	李秀才書館	李秀才
九龍沙邊	郭先生書館	郭先生
衙前圍	衙前圍書館	?
全灣	安瀾書室	?
瀝源	瀝源華英書室	?
大埔	趙先生書館	趙先生
大埔	孫先生書館	孫先生
八鄉	張清先生書館	張清
八鄉	鄧國英秀才書室	鄧國英
平州（坪洲）	陳殿英先生書館	陳殿英

（接上表）

書館所在地區	書館名稱 （宣道者 6 月份走訪次數）	書館主理人名字
平州（坪洲）	陳章賢先生書館	陳章賢
淡水—大和街、新圍仔	何先生書館	何先生
淡水—竹高圍、聖堂圍	張三貴先生書館	張三貴

公立學校「皇家書館」的發展

　　1850 年代正是香港教育變革的分水嶺，學校教育模式已初步成形。香港的學校主要由鄉村自辦的書館、皇家書館和教會所辦的書院所組成。各區自辦的鄉村書館數量最多，但水平不高，良莠不一。其次是政府資助的公立學校「皇家書館」，通常是由比較開明的本地書館所提升，才能得到政府資助。主持人須接受新事物和以新學科教授學童。其數目亦日漸增加，由 1854 年的五間增至 1859 年的十九間，五年增長四倍。最後是基督教及天主教教會創辦的書院或學堂，目標是培訓神職學員和以聖經教學的書院，亦因這些書院是教會資助，存在和運作的情況很受個別教會辦學方針和資源所影響。

　　至於受資助華人辦學的書館中，只有石排灣自稱「石排灣皇家書館」，其他書館都沒有這樣自稱，只是華人宣道者到訪黃坭涌書館時提到「皇家書館」，但是書館的主持人陳傑道並沒有這樣自稱，可能是該書館剛於 1851 年才取得政府資助，故仍未易名。從宣道者 6 月份走訪各地區書館看，常到訪的地區是黃泥涌、赤柱、香港村和石排灣的書館。最能解釋這種活動範圍是這些書館所在地區的華人人口比較密集、全屬英界和路程不太遠，也相信是這些書館負責人對基督教傳播沒有抗拒，才有機會得到政府資助。原因是英國政府理藩院於 1846 年 8 月批准只資助一些「只需適度資助」，「不會發生宗派糾紛」和「沒有偶像崇拜偏見」

的學校。1847 年香港教育委員會成立後，主要的委員不是聖公會主牧便是虔誠的基督徒，所受資助的華人書館課程已加入聖經，每天早課必讀主禱文，而受資助書館的教師，均需由委員會任命，故全都是基督徒或是對基督宗教沒有抗拒的教師。更甚者是若學童拒絕學習聖經，會被迫令退學。由此推論，沒有用上「皇家書館」名字的資助書館，主持人仍未完全接受委員會所定的全部方針，故仍保留沒有「皇家」稱號的書館名稱。

基督教學校一蹶不振

1850 年代基督教學校一蹶不振，不少受教會資助的學校若不是收縮，便是結束。其中原因可能是當年法庭處理很多教會學校學生犯案事件，華人社會普遍認為教會以西方教育培訓華人青年，缺乏德育薰陶，只重科技數學，反而助長了中國人的劣根性，使不少華商對教會辦學表達不信任的態度。

隨着不少富裕的華人因廣東省內各地區的動亂而遷居香港，香港學童教育需求和水平亦因應提升。到了 1860 和 1870 年代，教會增加在香港辦學數目，水準和教學內容亦因應社會的變化而改進，加上政府亦增大資助，集中資源於中央書院上（由停辦的維多利亞城皇家書館合併），並成功發展到今天家長心儀的皇仁書院。但其他各區的書館，包括受資助的皇家書館，因華人教師的質素參差不齊，普遍士氣低落，師資水平低，不少資助學校只為提供工作給老師，而並非為教育兒童。故政府於 1873 年提出新的補助書館計劃，對日後香港學校教育發展定下一個新導向。回望香港開埠初期的學校發展，本着「月異歲易，學有進益」的理想，辦學團體的努力，配合中西社會人士和香港政府在教育上的資助，香港才慢慢發展到今天的教育成果。

第十一章

華人的商業

　　香港從漁港發展到今天的國際金融中心，是憑着獨特地緣、政治背景、自由貿易等特質，經過幾代華洋居民的努力，才有今天的成就。開埠十五年後，香港的進出口貿易已超越廣州，極速發展成華南地區的商貿和金融中心。其中的變化，主要是西方商號的大型進出口業務，已全部從廣州遷移到香港，也帶動了本地貿易和華人的商業活動，以一日千里的速度發展起來。

華洋雜處下的華工

　　開埠初年，百物待興，來港華人的謀生渠道只有兩種：打工或是小本營商。當年的打工皇帝全屬洋人，洋行和政府的高薪厚職全是洋人天下，華人若能進入政府，只能做一些文書、翻譯員、信差和苦力等低下層工作，工資約年薪 5 至 15 英鎊（24 至 72 元），中位數也只是 6.3 英鎊（30.24 元），一名華籍警員年薪是 6 英鎊（28.8 元），沙展是 8 英鎊（38.4元）。但華人若能進入政府工作，已是很有保障的鐵飯碗了。[1]

　　華人買辦在香港是地位高尚的職業，也是香港早期華洋接觸的主要橋樑，一般認定香港開埠初期華人精英顯貴大多出身買辦階層，直覺認為買辦大多諳英語或外語，故有利於與洋商貿易往來。實情是清咸豐年代的買辦多不懂外語，他們不少是廣州行商和錢莊的主持人，和洋商有生意往來後才參與買辦工作，他們和洋商溝通也僅限於那種不純正的洋涇濱英語（Pidgin English）。[2] 早年為洋商辦事的華人買辦階層在香港仍未形成勢力，買辦的商業影響要到 1850 年代後期才浮現，當時每個政府部門和洋商均設有華人傳譯或買辦的職位。

1　參考 *Hong Kong Blue Book Year 1844*, Civil Establishment, pp. 72-73。

2　參考《籌辦夷務始末》，卷 52，頁 3 下；Carl T. Smith, "Comissioner Lin's Translators", *Chung Chin Bulletin* 42, (June 1967), pp. 29-36。

大量湧入香港的華人，為建造維多利亞城提供足夠的勞動力，他們參與建屋、修路、泥水、木工和打石等工種，也有不少是從事苦力的運輸工作，在碼頭、一些工地和石廠，均設有臨時的招工處，每天一早便招募當天工作所需的勞工。也因為從事勞動力的工作機會並不穩定，不少打石工、泥水工和搬運工人，是每天從九龍界的鯉魚門上船，到達筲箕灣下船，再到各招工處尋找工作。[3]

營商致富一直是華人普遍的期望，但當年大宗貿易，如進口鴉片、茶、絲和其他金銀出口等業務，全都是把持在洋商手上。大部分來港發展的華商只能從事店舖銷售和提供生活所需的服務，經過四年的城市建設，維多利亞城區內已出現不少服務本地居民的店舖，也即是香港已形成了內需經濟的活動。

開埠初年華人的店舖

1845 年開設於維城區內的店舖主要分作兩類：第一類是為洋人生活所需而設的店舖；第二類，也是為數最多的，是為本地華人而設的店舖。從分佈情況分析，做洋人生意的店舖位處中環幾個市場（bazaar）、小型街市和中環區內主要道路上，[4] 其中包括皇后大道東至西一帶、威靈頓街、閣麟街、德己笠街、擺花街、嘉咸街、荷李活道等。但主要集中於五個市場：Canton Bazaar（廣東市場）、Morgan's Bazaar（摩根氏市場）（參見圖 11.1）、[5] Chinam's Row（齊南排屋）、White's Range（惠氏列屋）和

3　香港於 1844 年外來流動苦力勞工 1,925 人。參考 *Hong Kong Blue Book Year 1844*, p. 102。

4　參閱 1845 年香港維多利亞城地圖（Plan of Victoria City, Hong Kong 1845）（局部），金鐘道地段，清楚可見 Morgan's Bazaar（摩根氏市場）、Canton Bazaar（廣東市場）和沿路的中國商店（PRO-UK, FO705/82, 重繪）。

5　Edward Ashworth 繪於 1844 年至 1846 年間的 Morgan's Bazaar（摩根氏市場），位置在今天金鐘太古廣場近灣仔段。畫中可見華洋共處，是當年有名的商場（Image courtesy Hordern House Rare Books, Sydney, www.hordern.com）。

MacQueen's Row（麥堅氏排屋）共七十間店。[6]

在整個中環區的 133 間店舖中，有 53 間是專為洋人服務的，其中包括西服、西式鞋匠、銀器匠、歐洲貨專賣店、洋書釘裝、洗衣店、麵包店、買辦翻譯、日本語翻譯、手錶匠、曼徹斯特城舶來貨品專營店、印度人服裝店等。為數眾多而設於華人區店舖主要是在下市場（Lower Bazaar，1851 年已改建並稱作廣源新市）（參見圖 11.2），有 134 間，其次是太平山區，有 121 間，合共 255 間，其中包括 51 間專為洋人服務的店舖。[7]

最突出的是很多洗衣店是設於太平山區，至於進口曼徹斯特城舶來貨品專營店也是設於華人集中的下市場。當然，專為華人服務的商店如瓷器缸瓦店、中式裁縫店、中國雜貨店、典當舖、鴉片煙館、木鐵工匠、米舖、剃頭店、出租房店等，全都是設於這兩個華人聚集的區內。1845 年，整個維城區華人店舖共 388 間，專為洋人服務的佔了 104 間，即 26.8%。在芸芸各類行業中，早年開設最多的是剃頭店、中式雜貨店和出租房店（參見圖 11.3）。[8]

分析 1845 年的華人店舖，特別之處是店舖的分佈非常集中。除 Canton Bazaar（廣東市場）（參見圖 11.4）和 Morgan's Bazaar（摩根氏市場）設於下環（即現今金鐘地段）外，其他主要市場和店舖全都在上環沿岸一帶；由 Chinam's Row（齊南排屋）開始、MacQueen's Row（麥堅氏排屋）、White's Range（惠氏列屋）一直西向伸展至 Lower Bazaar（下市場），再擴展至太平山區。雖然中環大小街道路旁也有商店，但只是

6　參閱 *Hong Kong Blue Book Year 1845*, List of Traders in Victoria 1845。

7　同上註。

8　同上註。

▼ 圖 11.1

Edward Ashworth 繪於 1844 年至 1846 年間的 Morgan's
Bazaar（摩根氏市場），位置在今天金鐘太古廣場 Pacific
Place 近灣仔段。畫中可見華洋共處，是當年有名的商
場。"Image courtesy Hordern House Rare Books, Sydney,
www.hordern.com"

▲　圖 11.2

此照片拍攝於 1870 年代早期，上環文咸街交界處的華人店舖，接近當年 Lower Bazaar（下市場或廣源新市）地區，照片反映早年香港店舖特色，實屬十分罕見的歷史照片。當年店舖仍保留 1850 年代初期的形式，店舖招牌不少是中英雙語的，在下市場華人區的店舖有不少也是為外國人服務。作者藏。

▶　圖 11.3

香港開埠的各行各業中，最多是剃頭店。照片拍攝於 1890 年代香港的剃頭店內理髮修耳的情況。

零星分佈於不同街道。[9]

　　發展到 1856 年，維城區內各式各樣的華人店舖已增至 2,237 間，鄉村的店舖 972 間，全港華人經營的店舖共 3,029 間，十一年內增加了 2,641 間，增長 7.8 倍。[10]

海盜問題影響船運貿易

　　香港開埠前已有的行業，是以船運為主的華商沿海貿易。但是廣東沿海一帶，海盜問題一直存在，英軍佔領港島前的 1839 年，已發現海盜活躍於香港水域。1840 年於珠江口的中英戰爭期間，海盜活動曾停頓一時，以蜑民為主的海盜，戰時扮演「兩頭蛇」的角色，一方面本着愛國精神，支持打擊英帝戰船入侵，與清兵聯絡，報道英軍艦艇的活動情況。另一方面，為入侵的英艦提供補給物資和清兵各炮台佈防的情報，收取英兵可觀的報酬，實行大發戰爭財。其中著名的海盜盧景，更被英軍指揮官重用。[11]清兵戰敗珠江後，英海軍掃除珠江流域所有清兵防衛的炮台和汛站。清兵已無力管治沿岸的海盜活動。鴉片戰爭後，清海軍水師元氣大傷，從天津沿海岸線至福建一帶，海盜活動十分嚴重。

　　香港開埠初期到 1845 年，因不少英艦仍然停泊於香港海灣，廣東的海盜曾經平靜一段時間。戰敗後的清政府，曾點名部分海盜為「英奸」，而曾協助英軍的華人和海盜，更不能立足於廣東，香港因此成為他們的安全避難所。經過了一兩年的平靜，在港島得不到發展的海盜，便重操故業，結集船隻，在香港水域搶劫往來的華洋貨船。進入港灣狹窄的鯉

9　　參閱 Plan of Victoria City Hong Kong, 1845（PRO-UK, FO705/82，重繪），地圖內建築物的名錄。

10　參考 *Hong Kong Blue Book Year 1856*, p. 209。

11　參閱不著撰人著：《英夷入粵紀略》，載〈鴉爭〉，冊 3，頁 25－26。

魚門和噏水門航道，正是這些海盜盤據等待截劫貨船的黑點。他們通常來自黃埔一帶，海盜船隻與一般船艇沒多大分別，但多數設有長的船槳作加速追趕貨船的特色。海盜在維城遍佈線眼，收集貨船載貨和起航的資料。[12]

　　來自廣州、東莞的華人商船，通常先給海盜支付黑錢，方可安全進出香港海灣。沒有能力支付的華人商船，會結集停留於港灣內，等待時機，才一齊揚帆急促離港。曾有一些來自海口裝滿價值上三四萬元貨物的貨船，一見進入港灣的形勢不妙，便駛離香港水域，使到原本計劃來港的五艘大型華商貨船，只有一艘能進入港口。[13]

影響船運貿易的其他因素

　　除了海盜活動影響香港的船運貿易外，《南京條約》的附例規定香港不能從非清關的口岸進口貨物，但是廣州周邊的河套地區已有四處商品交易所，香港本地的船家可以不用經廣州口岸和冒着被海盜截劫的風險，便購買得到和廣州同價或更便宜的商品。這方面對從事內河船運貿易的英商造成不利。此外，英商曾嘗試用出海中國遠洋帆船從福建輸入六百箱普洱茶葉，但在香港無人問津，最後只能以極低的價錢經拍賣出售，英商損失慘重。看來香港開埠初期，內銷需求仍然疲弱，不少洋商企圖進口一些適合華人的貨品如樟腦、明礬、硫磺、大黃、粗瓷器、陶器等，但市場沒有剛性需求，使不少洋商放棄進口華人所需的貨物。其中只有樟木和明礬有市場，其他商品若是香港不能銷售的，便須要轉售去廣州和澳門。[14]

12　郭士立於 1845 年有關香港本地貿易的匯報，參閱 *Hong Kong Blue Book Year 1845* 由港督戴維斯給 Gladstone 信札附件。

13　同上註。

14　同上註。

▼ 圖 11.4

此畫繪畫 1844 年至 1845 年間的 Canton Bazaar（廣東市場），華人坐在地上的道路是今天的金鐘道。該市場連同 Morgan's Bazaar（摩根氏市場，圖中後右邊尖頂建築物）是現時金鐘太古廣場 Pacific Place 所在地。圖左邊是英軍軍部操場 Ordinance Commissariat Yard 地區。"Image courtesy Hordern House Rare Books, Sydney, www.hordern.com"

對於洋商參與中國海洋貿易不利的另一情況，是華商一般相信由洋船載運到各口岸比中國船隻便宜。華商利用英印的大型貨船，直接由外洋運貨至指定的口岸，而不須停留香港。亦因為如此，不少來自星馬海峽的南洋貨品，都沒有機會在香港下貨再轉口到其他商埠，使到原本可以來香港採購來自南洋和印度群島貨品的華商卻步，香港沒有足夠的貨源提供，他們只可到廣州和上海採購。

最重要的結構性問題是以從事海洋貿易聞名的潮州商人，都不曾考慮來港發展船運業務，這些潮州商人在星馬殖民地區早已建立良好的船運業務，但是香港的建設對他們沒有吸引力。這個情況同樣出現於澳門，當地三家著名的葡籍商人，來香港經詳細考察後，認為香港營商環境不佳，亦放棄來港發展。

華人的船運貿易

發展到 1845 年，華人的船運貿易出現一些投機者，來香港尋找便宜貨的機會，因為不少從外洋運經香港的貨物因不同原因以低價拍賣，這些投機華商間中會購得比廣州便宜的貨物。另外，他們也會順道尋找香港的特產如鹹魚出口。

至於香港華人最蓬勃的貿易是海鹽。海鹽由海康、歸善、德昌、海豐和淡水的海岸產鹽區運至香港，比內陸地區產鹽的來貨價便宜很多。海鹽貿易主要由客家小型鹽船載運，原因是香港鹹魚曬製需要大量海鹽，而且香港的鹽商可以經香港非法偷運至廣州和番禺銷售，每月可銷售二至三萬包海鹽。這些鹽船也會經營鴉片運輸，並在香港購入一些本地製品和五花八門的貨品。[15]

15　參考 *Hong Kong Blue Book Year 1856*, imports and exports。

　　至於華人的海洋貿易，廣東沿岸的廣州、番禺、東莞、南頭和江門等地每月有大約六十艘大型帆船到達香港，提供港島華人小商店需求的貨品，而這些帆船只是從香港帶回小量貨品如棉布和一些製成品。至於海南島的船隻也常常會來香港購買來自印度的原棉和鴉片，也有來自揭陽的船隻，特別空船來香港購買鴉片和小量英國進口的棉布。途經香港的，也有來往廣州至天津的大型帆船，每月不少於三十艘，小型船隻也有來自潮州、海豐、福州、台灣、廈門、寧波和上海等地，不少是到廣州途經香港的船隻，因為香港是免關檢的自由港，不少會在香港購買鴉片，再偷運回各自的口岸。[16]

　　香港經由華人船隻的進出口貿易計算，1847 年進口總值是 498,239 英鎊（ 2,391,547 銀元），主要進口貨物是蔗糖、大米、鹽和花生油。同期由香港經華人船隻直接出口總值 226,130 英鎊（ 1,088,628 銀元），進出口貿易逆差達 272,109 英鎊（ 1,306,123 銀元）。可見華人在香港的貿易資金足以支付當年的貿易逆差。翌年，華人船運進口總額下跌至 169,446 英鎊（ 813,348 銀元），出口總額則輕微上升至 236,298 英鎊（ 1,134,230 銀元），形成順差 66,852 英鎊（ 320,889 銀元）。可見由華人營運船運出口的業務亦慢慢地增長。[17]

　　到了 1851 年，隨着人口的急促增長，經營內陸的船運也蓬勃起來。記錄的船運碼頭全設於中上環沿岸，有澳門渡、省城渡、省渡英昌、真泰省渡、義昌渡、江門渡、海豐船運，已知的船運種類，有客家豬船、客家鹽船、本地柴船、石船和私鹽船。[18]

16　同上註。

17　同上，Year 1847, Imports and Exports。

18　參考福漢會傳道者於 1851 年到訪港島店舖和漁船傳道的《信札》內容，作者藏書。

香港開埠後，大量勞動力湧入，直接或間接帶動華洋資金投入內部的經濟活動，其中商業活動所帶出的資金，足以支撐本土的經濟增長。至於當年出色的華商，研讀他們發跡的背景，對於認識開埠時的華人社會，實有一定的幫助。

早期的華人領袖

盧景（亦稱盧亞景，別名斯文景），出身蜑民，一直為英海軍提供兵船伙食，以及牛、羊、雞、豬、麵包、餅乾等糧食。早於 1841 年便與英軍 26 兵團的威廉·堅（William Caine）相識，提供裙帶路清兵和海盜出沒的情報。盧景手下黨羽有數千人，擁有數十艘船的船隊，相信他原是這一帶的海盜，曾在珠江口截劫來往貨船。因鴉片戰爭，改為替英軍提供糧食補給的買辦，戰後得英軍司令嘉獎。1843 年，政府為增加稅收，推行鴉片專賣，盧景取得專利權。此外，在威廉·堅的包庇下，經營不少非法行業：開設賭館、妓院、放高利貸等等，個人生活奢華。1847 年 6 月，他曾被地政署記錄官威廉·塔蘭特（William Tarrant）指稱他替巡理廳總監威廉·堅向中央街市的商戶收規納賄。但盧景反向塔蘭特恐嚇：若他被政府檢控，塔蘭特的職位將也不保。其後盧景沒有出庭應訊，但塔蘭特果然丟了烏紗。很明顯盧景背後的撐腰者，正是當年掌握警政和司法大權的巡理廳長威廉·堅，而盧景正是威廉·堅的華人爪牙，幫助威廉·堅收受賄賂，在香港橫行跋扈，難怪香港開埠初年治安長久不能整治。加上盧景在粵省買了一個六品頂戴藍翎的官銜，在香港華人社會中招搖。開埠後，盧景曾獲批土地，在港島定居，其後的土地拍賣，盧景都積極參與，到了 1850 年，他名下的房屋已超過一百幢，正是腰纏萬貫，富甲香江。發財立品，他斥資捐建文武廟，成為困苦、負債、不平人的救星，擔任華人社會的領袖，反映香港開埠初期社會結

▲　圖 11.5

Edward Ashworth 繪於 1844 年香港的齊南行（Chinam's
Hong），從海傍觀看的景象，「齊南行」的位置是現在
皇后大道中的中環中心。沿岸的小碼頭止是小艇從上
環來往九龍停泊之處。"Image courtesy Hordern House
Rare Books, Sydney, www.hordern.com"

▲ 圖 11.6

畫中陳亞權購地興建的「齊南行」，是當年最具特色的華人建築物。此畫由 Edward Asthworth 繪於 1844 年皇后大道中齊南行的正門，從門窗屋宇佈局，可看到新加坡唐人建築特色。齊南行的華人建築特色曾刊登於 1851 年 *Chinese Architecture*。"Image courtesy Hordern House Rare Books, Sydney, www.hordern.com"

構的奇特和複雜。[19]

　　陳亞權（Chan Akuen）是另一位建造香港第一幢室內商場的華人，他與三名合伙人創辦敦和行（Tun Wo，當年敦和街的命名），從事鴉片貿易，船運走私致富。於 1843 年 8 月後向英商 Richard Oswald 以 8,000 元收購了沿海地段 Marine Lot 54 號，以 10,000 元建造了一幢新加坡唐人建築風格的商場，取名齊南行（Chinam's Hong），也是當年最具特色的華人建築物和貿易商場，是當年室內商場中的表表者（參見圖 11.5、11.6、11.7）。因非法走私，陳亞權是不受香港政府歡迎人物，返回廣州後，於 1844 年因風寒病逝，留下來的物業由合伙人陳春寶接收。[20]

　　另一名稱號阿九的廣州商人，在香港早期開設了阿九公司（Akow & Co.），經營一般商品店舖貿易，也與其他合伙人阿貴和阿泰，投得中區的中央街市五年的承包期作分租經營。[21]此外，他與鄭錦祥（Cheung Kam-cheong）等五人投機地產買賣，買入沿海地段 Marine Lot 22 號，地點是歐洲人區中的皇后大道中與砵典乍街角落地段（即今天的泛海大廈），但他的地產投資並不成功，於 1847 年和 1850 年已出售其全部物業清還債務。[22]

　　香港開埠初年，華人參與房地產建設多不成功，主要是華人建築商投標承建西式大樓經驗不足，大多低估成本，導致投標價過低而未能完工，成為「爛尾樓」，不少政府的建築工程，須要政府接手收場，不

19　參閱《碑銘彙編》，〈文武二帝廟堂碑記〉，冊 1，頁 261。

20　參閱 Carl T. Smith, *Chinese Christians, Elites, Middlemen, and the Church in Hong Kong*, 1995, pp. 111-12; Tarrant, *Hong Kong*, Part I, 40, Tarrant names 'Chun Chinam' as Tea merchant。

21　參考 HKRS149-217 Bond dated 9.4.1845，1845 年 6 月 30 日起五年經營中央街市的承辦合約，擔保金額 2,000 元。合伙人以阿貴為主，其他包括阿九和阿泰。

22　參閱 Carl T. Smith, *Chinese Christians, Elites, Middlemen, and the Church in Hong Kong*, 1995。

少華人承建商不是破產便是入獄。話雖如此，承建商中也有發達致富的例子。[23]

譚才（或稱譚三才、譚亞才，別名譚錫珍）於 1841 年抵達香港前，是任職於新加坡政府船塢，職位是「科文」，即華人管工。亦因為有新加坡工作經驗，對西式建築成本有相當理解，故他在香港投得的工程均是大型的西式建築，代表作是中環鐵行大樓（P & O Building）、交易大樓（Exchange Building）、高等法院大樓。譚才商業頭腦精明，因應大量廣東移民到港，經營專利華工出口船務，建造碼頭，其中包括將碼頭於 1865 年出租給粵港澳輪船公司（Hong Kong, Canton and Macau Steamboat Company）。但譚才出身背景並不光彩，他勾結政府洋人高官，曾參與海盜活動，提供西式洋槍給家鄉開坪打壓敵對的客家鄉民，並承包鴉片船，和歐洲一些走私商人往來密切。到了 1850 年代，曾參與販賣華工出洋高利潤的勾當。譚才也是熱心公益，除捐建文武廟外，也有捐建太平山的義祠廟及灣仔的洪聖廟。1847 年，記錄他捐助了 888 銀元用作上環興辦華人義學的經費。譚才樂善好施，自然成為香港開埠初期的華人領袖。[24]

承建商中有一名叫鄧亞六（Tang Aluk），他出身打石工，相信是客家人。他是華人中少見的成功承建商之一，於 1887 年過身後留下大量物業產權給他的繼承人。[25]

至於經營店舖致富的例子有周亞蔡（Chow Aqui），他在下市場（Lower Bazaar）經營貿易店，在廣州設有支行，1849 年購入中環街市租

23　1845 年至 1847 年間，不少華人積極參與投標承接香港政府的建築工程，參考政府投標公告；HHRS149-2-17, 18, 21, 22, 29, 32, 37, 38, 56, 63, 64, 69, 70, 71, 72, 79, 83。

24　參閱 Carl T. Smith, *Chinese Christians, Elites, Middlemen, and the Church in Hong Kong*, 1995。

25　同上註。

▼　圖 11.7

　　Edward Ashworth 繪於 1844 年香港的齊南行
　　（Chinam's Hong）室內商舖的情況。

▲ 圖 11.8

香港 1850 年代大量華工出口，到新舊金山打工。照片拍攝於 1890 年代的華工在
帆船舺板上等待到達遠方的陸地。作者藏。

▲ 圖 11.9

香港碼頭旁的華人商店林立，各種貨品都有供應。照片拍攝於二十世紀初。作者藏。

用權，再分租給其他華人經營各種店舖。直至 1857 年，周亞蔡也是地產投資大好友，於 1866 年出售全部物業，回澳門退休。[26]

在香港早期工貿經營的困難環境下，能生存的廠家寥寥可數，王炳（Wong Ping）是其中之一。他於 1848 年投地登記是絲綢商人，正確身份是香港早期工業家，在下市場西面擁有一家繩纜廠，也是政府記錄最早的工業製造廠商。特別之處是他代表華人社團作為太平山區內陸地段 Inland lot 361 號信託人之一，那個地段於 1851 年建了一座義莊，處理無人收殮死去的華人，此事引起歐洲人廣泛討論，最後由政府從賭博專利稅中資助後來建立的東華醫院。[27]

在香港出身買辦致富人士，最早相信是郭亞祥，別名郭甘章。他是鐵行火船公司買辦（當年稱非沙火船公司 Peninsular & Oriental Steam Navigation Co.，因當年司理是 Maximilian Fischer 而得名，於 1863 年由 Thomas Sutherland 接任後才改名鐵行火船公司），也是蜑家出身。早在鴉片戰爭期間，他為英軍提供物資，不容於滿清政府。香港開埠後便移居香港，並極速致富。於 1854 年，鐵行出售其造船機械部門時，郭亞祥全部收購，在 1860 年已擁有自己的蒸汽船隊，能與歐洲人創辦的粵港澳輪船公司競爭。此外，他投資亦多元化，經營發興行，有糕餅麵包店，並引進牲口。1876 年他在全港納稅最多排行榜中排第三位，亦是華人納稅的首位。1880 年死後，遺產物業總值高達 445,000 元。他樂善好施，也是歐洲人最敬佩的華商之一。[28]

26　同上註。

27　同上註；*Hong Kong Blue Book Year 1848*, imports and exports。

28　同上註。

　　另一名以買辦致富的華人領袖，是著名的韋光（又名韋亞光），香山縣前山人，幼年被家庭遺棄，十一歲便流落澳門，曾於一所葡萄牙家庭打工，十三歲時被傳教士裨治文牧師引領到新加坡，就讀於馬禮遜學會的學校，1843 年隨學會遷移到香港定居，結婚生子，曾在保華洋行（Bowra & Co）任買辦一職。到了 1857 年，有利銀行（Mercantile Bank）於香港開設分行，他轉職成為銀行買辦。他也經營雜貨店，買入土地和公司的股份。韋光是受到華洋尊敬的買辦商人，社會地位高尚。他死後，由兒子韋玉接任銀行買辦一職。[29]

華人的商業網絡

　　回顧這些成功華人的事例，可見早年洋人管治下的香港，憑着自由免關稅的環境，華人營商致富機會仍然不少。1845 年至 1856 年華人的店舖記錄，正好反映香港內銷經濟活動的高速增長。雖然大部分華人從事與建築業有關的打石、木廠、泥工的工種，但也有不少成功致富的例子與建築業和物業買賣有關。但是開埠初期營商風險極高，可能只因一兩宗買賣失手，已導致破產收場。

　　香港開埠只有四年的時間，已有各式各樣的店舖林立，提供各種貨品出售，但基於香港天然資源有限，只有幾家工廠經營，不可能供應生活上所需各類物資。故各類貨物是源源不絕從廣東其他地區進口，亦即是船運和經營進口生意才是店舖背後的大宗交易。1845 年記錄已有八間由華人辦理的英國曼城舶來貨品專營店，可見華人參與進口貿易的積極性已遠及英國。其他生活所需物資，也是經華商從廣東和福建一帶進

29　HKPRO -144 Supreme Court (Wills) No. 368 dated October 1866；參考 Carl T. Smith, "An Early Hong Kong Success Story: Wei A Kwong, the Beggar Boy," *Chung Chi Bulletin, 45,* December 1968, pp. 9-14。

口,故內河船運貿易是其中重要的生意。

隨着 1850 年代大量華工出口到新金山和舊金山（參見圖 11.8），華工在海外的物資需求也隨之增加,亦帶動華人船運海外的業務,發展到 1856 年,經香港出口的貨物已涵蓋不同品種,出口地區除中國東岸外,已擴展至新金山（Australia）和舊金山（San Francisco）,東南亞的泰國、新加坡、菲律賓、爪哇,以及日本和孟買等地,也是經營金山行和南北行的前身。這些由華商包攬的貿易,均未曾反映於政府的統計資料中。[30]

政府和英軍投入基建的資金

香港開埠便被劃作免關稅的自由港,但是經香港轉口的貿易,香港政府沒有直接收益。所以開埠不久,連新上任的財政司也看不到香港有任何條件能發展成一個重要的貿易港。若以經濟學來分析香港開埠的發展,英國政府初期全力投入人力和資金來建設香港,正是基建帶動經濟活動的最佳例子。

1845 年港島在基礎建設如築橋修路等工程上,英軍和政府一共投入了 80,447 英鎊（386,145 銀元）,這個數目,是整個香港政府支出的 1.5 倍。當年的華人人口總數是 19,463 人,若扣除居住於鄉村 5,076 人、漁民 5,468 人,在維多利亞城區內工作的華人總數不多於 8,919 人。依據投入基建的金額,即每年每名華人平均可分配得 9 英鎊。[31] 這個數目,正是華人警長的年薪。當然,政府投入的基建資金不會全部用作工人的薪金支出,但以經濟活動計算,港英政府和軍部投入基建的金額,已足夠推動香港早期的民生和內部經濟發展。若有更多的數據,不難發現香港開

30　參考 *Hong Kong Blue Book Year 1856*, imports and exports。

31　同上註,Year 1845, Public Works, Military expenditures and Population。

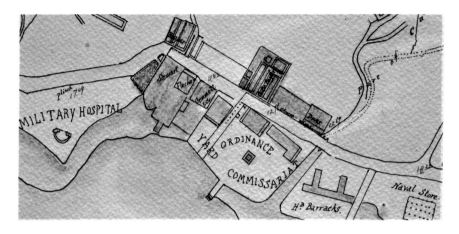

▲ 圖 11.10

1845 年香港維多利亞城地圖 Plan of Victoria City, Hong Kong 1845（局部），金鐘道的地段，清楚可見 [Morgan's] Bazaar（摩根氏市場）、Canton Bazaar（廣東市場）和沿路的中國商店。PRO-UK, FO705/82（重繪）。

埠首十三年，本地國民生產值（GDP）應是正數，首幾年更可能是雙位數的增長。這個推測，仍未包括香港與中國內陸華人的貿易數值。

　　此外，港島初年雖然只有二百多名洋人居住，但駐港英軍部隊，連同多達四十艘於中國水域往來的軍艦（處於兩次鴉片戰爭期間），高峰時期，駐港英兵數目有三四千人。海軍停泊於維港，官員多是駐紮於下環、西角和赤柱的兵營，故能提供軍需品的華商，也是一門獨市專利生意。從 1845 年維多利亞城地圖看（參見圖 11.10），金鐘沿岸一帶除海軍設施外，路旁設有很多華人店舖，可見當年華人營商靈活之處。此外，專為洋人而設的酒吧，遍佈維城各處，1846 年已登記有十三間由洋人經營的酒吧，連同不少數量的洋人旅館，正是為居於香港的洋人消費的店舖。[32]

32　參考 *The Hongkong Almanack and Directory of Hong Kong*, 1846, Foreign Residents in China / Hongkong。

第
十
二
章

貿易開港

第二任港督戴維斯接任後不久，在其行政報告中指出：「商業上，香港是一個沒有製成品作商業交易的地方；但是它有世界級的優良港口（以大多數海軍官員的聲稱），和自由港的位置將令它成為一個偉大的商埠，更是貨物存倉方便的地方。」[1] 這個報告充滿對香港的期望，可惜實際的情況並非如此發展。

鴉片集散中心

開埠三年半，香港商貿活動只集中在鴉片上，即是從澳門轉來的鴉片業務。當年鴉片主要由兩家洋行包辦，怡和和寶順洋行的大型鴉片貨船長期停泊於維多利亞港灣上。鴉片都是存放在船上，沒有安排上岸存倉，原因是安全問題，這兩家大洋行貿易用的銀元儲備，也是存放於船上。此外，亦有三四家西方商行參與鴉片貿易。其他設於香港的六家小型商號，只是經營進口製成品的代理商，貿易額非常小。可見香港開埠最初幾年，只是取代澳門成為鴉片停泊港（opium depot）。

《南京條約》和其附件都未能成功將鴉片販運合法化，清政府仍實施鴉片禁運，香港作為免關稅自由港的特色立即浮現出來。鴉片販子以香港港灣作為大型鴉片船隻全年的停泊港，將孟加拉和孟買運到的鴉片轉載於小艇上，再分散沿海岸線北上到黃埔、南沙、廈門、舟山和吳淞等海岸，當地接洽的艇戶全年守候着，等待接收來自香港的鴉片。[2]

香港開埠貿易的情況，正如首任財政司羅伯特‧蒙哥馬利‧馬丁（Robert Montgomery Martin）於 1844 年 7 月對香港以鴉片貿易為主的

1　戴維斯致英外相史丹利 1845 年 4 月 25 日有關香港殖民地的報告信件。

2　戴維斯致英外相史丹利 1844 年 8 月 20 日有關香港殖民地的報告書附件 1 號第一章有關財政觀點的報告文件。

▲ 圖 12.1
香港成為貿易中轉港後，每年有大量貨
船停泊於維多利亞港灣水域。照片拍攝
於 1880 年代。作者藏。

▲　圖 12.2

　　怡和洋行在東角一帶地段的建設。照片拍攝於
1870 年代。作者藏。

闡述：

　　香港主要的商號全是從事鴉片貿易，它們都是從澳門那裏移到香港，作為一個安全的鴉片倉庫，這也是香港唯一可做的業務。這些代理行與其他三四家商號於香港均從事鴉片貿易。至於茶葉的交易，全部由這些商號於廣州的職員辦理。其中有六間公司從事鴉片交易，其餘六間小型商號代理英國產品。但由於香港建築成本高、息率也高企，小型商號是很難在香港生存的。故在香港島，商號是十分罕見。在香港更沒有顯著的商業活動，只見大型的英國商船將茶葉在廣州上貨，路經香港停靠。而香港有相當數量的鴉片貿易，其中怡和洋行的一艘大型鴉片船「波文治」號（Homanjee Bomanjee）長期在香港港灣停泊。至於另一間代理行寶順洋行，它亦有一艘大型船隻「巴里」號（John Barry）從事相同的作業。這些船隻載滿從印度運來的鴉片，然後改用小艇運至中國沿岸。其他代理行如麥維卡‧搬立洋行（McVicar, Burn & Co.）和小型代理行，也是以鴉片貿易為主業。因鴉片貿易需要大量實銀交易，小型代理行因為沒有自己的船隊，通常是將鴉片買賣交託於各商埠的代理人，而鴉片仍儲存於停泊香港港口的船上，直至他們的代理確認將鴉片售予中國的拆家，才從船上提貨。[3]

　　至於香港開埠初期主要的道路基建，是由英軍的工程部隊負責，而經貿活動仍然由大洋行的鴉片貿易主導。香港被割讓成為英國殖民地前，在中國最大的兩家英商是怡和洋行（香港舊稱渣甸洋行）和寶順洋行（香港一般稱顛地洋行），它們的貿易活動早已出現於香港水域。英海軍上將伯麥（James Gordon Bremaer）於 1841 年 1 月 26 日在現今水坑

3　參閱羅伯特‧蒙哥馬利‧馬丁（Robert Montgomery Martin）：《中國的政治、商業和社會報告》第 1 冊，1847，頁 337－343。

口（Possession Point）插上英國國旗時，怡和洋行的大班詹姆斯・物地臣（James Matheson）亦在觀禮嘉賓之列。一個月後，怡和在香港東角（East Point）上建立倉庫和辦事處，其後經它的代理人摩根船長（Capt. Morgan）購入該處三幅地段，定名為物地臣角（Matheson's Point），後來才改名為東角，成為明顯的地標。當時香港政府仍未正式組成和進行土地買賣，由此可見，怡和洋行對香港的發展充滿信心（參見圖 12.2 和 12.3）。

1843 年，香港政府曾考慮以現金或其他地點與怡和交換東角用地，但為怡和的代理人拒絕，理由是「這個角落是最適合我們整體的目的，我絕不懷疑我們能以一倍的利潤，出售其他倉庫給政府」。怡和從此加速發展東角地段作為它的總部，代替原本在廣州和澳門的辦事處，可見怡和才是香港開埠發展的大好友。至於另一間英商寶順洋行，主事人顛地（Alfred Dent）仍以廣州和澳門為主要業務中心，香港開埠早期，只是利用香港的港口長期停泊它的大型鴉片躉船。而寶順洋行在未大規模進駐上海之前，它的業務重點仍是澳門。到了 1850 年，寶順洋行和一些小型鴉片商，已把鴉片存放於岸上的倉庫。

中轉港的開始

中國最大的出口貨品是茶葉，除了六家在香港進行鴉片販運的行號附帶進行小部分茶葉貿易外，其他西方商號主要仍在廣州進行貿易，不需要經香港作貨運轉口的安排。[4] 至於香港港口被洋行利用作船運的中轉站，主要原因是部分進口貨物進入不同的通商口岸，清政府時常更改不同的進口規管和關稅稅率。為了適應各個口岸實施的通關政策出現常變

4　戴維斯致英外相史丹利 1844 年 8 月 20 日有關香港殖民地的報告書附件 1 號第一章有，有關商業的文件。

▼ 圖 12.3

怡和洋行早於《南京條約》簽署前的 1841 年，已於港
島東角建立的倉庫和辦公樓。水彩畫由畫家 Marciano
Antonio Baptista 所繪。圖片源自 Sir Bruce Ingram Private
Collection, Philadelphia。

的特性，到達香港港灣的商船，主要是將貨物過艇，為部分貨品隨時轉換進口的口岸作準備。故香港開埠初年，仍然未有建立起直接商貿的通商情況，亦因為自由港的背景，在不經意下，成為五個中國通商口岸的保稅倉庫港口（bonded warehouses）。

自從宣佈為自由港後，從英國、美國和西班牙等地來華的商船，開始停泊於香港維多利亞港灣，再轉運到國內其他五個主要通商口岸。因為香港是沒有關稅的進出口港，故停泊於香港船隻的貨值無從準確計算。但同年進入廣州船隻的總貨值作參考基數，粗略也可以梳理出香港開埠首十五年的轉口貨值（參見表 12.1：香港港口外國貨船停泊記錄）。

貨船停泊後，除了下載香港本地的消費貨品外，其他貨物再轉運至其他通商口岸。1842 年已有 381 艘貨船共載重 136,336 噸貨物經香港進口，估計貨值約 18,985,709 西班牙銀元。其中 336 艘載貨共 124,357 噸來自英國的進口貨，美國有 22 艘船載貨 6,759 噸，當年來港船隻的平均載貨量約每艘 330 噸，到 1852 年後，才提升到 400 餘噸。[5] 1842 年，經香港轉口的西方進口貨，八成是轉到廣州，但是隨後的三年內，經香港轉到廣州的貨船下降至 45%，這個情況一直保持到 1847 年。踏入 1848 年，廣州佔香港轉口貨船總數的 37%，這個比例一直維持到 1852 年。看來西方商行與華貿易已形成固定的船運交通，來華的船隻每年都有增加，但是經香港停泊再轉往其他通商口岸的船隻，都有固定的比例數量。

5　參閱表 12.1，Return of vessels, tonnage, and flags, anchored at the Port of Hong Kong, exclusive of lorchad, junks, & c., from 1842 to 1853 inclusive, submitted by E. R. Michell, Acting Harbour Master, *The Hongkong Government Gazette 1854*。

表 12.1　香港港口外國貨船停泊記錄—1842 年至 1856 年

年份	1842		1843		1844		1845		1846		1847		1848	
船隻登記國家	船隻數目	貨物噸位	船隻數目	貨物噸位	船隻數目	貨物噸位	船隻數目	貨物噸位	船隻數目	貨物噸位	船隻數目	貨物噸位	船隻數目	貨物噸位
英國	336	124,357	439	163,206	463	168,187	513	173,540	523	177,114	499	164,920	157	146,681
美國	22	6,759	34	11,073	47	13,681	103	35,789	73	25,022	92	30,697	118	45,910
西班牙	11	2,718	10	2,454	12	3,007	19	4,946	23	7,582	22	5,569	23	4,810
荷蘭	6	782	5	1,364	3	664	8	2,325	9	2,538	7	2,038	9	3,305
法國	-	-	4	1,357	2	638	1	321	1	300	4	1,150	6	1,630
其他地方	6	1,720	5	1,118	11	3,080	28	10,077	46	16,699	70	25,091	387	26,482
總數：	381	136,336	497	180,572	538	189,257	672	226,998	675	229,255	694	229,465	700	228,818
平均每艘船運載重量 @ 噸：	357		363		352		337		339		330		326	
** 估算香港入口貨轉運總值（銀元）：	$18,985,709		$25,145,871		$26,355,316		$28,255,108		$24,802,978		$24,852,322		$20,668,096	

年份	1842		1843		1844		1845		1846		1847		1848	
	船隻數目	貨物噸位	船隻數目	貨物噸位	船隻數目	貨物噸位	船隻數目	貨物噸位	船隻數目	貨物噸位	船隻數目	貨物噸位	船隻數目	貨物噸位
廣州進入貨船總記錄					306	142,099	302	136,850	304	130,170	312	125,926	261	110,242
廣州英國貨船進入記錄					228	111,350	182	86,087	214	92,396	221	88,876	171	72,345
廣州英國入口貨總值（銀元）					$15,506,240		$10,715,502		$9,997,583		$9,625,760		$6,534,597	
廣州英國出口貨總值（銀元）					$17,925,360		$20,734,018		$15,378,560		$15,721,940		$8,653,033	
經廣州進出口英國貨總值（銀元）：					$33,431,600		$31,449,520		$25,376,143		$25,347,700		$15,187,630	
經廣州進出口貨總值順逆差（銀元）：					$2,419,120		$10,018,516		$5,380,977		$6,096,180		$2,118,436	
上海英國貨入口總值（銀元）					$2,521,506		$5,194,593		$3,888,960		$4,311,494		$2,532,909	
上海出口英國總值（銀元）：					$2,360,134		$6,043,636		$6,492,126		$6,725,731		$5,079,942	
上海英國進出口總貨值（銀元）：					$4,881,640		$11,238,229		$10,381,086		$11,037,225		$7,612,851	
上海進出口總貨值順逆差（銀元）：					-$161,372		$849,043		$2,603,166		$2,414,237		$2,547,033	

** 從估算依據廣州同年英國進口貨總值的噸位平均值推算。

資料來源：

The Hongkong Government Gazette, Year 1857, page 13, British Consulate, Shanghae 31st December,1856, No. XIII - Valuation of British Trade
　in British and other vessles at the Port of Shanghae from 1843-1856

The Hongkong Government Gazette, Year 1857, page8, British Import and Export Trade at the Port of Canton from the Year 1844-1856.

	1849		1850		1851		1852		1853		1854		1855		1856	總數：
	船隻數目	貨物噸位	船隻數目	貨物噸位	船隻數目	貨物噸位	船隻數目	貨物噸位	船隻數目	貨物噸位	船隻數目	貨物噸位	船隻數目	貨物噸位	船隻數目	貨物噸位	
	610	189,790	501	163,307	548	187,492	542	232,558	534	229,143	425	169,992	563	194,234	724	320,586	
	108	43,558	130	57,175	163	85,610	174	96,282	147	88,439	142	97,703	197	144,265	256	164,367	
	33	8,945	33	36,524	23	6,512	26	6,107	50	4,021	52	17,079	47	12,689	43	12,719	
	13	4,181	21	8,672	19	6,893	26	11,898	36	18,945	46	22,822	77	30,957	86	42,004	
	2	423	11	3,927	11	3,366	8	3,132	6	2,258	8	4,014	20	7,701	15	8,209	
	136	46,568	187	29,404	318	87,211	321	93,406	330	104,247	427	131,944	832	214,684	967	263,422	
	902	293,465	883	299,009	1,082	377,084	1,097	443,383	1,103	447,053	1,100	443,554	1,736	604,530	2,091	811,307	
	325		338		348		404		405		403		348		387		
	$24,910,382		$25,533,375		$36,482,683		$35,553,417		$21,253,795		$21,589,006		$30,531,682		$67,815,216		$432,734,956

	1849		1850		1851		1852		1853		1854		1855		1856	總數：
	船隻數目	貨物噸位	船隻數目	貨物噸位	船隻數目	貨物噸位	船隻數目	貨物噸位	船隻數目	貨物噸位	船隻數目	貨物噸位	船隻數目	貨物噸位	船隻數目	貨物噸位	
	331	142,357	322	133,740	394	177,818	398	210,082	328	160,435	320	154,157	395	180,328	430	209,673	
	218	93,095	173	74,911	234	104,334	230	124,385	172	85,361	137	68,795	174	71,391	204	109,371	
	$7,902,244		$6,396,900		$10,094,261		$9,974,022		$4,058,233		$3,348,444		$3,605,590		$9,142,061		$106,901,437
	$11,435,935		$9,918,811		$13,210,312		$6,596,272		$6,531,989		$6,098,477		$2,956,920		$8,217,259		$143,378,886
	$19,338,179		$16,315,711		$23,304,573		$16,570,294		$10,590,222		$9,446,921		$6,562,510		$17,359,320		$250,280,323
	$3,533,691		$3,521,911		$3,116,051		-$3,377,750		$2,473,756		$2,750,033		-$648,670		-$924,802		$36,477,449
	$4,412,835		$3,908,156		$4,564,424		$4,685,571		$3,939,848		$1,179,766		$3,497,895		$6,163,369		$50,801,326
	$6,513,871		$8,020,606		$11,598,166		$11,484,200		$13,344,892		$11,702,147		$19,963,763		$25,803,632		$135,132,846
	$10,926,706		$11,928,762		$16,162,590		$16,169,771		$17,284,740		$12,881,913		$23,461,658		$31,967,001		$185,934,172
	$2,101,036		$4,112,450		$7,033,742		$6,798,629		$9,405,044		$10,522,381		$16,465,868		$19,640,263		$84,331,520

Consulate, Shanghae 31st December,1856, No. XIII - Valuation of British Trade in British and other vessles at the Port of Shanghae from 1843-1856

The Hongkong Government Gazette, Year 1857, page 6, No.IX - Number and Tonnage of Merchant vessels entered the Port of Canton from 1844-1856

The Hongkong Government Gazette, Year 1857, page 86, Return of Vessels, Tonnage and flag anchored at the Port of HongKong exclusive of Lorchas, Junks, & c., from 1842 to 1853; Hong Kong Blue Books Year 1854 to 1856, Return of vessels, tonnages and flags anchored at HongKong during the Year 1854 to 1856

到了 1850 年,由怡和、寶順和美國旗昌洋行經營的省港快輪航線開始投入服務,[6] 來往香港和廣州的固定航線已有五艘蒸汽船行走,每年往返香港達 207 次,載貨量也有 41,472 噸。到了 1853 年,香港建造的第一艘輪船「皇后」號,吃水 137 噸,40 匹馬力,開始試航至金星門。[7] 但因為紅巾之亂,到達廣州的貨船從 1852 年的 398 艘下跌至 1854 年的 320 艘,廣州佔整體經香港來華的貨船總數即下跌至 29.7%。

洋貨傾銷的落腳地

至於西方進口貨品,以棉織品和棉花為最大宗,佔總進口值的74%;其次是羊紡織品,佔 18%。[8] 可見《南京條約》的第二條開放五個口岸通商和第三條割讓香港島,正是為了將英國的紡織類產品,大量向華傾銷。至於貨值最大的鴉片,是從印度經香港直接進口,也因為清政府仍未認同鴉片合法進口,故香港成為最有利的進口港,鴉片進口代理商可以免除進口關稅,經香港再分拆交到華人鴉片商,只需賄絡一些清政府官員,便可以安全轉運到中國各地。[9] 所以香港開埠後扮演的角色,正是為英美等歐洲貨品,經香港作轉運港,再北上前往廣州、廈門、福州、寧波和上海。在大宗鴉片貿易上,香港更是重要的安全免稅走私進入內陸的港口。

6　參閱 C. K. Haviland, *Early Steam Navigation in China, Hong Kong and the Canton River*, reprinted from the American Neptune Vol. XXII, No. 1, 1962, pp. 11, 13, 17。

7　同上註,頁 13。

8　參閱 The number and tonnage of merchant vessels that entered the Port of Canton from 1844 to 1856, cited from *The Hongkong Government Gazette May 16, 1857*。

9　1847 年,經香港以中國帆船出口到各內陸口岸的鴉片共 1,545 箱,總貨值 939,000 元,佔香港全年內陸帆船出口的 86.5%。參閱 *Hong Kong Blue Book Year 1847*, "Hong Kong exports in Chinese vessels", p. 231。

▲　圖 12.4

華人的帆船主要是作運載貨物來往內陸各口岸地區。照片拍攝於 1880 年代的油麻地避風塘。

▲　圖 12.5

石礦工業在香港開埠前已是港島唯一的工業，打石工多是來自惠州的客家人。照片拍攝於二十世紀中期。作者藏。

香港在貿易港的發展上，開埠首十年，仍然是依賴廣州原有的商號貿易網絡，但是到了 1854 年，廣州從英國貨船的進口總值，已從 1844 年的 15,506,240 西班牙銀元，跌到 3,348,444 元。相對上，上海的英國貨進出口總值，已於 1852 年追及廣州達 16,169,771 元。也正是廣州在西方進口貿易的角色，已由香港和上海慢慢取代了（參閱表 12.1 的香港港口外國貨船停泊記錄）。

香港製造

至於出口貿易，香港本土出產的貨物出口，主要是礦石，港島的石礦場原本由一名華人包辦，僱用千多名打石工，製成大小不一的石磚和石牌。1847 年，曾僱用五百多艘船專門用作運載石磚到內陸，一般稱為「石船」，部分礦石亦由貨船出口運到印度。[10] 香港政府每年收取 566 英鎊 13 先令 4 便士的全島礦山開採的租金。至於礦石出口的總值，沒有數據研究。到了 1856 年，政府承攬採石山頭已分作四個地點，出口用的大小石船增至八百艘，每艘可載 70 至 100 噸石礦。石礦業每年的開採授權，也是香港重要的收入來源（參見圖 12.5）。[11]

此外，經香港歐洲商人辦理的蔗糖出口，也是香港開埠後的主要出口產品，原糖甘蔗的來源，主要從廣州和廈門等地輸入，1847 年蔗糖的出口值達 144,827 英鎊（695,169 元），主要出口到英國、印度、新南威爾士和上海，也是香港直接經營出口的主要產品。此外，經由港島漁民曬製的鹹魚，也是香港本土的特產，廣州商人於大節前常來港收購，而

10　同上註，p. 217 "Exports to India"。70 噸礦石從香港出口印度記錄。

11　1856 年，香港政府從石礦與鹽業牌照的收入是 992 英鎊 14 先令 2 便士，參閱 *Hong Kong Blue Book Year 1856*, p. 30。

曬製用的鹽，主要是從福建和廣東沿岸輸入。[12]

　　到了 1856 年，香港本土工業出現新的景象，為船務提供支援的繩纜製造工業在多區發展起來，在石牌灣、鴨脷洲、赤柱、紅香爐、掃桿埔和維城區共有十二間繩纜工廠。食品工業上，黃豆醬油工廠在掃桿埔和維城區內共有七間。薑糖食品製造廠於掃桿埔、石牌灣、赤柱和維城區也有八間。[13]

　　其他經香港出口的貨物，全是由中國其他地區生產，經華人安排運至香港後，再轉售出口，其中的貨品，除蔗糖外，鋁、硫磺、白米、食油和鹽都是由中國各地運入的主要商品。與內地華人的貿易情況，1847 年的入口總值是 840,990 元，相對從香港經華人帆船出口到內陸的總貨值是 1,085,428 元，順差 224,438 元。[14]

　　此外，因為鴉片貿易是現金交易，西方鴉片販子從中國各地收取的貴金屬，包括各種銀元、銀錠、碎銀和黃金，主要是經香港，載上鐵行輪船公司的船隻出口到印度，[15] 再由那裏的鑄幣廠熔製成銀元或金磚。香港從 1850 年代中期，已逐步取代廣州，成為貴金屬和貨幣的進出口港，也成為華南地區以至東亞地區的金融中心。

12　同上註，Year 1847, "Export of sugar from Hong Kong for 1847", p. 227; Year 1844, p. 140, imports for year 1844 from Amoy; *The Hongkong Almanack and Directory for 1846*, Year 1846, Note on the Island of Hongkong by A.R. Johnston。

13　參閱 *Hong Kong Blue Book Year 1856*, p. 378。

14　參考 *Hong Kong Blue Book Year 1857*, pp. 230-231, Hong Kong Return of Junk Trade during the year 1847, imports & exports。

15　1853 年鐵行輪船公司參與香港至上海的鴉片運載業務，販賣所得的金銀，經香港輸出到印度。

第十三章

銀流票匯

金融離不開貿易，沒有貿易的進行，金融業務是得不到發展的。香港開埠初期，因為大宗的貿易活動是由洋商包攬，貿易船運仍集中於廣州進行，有關的融資和票據交易，還沒有流入香港。

亞洲金融中心：廣州

廣州在 1850 年代前，仍是中國外貿金融中心，交易方式主要有四種媒體：一、以貨易貨；二、白銀和貴金屬；三、英美的商號票據；四、英國東印度公司的票據。

第一種以物易物的方式做交易，曾出現於外國貨品進口的最初期，這種交易方式只存在於出售貨值在交易時，已超出經過多次交收產生利潤才會發生。

第二種以貴金屬的白銀和黃金作支付媒體。這種交易方式，在整個清代和民國初年的外貿交易中未曾停頓過。它的重要性，完全因為白銀和黃金是國際市場有價的商品貨幣，它的價值，完全是依據所含貴金屬的重量計算市值。因為這種貴金屬的交易是國際性的，在中國的廣州，早於香港開埠前，已形成為亞洲區的重要貴金屬的金融中心。其中的運作方式，中國市場與西方對同樣貴金屬的處理，有比較大的分別。

當外國泊來貨進入廣州市場後，來自各地的中國買家以白銀繳付貨款。當白銀供應極度短缺時，部分甚至以黃金交易，黃金源自雲南和四川一帶經河道運至廣州，作為貨幣的一種。亦因為鴉片是以貴金屬作交易，故廣州成為整個中國貴金屬的集散地，也成為金融投資的主要地區。而所有貴金屬中，是以白銀為主作交易貨幣，所有白銀交收經中介人或看銀師檢驗和換算作銀元的市值，其中的盈利和虧損，是取決於不同地區的市況和買賣的差價。

　　白銀交易主要分為兩種，中國各區官製和民間製私鑄的紋銀或銀錠，另外是西方的銀元。而一眾銀元中，又以西班牙銀元為首選（參見圖 13.1），次為墨西哥銀元。各種銀元的市值和它的含純銀量有直接關係。銀元在中國早已被用作大額商業交易的支付媒體，而廣州亦成為紋銀和金錠流通的地區。但白銀運抵廣州後，甚少會在中國流通行使，幾乎全部的白銀都是外流出口，因為紋銀和金錠並不能直接作外貿交易，而銀元才是與西方的主要交易計算媒體。亦因為各種銀元的含銀量不同，銀元進入中國後，須經看銀商驗測成色，加上打戳為記，才可認證流通。銀元在不同商號手上不斷流通，經多次打戳驗證後，不少銀元因而斷裂。故銀元在中國的貨幣市場，除了來自不同的地方、不同的年份出現價值的區分外，銀元本身的狀態也分為幾個級別：完整無戳印的「新板」、有戳印的舊銀元和碎裂後成為「爛板」的碎銀。中國早期外貿使用的「新板」銀元，在廣東、廣西、福建、江西、浙江、江蘇、安徽、湖南的南部和東部均是自由流通。但經打戳過的舊銀元，只能在廣東、福建和江西被接受流通。至於變成「爛板」的碎銀，則只能以重量在江西地區作回收之用。亦因為白銀和黃金不斷地流入廣州，廣州自然發展成為中國貨幣和匯票的兌換市場。對西方商號和銀行家來說，白銀是主要的交易計算媒體。但是當須要匯款到英國時，白銀運輸不是最好的方法，而是從廣州的西方商號發出購買茶葉或絲綢的匯票，寄到英國支付才是最佳的方法，廣州便是它們在中國匯票業務的重地。此外，廣州的巴斯商人積極參與白銀貿易，他們在全世界收購西班牙銀元，運到廣州。同時，他們亦以進口鴉片，換取中國的紋銀出口，運到印度的鑄幣廠製造銀元。但白銀在中國的進出並不穩定，不時出現供求不平衡的情況，故亦助長巴斯商人積極參與匯票的投機買賣。

　　第三和第四種以匯票支付的方法是最通行和最廣泛使用的交易支付媒體，其中第四種由英國東印度公司發出英國或印度支付的匯票，它在

廣州認受的地位最高，但因為東印度公司於印度和中國的專利早於 1834
年前結束，故它的匯票已沒有以前那麼普遍，主要是部分英印商號須要
在英國作支付購貨時，才考慮這種匯票。所以在香港割讓給英國後，來
自歐美的商人，均盡量利用廣州和英國著名商號發出的匯票作交易媒體。

廣州的票據業務

1846 年，中國經廣州的總出口值是 23,198,493 西班牙銀元，這數字
大約代表英美兩國需要付給中國銀元的數目，但實情是只有少數量的銀
元最終流入中國。亦因為中國境內十分缺乏資金，英美的大型商號都是
西方商人在中國的資金提供者。在一般運作上，西方商人須要以倫敦支
付的匯票作為他們商務的資金，或是購買東印度公司倫敦簽發的本票，
並匯到印度孟買和孟加拉地區作支付。

因為中國貿易需要大量白銀，對西方商號來說，屬高風險的投資，
故匯票的作用被充分地發揮於鴉片和茶葉貿易上。巴斯或印度商人從英
國商號發出倫敦支付購買茶葉的匯票寄到印度，用作購買鴉片的資金，
再將鴉片運到中國出售，再從華商手上收取白銀，用作購買匯票或直接
運回印度。在中國，匯票十分通行，它比貴金屬用作匯兌到印度為佳。
自此，中國的貿易平衡反映於匯票的交易和從中國出口的金銀數值。以
茶絲的貿易本質來看，買賣茶葉的資金運轉比較慢，故風險亦比絲綢交
易為高。而絲綢的價格沒有太大的浮動，故絲綢貿易被西方商人形容為
「一種非常安全和有潛質的貿易」。[1]

1　參閱 1854 年 10 月 31 日布朗（W. S. Brown）給拉思伯恩（S. G. Rathbone）信件，節錄自希拉
馬里納（Sheila Marriner）著《利物浦的拉思伯恩 1845－73》（*Rathbones of Liverpool 1845-
73*），1961，頁 213。

▲ 圖 13.1

1806 年的「大頭」西班牙銀元，由墨西哥製造，有「oM」標記，
這些特徵，於廣州的銀元貨幣交易有一定的影響。

▼ 圖 13.2

1838 年 11 月 26 日由廣州發出的船運 1,028 兩 1 錢銀錠的貨運
提單，經香港運至印度孟買。也是現存香港最早的商業貨運提
單。作者藏。

Shipped in good order and well conditioned, by *Framjee Hurajee*
in and upon the good Ship called the *Castle Huntly*
whereof is Master, for this present Voyage, *Johnston*
and now riding at Anchor in the *Hong Kong* and bound for *Bombay*
to say,

F SN. 1. One *Boa Cont: one thousand & Twenty eight Taels & one*
Mace of Sycee Silver in large Ingots. (1028.1)

being marked and numbered as in the Margin, and are to be delivered in the like good Order and well conditioned,
aforesaid Port of *Bombay* (the Queen's Enemies, Fire, all and every the Dangers and Ac
of the Seas, Rivers, and Navigation, of whatever Nature or Kind soever, excepted) unto *Netsee Madg*
or to *His* Assigns, he or they paying Freight for the said Goods, *being pua here*

with Primage and Average accustomed. In Witness whereof, the Master or Purser of the said Ship, hath affirmed to 3
of Lading, all of this Tenor and Date; the one of which Bills being accomplished, the other 2 to stan
Dated in *Canton 26 Nov 1838*
Weights & Contents unknown

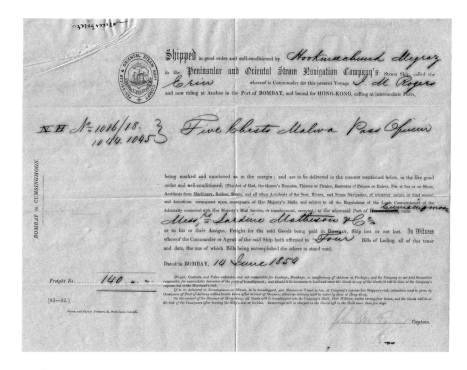

▲ 圖 13.3

1854 年 6 月 14 日從孟買發出運載五箱白土鴉片的船運提單。收貨人是怡和洋行，收貨地點已由原本的香港改為金星門。可見如怡和這麼大的鴉片販子，也因應時勢，經常改變鴉片進口的地點。此種鴉片提單，價值與現金無異，也是重要的融資票據。作者藏。

▶ 圖 13.4

1851 年 9 月 20 日，由香港商人 David Sassoon Sons & Co. 從孟買託運到香港的鴉片，正在下載落船。

　　除了商品的本質對匯票市場的影響外，廣州亦存在季節性對資金需求的波動。原因是春天到初夏時，市場對資金需求達至高峰，但到了冬季時，市場的資金非常充裕，有時更達到泛濫的地步。導致這種情況出現，是因為交通運輸的不斷改良，貨運時間縮短，一張廣州發出六個月期的匯票，原本是要到明年的二月才到期，但從中國運至英國的茶絲貿易八月便到埠，故秋冬時大量資金的盈餘積存在中國。曾有部分商號試圖縮短匯票的期限，但不為市場所接納，大多數參與東方貿易的票據拆家，仍以長期票據為選。加上中國春節新年時期（通常是二月份）對資金需求大增，在中國的外商便把握時機，一早出售手上的匯票，避免息率下降的風險。事實上，在新春前出售匯票通常出現 2 至 3 便士的差額。但對於春節後息率的取向經常出現分歧，銀行和票商有各自取向的情況。

　　在銀行未出現於中國的 1840 年代中前期，中國流通的匯票，分別來自英國的商號、美國公司、巴斯商人和英國東印度公司。在 1840 至 1850 年代期間，匯款到印度被視為中國最重要的匯票交易。但考慮到中國匯票市場仍屬起步階段，市場流通的票據十分稀少，故商號的聲譽對於在中國能否出售匯票十分重要。從廣州的英國茶商森姆·拉思伯恩（Samuel G. Rathbone）的商業通訊中可見一斑：

　　　　巴斯商人經常收到孟買發出的指示，在中國只能購入某類匯票，它們在中國的代理人便以任何價錢去收購某類匯票。故市場形成印度和英國不同的息率。有些巴斯票商找我們供應印度支付的匯票，但我們的印度票據是每天改變價格，因為市場的供應少，匯票價格曾急促上升。原因是我們的信譽良好，為了保持這種優勢，須要經常持有足夠的現金，以應對票據郵遞期間市場出

現的任何變化。[2]

在廣州，英國東印度公司的票據在市場有很高的位置，而巴斯商人所簽發的票據經常備受質疑，原因是非常困難預測他們對不同匯票的反應。至於匯票商的利潤，完全取決於每一種匯票的供應和它們的前景。故在中國每一家參與匯票買賣的機構，都須要自己每天留意匯兌市場的情況。在香港開埠後的首十五年內，中國發出的鴉片票據曾是廣州匯兌市場融資方法之一，也是中國唯一的本土票據被西方商人接納流通。巴斯商人是鴉片主要的進口商，他們經常與中國的鴉片代理人保持緊密聯繫，而這些中國鴉片代理人，通常會簽發十天至十四天的期票，巴斯商人取得這些期票後，在廣州的匯兌市場以很好的匯兌息率換成英鎊支付的匯票。到了 1850 年，上海的匯兌市場仍未及完善，本地資金嚴重缺乏，故必須有新的渠道去尋找資金，而上海的外商洋行是不能在廣州出售它們的票據，這樣逼使它們開始接納本地錢莊和錢店所簽發的票據。若任何商人拒絕接受本土的票據，他們會發現在上海本地融資的成本非常昂貴。這種情況沒有在香港發生，原因是香港的錢莊和找換店規模非常小，根本沒有足夠資本去經營票據業務，而華人間的交易，多以銀元和銅錢作流通。其中最主要原因，是香港開埠後，銀元和票據的業務，幾乎全部由廣州的西方商號經營，而其中幾家大的洋商，更包攬大部分的票據業務，其中表表者，正是香港開埠時最早的兩家官方銀行家。[3]

2　參閱 1849 年 12 月 27 日森姆‧拉思伯恩（S. G. Rathbone）給威廉‧拉思伯恩（W. Rathbone, junior）的信件，同上註，頁 189。

3　參閱 *An Anglo-Chinese Kalendar for 1834*, pp. 42-43; for year 1835, pp. 30-35 和 Year 1839, pp. 45-47, 52-55；有關西方商號在中國的人名錄。

香港最早的銀行家

1841 年 5 月 24 日，英軍炮轟廣州城。三日後，義律與中方達成協議，同意以 6,000,000 銀元的贖金給予英政府，交換停止攻打廣州城，英軍後撤六十哩外。[4] 1841 年 6 月，義律從廣州政府收到六百萬元贖金，其中等值 4,900,000 銀元是以不同種類的白銀支付，其餘數目以不同的付款方法支付，其中包括 120,000 元以寶順洋行給行商簽發的保證金；542,000 元是以寶順洋行簽發 6% 息率六個月期的折票（promissory note）；58,713 元以端立公司（Turner & Co.）和尼爾（Mr. G. Nye）本人的折票；379,000 元以伍浩官（Howqua，即伍秉鑑）簽發 6% 息率六個星期的債券；餘數 287 元以一袋現金支付。[5] 廣州清官腐敗無能，在呈報道光皇帝時，對這一筆經廣東省政府支出的贖金，找不出理由解釋，便假以行商欠洋商款項代支作為解說，為戰敗賠款掩飾。亦因為這個理由，十家行商被清官強迫繳付共 1,470,000 元的贖金。[6]

鑑於廣州沒有合適的設施用作接收和匯兌這筆鉅款，義律於是建議怡和洋行和寶順洋行作為聯合代理人，負責收集和保管贖金，並購買可作流通的票據和安排出口白銀。義律更提議完成全部交易後，給予代理行 1% 的佣金。[7] 對這兩家代理行來說，這無疑是一筆非常好的無本生意。首先是受聘於英政府代作交收政府的資金，怡和和寶順洋行間接成為英國官方認可在廣州的銀行家；其次是 1% 的佣金數目相等於各自可

4　參閱 *The Hong Kong Register*, cited in *The China Mail*, 8 May 1845, No. 12, p. 46。

5　參閱 Letter from Captain Elliot to V. Palmerston, 9 June 1841, Macao, cited in "Papers relating to the monies received from the Chinese authorities I the City of Canton, under an agreement entered into with her Majesty's Plenipotentiary, on the 27 May 1841", *British Parliamentary Papers*, London, 1842, p. 3。

6　參閱 *The Hong Kong Register*, cited in The China Mail, 8 May 1845, No.12, p. 46。

7　參閱 Letter from Captain Elliot to the Earl of Auckland, 26 June 1841, Macao, *British Parliamentary Papers, London, 1842*, pp. 7-8。

▶　圖 13.5

1854 年 5 月 31 日寶順洋
行（Dent & Co.）於香港
記錄有關鴉片貿易的流
水賬。作者藏。

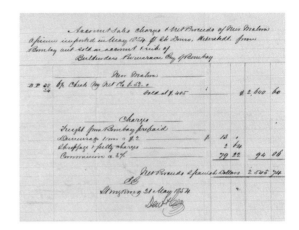

▲　圖 13.6

擁有大型的貨船運輸是怡和寶順洋行在香港雄霸船運業務原因之一。它們的優勢，於香港開埠
時，被政府指定為官方的銀行家，以不同的形式收取和安排「廣州贖金」的運輸和分配。圖片拍
攝於 1870 年香港灣仔碼頭。

得 60,000 銀元，對這兩間大型代理行來說是非常可觀的收入；最後是收到的贖金全是白銀，對嚴重短缺實銀的廣州貨幣市場，這個安排對它們非常有利。怡和和寶順洋行更進一步提議可以各自保留 50,000 元實銀作商業用途，前者收進它停泊於香港的船舶，後者收入它在澳門的銀庫。[8]

事實上，怡和和寶順洋行在「廣州贖金」收集和匯兌的安排上，已構成它們為香港早期官方的銀行家。首先，這兩家聯合代理人被授權以它們的身份在市場購買票據，經加簽後，並付予英方在中國的商務專員和司庫。其次是它們處理這筆龐大政府資金上有絕對的決定權。怡和洋行為此特別通知它在香港的船舶供應特大的藏寶箱，並安排看銀師和相關的設施，用作檢驗和運載紋銀到皇家軍艦上，準備遠航至加爾各答。其中的安排包括 2,500,000 銀元運到印度，2,000,000 銀元運到英國，其他等值 1,099,714.33 銀元以票據形式，由寶順洋行以無息或部分 1% 息率作交收。[9] 為此，怡和洋行於 1841 年 5 月 27 日在香港購買了 121 張合共 35,216.16 銀元的海軍票據，也是香港地區出現首宗商業票據的交易記錄。[10] 相同的情況是寶順洋行購入以 218 盧布兌 100 銀元的兌換價，購入七張總值 625,000 盧布孟加拉支付的匯票。至於贖金的其他用途，包括撥款給助理商務專員霍金斯（Major Hawkins）在澳門購買店舖，支付摩根船長在香港用作購買票據之需。此外，英政府於 1841 年 7 月拿取了 32,000 銀元贖金，從巴斯商人富當治（Dinshaw Furdoonjee）手上，購買

8　參閱 Letter from J.R. Morrison to Jardine and Dent on 26 June 1841 Macao, PRO-UK, FO228/896, p. 8；Letter from Jardine & Co. and Dent & Co. to Mr. Morrison, 26 June 1841, Macao, cited in *British Parliamentary Papers*, London, 1842, p. 9。

9　參閱 List of notes received by or transacted through Dent & Co., cited in PRO-UK, FO228/896, p. 81。

10　同上註，參閱 PRO-UK, FO228/896, Jardine Matheson & Co. purchased 121 sets of Navy Bills on London。

一艘名為英倫歌頓號（*British Gordon*）的船隻。[11]

由於這兩家代理人在處理這筆鉅款時，在貨幣的交易上涉及紋銀兌銀元的兌換安排，也給予它們難得的機會，直接影響香港政府的貨幣政策。原因是 1839 年至 1840 年間，大量打戳過的銀元或「爛板」碎銀從中國輸出，形成廣州的代理行沒有足夠的西班牙銀元作正常貿易交收。因為收取「廣州贖金」的安排，兩家代理行從中國政府手中收到了 11,238 枚墨西哥銀元，若將銀元在廣州拋售，將會產生 4% － 5% 的損失，當時負責香港政府財務的助理商務總監莊士敦，希望這批銀元在適當時候匯到印度。但當莊士敦要求怡和和寶順洋行從中國政府已繳交的實銀中，交出 15,000 元西班牙銀元時，兩家代理行均要求以墨西哥銀元代為支付，並促請莊士敦將墨西哥銀元設定為香港合法的貨幣。[12]

1841 年 12 月 1 日，英國政府決定從「廣州贖金」中撥出 150,000 元給香港政府運用，其中一筆 70,000 元的款項，由中國遠征軍的主計官（paymaster）指示兩家代理行將款項寄存於香港政府的賬戶，以方便用作支付軍餉。但寶順洋行以大量紋銀輸出中國和市場上的西班牙銀元極度短缺為由，只同意以墨西哥銀元兌換紋銀相等的兌換價支付香港政府。事實上，寶順洋行於較早的時候從辛西婭號（*Cynthis*）商船運載的墨西哥銀元中，以 1% 貼水折扣價購入等值 1 拉克盧布（lakh）數量的銀元，若扣除從黃埔港到香港的運費和其他支出，寶順洋行企圖將它手上的墨西哥銀元，在沒有損失下，逼使在香港的英政府官員接受墨西哥新銀元，代替西班牙銀元作為香港的法定貨幣。若事成，寶順和怡和洋行

11　同上註，p. 41。這種海軍票匯應是香港最早的匯票交易記錄。

12　參閱 Letter from A. R. Johnston to Jardine and Dent, 27 September 1841 Macao; 22 August 1841 Hong Kong, pp. 35, 41, 42; PRO-UK,FO228/896。

手上的墨西哥銀元儲備在市場上的價值便上升了 4%－5%。[13]

　　英駐廣州官員從旗昌洋行（Russell & Co.）的合夥人威廉‧亨特（William Hunter）得到最新的市場兌換情況是：它們公司於 1841 年 11 月只能以 2% 貼水折扣售出墨西哥銀元。[14] 故商務總監莊士敦對寶順洋行提出的建議，表明只能接受以 2.5%－3% 折扣收取墨西哥銀元，或是以兩家代理行簽發孟加拉支付 220 或 221 盧布兌 100 銀元的匯票代替。[15] 情況到了商務總監和兩家代理行在墨西哥銀元兌換價上出現對立，問題最終被帶到香港首任港督砵典乍（Henry Pottinger）作處理。結果是寶順洋行成功游說香港立法會秘書長馬爾科姆（Major Malcolm）接受它們的建議。[16] 香港總督於 1842 年 3 月 29 日公佈的第一份《貨幣公告》，除了界定各種貨幣的兌換價外，也將墨西哥銀元列作香港的法定貨幣，更確認墨西哥銀元的兌換價與西班牙銀元等同。當時最大的得益者，是手中存有大量墨西哥銀元的怡和洋行和寶順洋行，也代表這兩家大型代理行背景的銀行家，早於香港開埠時已成功操控匯率和左右香港政府的貨幣政策。[17]

13　參閱 Letter from Lieutenant Davidson to A.R. Johnston, 30 November, 1841, Government Hill, Hong Kong, p. 49, PRO-UK, FO228/896; "Sycee Siliver, Statement of the account between the Master of the Mint and the Lords Commissioners of Her Majesty's Treasury, on account of the Sycee Silver remitted from China," *British Parliamentary Papers*, London, 1843; Letter from Jardine to Dent to J. R. Morrison, 21 February 1842, Macao, PRO-UK, FO228/896, pp. 76-77。

14　參閱 Copy of letter from W. C. Hunter to G.J. Bremer date of 29 November 1841, Macao, in the enclosure No. 3 dated 1 March 1842, Macao, PRO-UK FO228/896, p. 78。

15　參閱 Memorandum enclosed with a letter from A. R. Johnston to Henry Pottinger dated 25 December 1841, Hong Kong, PRO-UK FO228/896, p. 101。

16　同上註，pp. 83-93。

17　參閱 "Proclamations of Hong Kong Governor, Year 1842," *Hong Kong Government Gazette, Year 1843*。

此外，英國東印度公司自鴉片戰爭爆發的 1839 年，已停止匯款到廣州。但公司仍然對印度作支付票據，數額由 1839 年的 624,716 英鎊，急增至 1,193,104 英鎊。但發出印度盧布的匯票，於 1842 年，即從 1,174,450 英鎊，急跌至 258,983 英鎊，原因是經香港走私的鴉片貿易，已破壞了鴉片票據在印度的交易數量和金額。整個印度、英國和廣州的「三角匯兌」中的印度盧布支付匯票（主要是用於鴉片貿易），要到 1843 年才回復到正常的二百萬英鎊的水平。[18] 由此可見，香港作為鴉片走私集散中心，曾破壞印度與英國在這種貿易的融資活動。至於香港開埠後的金融票據業務，一直把持在幾大西方洋行和巴斯商人手上，直到來自印度的銀行進駐香港後，情況才出現了改變。

18　參閱 Aamales Tripathi, "Indo-British Trade between 1833 and 1847 and the Commercial Crisis of 1847-8", cited in Asiya Siddiqi (ed.), *Trade and Finance in Colonial India 1750-1860*, Delhi: Oxford University Press, 1995, pp. 278-279。

第
十
四
章

金融中心

鑒於中英印的「三角匯兌」業務金額非常龐大，而廣州的英印商號在鴉片戰爭前幾乎包攬在中國的全部票據業務，故在英國和印度的銀行家均想盡快加入這個市場。但是礙於英國東印度公司在英國政商界的影響力仍深，加上印度國營銀行的阻攔，不少早於 1836 年至 1842 年在印度提議和申請設立「中國概念」的銀行計劃，都一一被英國政府拒絕。直到西印度銀行（Western Bank of India）的突破，才於 1842 年成功創立一間可以從事中印英匯票業務的銀行。[1]

香港首間銀行：東藩匯理銀行

在西印度銀行還沒有改組為東藩匯理銀行（Oriental Bank）前，它已有計劃於 1844 年將業務擴展至中國，同年派遣史莫力・金寶（Smollett J. D. Campbell）前往中國開設分行。金寶出生於英國銀行世家，於 1844 年抵達香港，亦成為中國境內第一位銀行家。他首要任務是在中國盡快建立分行，他以年租港幣 200 元租用位於德忌笠街近史丹利街交界的商業大樓（位處於當年立法院旁）作臨時辦公處。同年 12 月，以 3,250 墨西哥銀元購買位於皇后大道中近砵典乍街（即現今萬宜大廈原址）佔地 13,612 平方呎的地段自建銀行大樓。[2]

1845 年 4 月 14 日，第一家西式股份制銀行在中國領土正式開業，當時仍然用上 Bank of Western India 的名字。因創行初期沒有實質存款

1　在 1836 年至 1842 年間，有不少銀行家提議建立可以辦理匯票業務的銀行，如 1836 年的「印度銀行」、1840 年由香港首任財政司馬丁於他上任前曾提出「亞洲銀行」計劃，以及 1842 年失敗的「東印度銀行」建議書。參閱 Charles Northcote Cook, *The Rise, Progress, and Present Condition of Banking in India,* 1863, p. 351。

2　參閱 *The China Mail,* 20 December 1849, no. 253, p. 202；香港田土登記處記錄，Hong Kong Land Registry Memorial no. 24, PRO-HK HKRS490-28。

收入，香港分行開行時投入的營運資金相信是 200,000 銀元。[3] 為招攬生意，金寶連續多個星期於香港的主要報章刊登廣告（參見圖 14.1），雖然銀行的廣告顯示它包攬一般銀行業務，但當時香港的經貿還未曾發展，建行初年未能在香港發出一張匯票，亦因各大商號都有自己的銀房，沒有必要存款於新成立的銀行，故在香港的銀行業務乏善足陳。同年 5 月，它正名為 Oriental Bank，辦事處亦遷至皇后大道中的新辦公大樓。隨後，金寶北上到廣州開設支行，行址為十三行夷館的 New English Factory 西樓第二號，廣州支行附屬於香港分行並組成所謂「中國分行」（China Branch）。[4]

香港在 1852 年前，匯票業務完全不成氣候，中外商人沒有在香港達成直接交易，大部分絲茶出口貿易是從廣州交易，香港在當時還未成為轉口港，金融活動並不活躍。1845 年，東藩匯理銀行沒有從香港發出一張匯票。相反地，廣州是中國南方大門，鴉片戰爭後雖有五口通商，但廣州仍然是出口貿易的龍頭，當年不少香港的業務也是來自英商在廣州的出口。廣州本身形成獨特的匯兌中心，對遠東的匯兌活動有一定的影響力。東藩匯理銀行曾表明在香港建行因為香港是英國殖民地，比較中國其他城市安全，但匯票業務還沒有發展，[5] 故成立了香港分行後，便須立即在廣州設置支行。

3　這個數目的金額，參考有利銀行於 1859 年開設香港分行時投放的金額，HSBC Group archives on "Branch Record of the Chartered Mercantile Bank from 1858 to 1866"。

4　東藩匯理銀行於 1845 年 4 月在香港設行，名為 Bank of Western India，於同年 5 月正名為 Oriental Bank，行址亦由德忌笠街遷至砵典乍街。1845 年香港維多利亞地圖（局部）曾同時出現該行兩個不同的地址，分別以 Bank 及 New Bank 示圖；Plan of Victoria, Hong Kong 1845, 英國檔案館 PRO-UK FO705/82。

5　參閱 "Letter from H. G. Gordon, chairman of Oriental Bank to George Arbuthnot, Treasury dated 4 August 1853", File no. 16313, 8 August 1853, PRO-UK Ref.: T1/5821 65088。

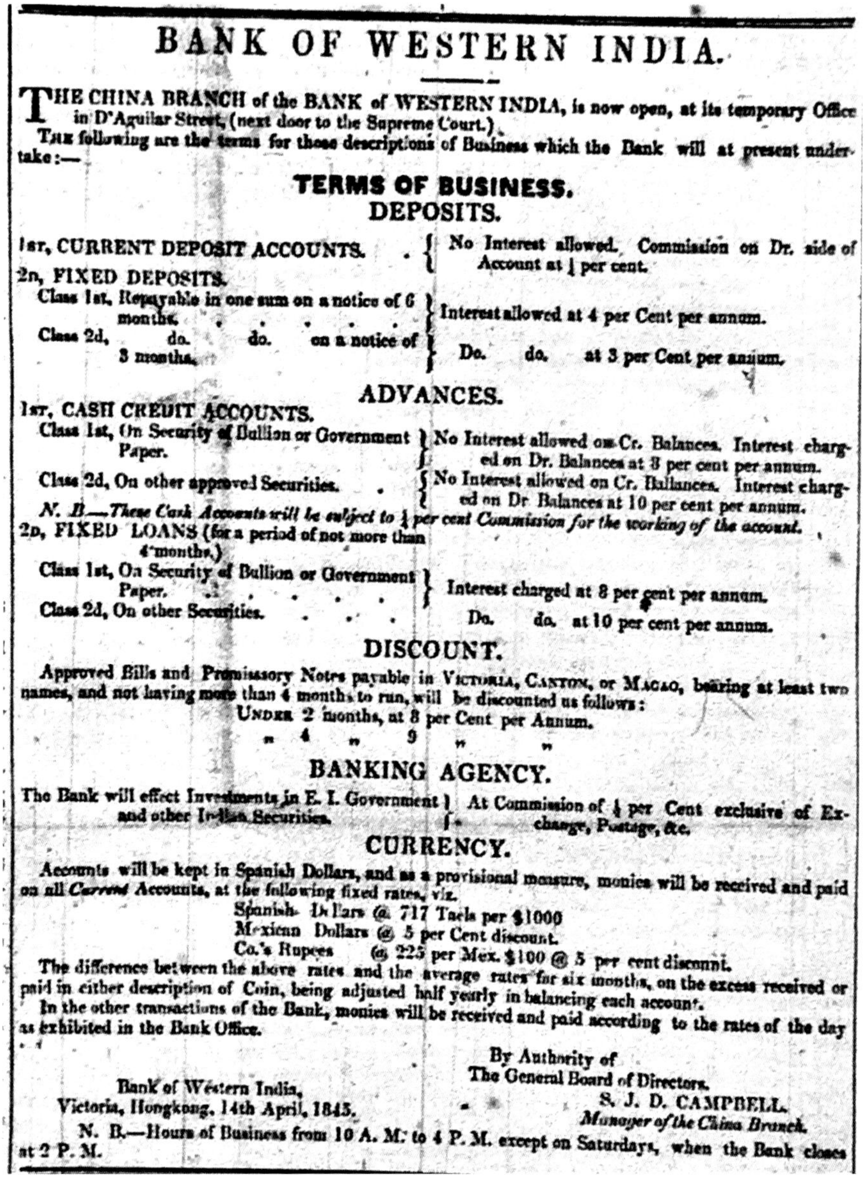

BANK OF WESTERN INDIA.

THE CHINA BRANCH of the BANK of WESTERN INDIA, is now open, at its temporary Office in D'Aguilar Street, (next door to the Supreme Court.)

THE following are the terms for those descriptions of Business which the Bank will at present undertake:—

TERMS OF BUSINESS.
DEPOSITS.

1st, CURRENT DEPOSIT ACCOUNTS. { No Interest allowed. Commission on Dr. side of Account at ¼ per cent.

2n, FIXED DEPOSITS.

Class 1st, Repayable in one sum on a notice of 6 months. { Interest allowed at 4 per Cent per annum.

Class 2d, do. do. on a notice of 3 months. { Do. do. at 3 per Cent per annum.

ADVANCES.

1st, CASH CREDIT ACCOUNTS.

Class 1st, On Security of Bullion or Government Paper. { No Interest allowed on Cr. Balances. Interest charged on Dr. Balances at 8 per cent per annum.

Class 2d, On other approved Securities. { No Interest allowed on Cr. Balances. Interest charged on Dr. Balances at 10 per cent per annum.

N. B.—These Cash Accounts will be subject to ¼ per cent Commission for the working of the account.

2D, FIXED LOANS (for a period of not more than 4 months.)

Class 1st, On Security of Bullion or Government Paper. { Interest charged at 8 per cent per annum.

Class 2d, On other Securities. { Do. do. at 10 per cent per annum.

DISCOUNT.

Approved Bills and Promissory Notes payable in VICTORIA, CANTON, or MACAO, bearing at least two names, and not having more than 4 months to run, will be discounted as follows:

Under 2 months, at 8 per Cent per Annum.
„ 4 „ 9 „ „

BANKING AGENCY.

The Bank will effect Investments in E. I. Government and other Indian Securities. { At Commission of ¼ per Cent exclusive of Exchange, Postage, &c.

CURRENCY.

Accounts will be kept in Spanish Dollars, and as a provisional measure, monies will be received and paid on all *Current* Accounts, at the following fixed rates, viz.

Spanish Dollars @ 717 Taels per $1000
Mexican Dollars @ 5 per Cent discount.
Co.'s Rupees @ 225 per Mex. $100 @ 5 per cent discount.

The difference between the above rates and the average rates for six months, on the excess received or paid in either description of Coin, being adjusted half yearly in balancing each account.

In the other transactions of the Bank, monies will be received and paid according to the rates of the day as exhibited in the Bank Office.

By Authority of
The General Board of Directors.

Bank of Western India,
Victoria, Hongkong, 14th April, 1845.

S. J. D. CAMPBELL,
Manager of the China Branch.

N. B.—Hours of Business from 10 A. M. to 4 P. M. except on Saturdays, when the Bank closes at 2 P. M.

▲ 圖 14.1

登陸香港的首間銀行：西印度銀行，於《德臣西報》（*The China Mail*）刊登的廣告。

現存東藩匯理銀行最早一宗匯票交易記錄發生於 1847 年，地點在廣州，這宗交易記錄所以能保留至今，是因為它與廣州英商 Murrow & Co. 的訴訟，報章及法院均有記載整宗案件。銀行在這宗訴訟中獲得勝利，標誌着銀行在原本屬於商人的匯票業務上取得重要地位。[6] 東藩匯理銀行自成立中國分行後，成功建立英國、印度和中國的「三角匯兌」業務，成績斐然。1848 年內，東藩匯理銀行在印度和中國支付的匯票總值達 1,253,386 英鎊。

至於東藩匯理銀行在香港其他的業務，相信到 1856 年才有明顯的發展。香港政府於 1852 年認可它為法定銀行，它發行的鈔票是合法流通貨幣，但政府與銀行間一直沒有直接業務往來，政府與銀行的往來賬始於 1856 年，存放了等值 15,000 英鎊的銀元於東藩匯理銀行，年息 6%。[7] 其他業務如英籍公務員回國時，銀行曾為多位官員代收薪金。[8] 同年，它開始發展按揭業務，香港分行經理基爾為英商提供物業按揭，年息率 18%。直至 1868 年，該行共處理三十二宗物業按揭，總值達 320,420 港元。[9]

東藩匯理銀行於 1846 年 7 月在香港正式發行流通鈔票，因它還沒有獲得皇家特許狀，故鈔票未被香港政府承認，但它發行的鈔票廣泛流通於香港商民，部分更流入中國南部一些地區。直至 1852 年 2 月，港督公告東藩匯理銀行已獲皇家特許狀，成為香港政府指定銀行，可授權發行認可貨幣，面額由 $5 至 $1,000 七種。據皇家特許狀的規定，銀行必須存放發鈔總值三分之一的貴金屬於發鈔分行作保證金，此外，發鈔總值

6　*The China Mail*, 20 June 1850, no. 279, p. 98.

7　參閱 *The Hong Kong Blue Book, 1857*, p. 30。

8　參閱 PRO-HK, HKRS no.149 D & S no. 2/155 及 2/768。

9　看 *Land Registry Hong Kong*, PRO-HK, HKRS490/28。

不能超出銀行的實收資本總值，若發生停兌事件，它的發鈔權將被立即終止。至於發行何種面額的鈔票，皇家特許狀有所指引，它發行的鈔票面額是等值一英鎊至一百英鎊，銀行是沒有權利發行一英鎊或以下面額的鈔票。東藩匯理銀行於 1852 年 4 月簽發新版認可鈔票，總值達 68,180 元。已發行的舊鈔仍可流通，但逐步回收註銷。東藩匯理銀行在香港發鈔的壟斷情況一直至 1857 年 8 月由有利銀行（當年香港稱為角士頓銀行，Mercantile Bank of India）打破。有利銀行發鈔頭六個月每月平均發行總值 141,467 元，到 1858 年 10 月，有利銀行亦獲得皇家特許狀，在香港發行的鈔票亦被認可為合法貨幣，認可鈔票頭三個月每月平均發行 258,525 元，直接挑戰東藩匯理銀行在香港的發鈔地位。

東藩匯理銀行的歷史意義

東藩匯理銀行是在中國領土建立的第一家西式股份制銀行，是其他銀行的仿效對象，曾領導西方銀行業在中國發展。它在中國四十年運作期間，建立了西式會計制度，積極發展中國對外的匯票業務，成功建立西式銀行業在中國的地位。不少學者分析西方銀行能在中國迅速發展是與它們資本雄厚有關，分析時常引用西方銀行的註冊資本，數目常達百萬兩之數。但從東藩匯理銀行初期投入的營運資本約為 200,000 銀元，與中國一家華人大型票號資本無異。為何西方銀行能在中國金融業迅速發展，而中國的票號和錢莊則相形見絀？其中重要因素是票號和錢莊未能進佔洋商的匯票業務，這個業務在 1850 年代估計達 500 萬英鎊。西方銀行在英國、印度建立的網絡，正是為匯票業務提供交易台階。在這方面，中國的錢莊和票號是無從參與。這一點亦說明西方銀行在中國發展初期只是參與洋商貿易在中國的融資，而沒有與華商建立直接聯繫。其中原因主要是西方銀行沒有了解個別華商的背景和實力，信貸沒有依據，任何接觸依靠華籍買辦經手，亦間接助長買辦階層的興起。西方銀

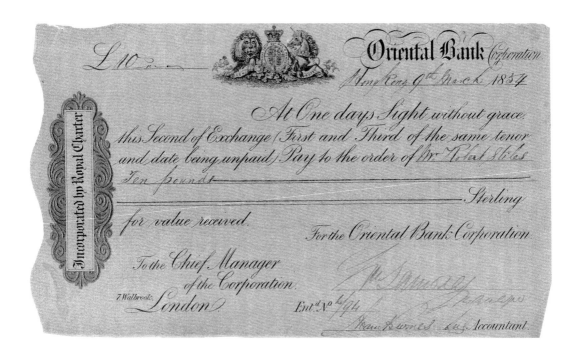

▲ 圖 14.2

1854 年 3 月 9 日，東藩匯理銀行於香港簽發
倫敦支付的匯票。

行的買辦多是來自錢莊或銀號的主事者，富有金融商貿經驗和相關網絡。1860 年代的投機活動，不少華籍買辦夥同西方銀行經理及會計參與銀元炒賣，買辦積極參與金融活動，亦形成匯率上與西方銀行的互補及競爭。

　　至於東藩匯理銀行在香港發鈔的作用，除了為銀行提供免息融資外，對匯票業務的信貸大有幫助。當商人出售手上匯票時，購入的銀行大可簽發鈔票支付。當銀行出售匯票時，則收取銀元、貴金屬、大商號的折票或鴉片抵押，故發鈔有增加銀行流動資金的作用。從有利銀行在香港和上海分行早期的流水賬分析，銀行在香港和上海存放大量銀元及貴金屬，但定期存款業務幾乎是零記錄。[10] 由此可見，西方銀行業發展初期是未能取得存款作貿易融資，銀行投入的本金非常重要。東藩匯理銀行在香港發鈔正是增加流動資本的可行途徑。從發鈔初期看，東藩匯理銀行鈔票已流入中國南方地區，鈔票作為匯票的作用甚為明顯。東藩匯理銀行成功從洋商手中奪取匯票業務，為後來的西方銀行提供發展平台，1865 年在香港本土創辦的滙豐銀行，它的成功多少建立在東藩匯理銀行在中國的軌道上。

第二間登陸香港的銀行

　　1849 年，今孖素銀行（Commercial Bank of India）委派約翰・麥那倫（J. E. MacLachlan）到中國廣州建立辦事處，選址廣州夷館保和行（New English Factory）東翼 8 號樓。同年 9 月份，麥那倫被發現與英商接洽，收購倫敦支付的匯票，並直接與東藩匯理銀行發生競爭。麥那倫在匯票業務上表現進取，為廣州的英商提供匯票市場資訊，更參與 90 日

10　"Branch Record of the Chartered Mercantile Bank from 1858 to 1866", HSBC Group Archives.

期匯票買賣，成績斐然。1849 年中，今孖素銀行錄得經中國匯兌的總值為 22,853 英鎊，匯至倫敦的匯票總值為 127,592 英鎊，其中 47,936 英鎊的匯票直接由中國代理經手，數值比加爾各答的代理高出二倍半。[11] 至於存款方面，今孖素銀行沒有明顯進展，它在中國及香港運作的資金，主要來自印度股東的資本。[12] 從今孖素銀行創行的業務條款看，它沒有如東藩匯理銀行般將發鈔定為銀行業務之一，反而注重董事成員於銀行所得的權利，其中包括現金貸款、接受船隻及物業的抵押、購買或折算匯票等。從今孖素銀行的歷年業績看，不少生意與印度的股東拉上關係。亦因如此，不少銀行業務上的虧損亦與印度股東有關。

在 1852 年前，今孖素銀行主要從事匯票買賣，並沒有進行其他一般的銀行業務。麥那倫在中國的業績理想，令他於 1853 年被調派到印度加爾各答設行。銀行改派任職孟買總行的助理會計員約翰・角士頓（John Costerton）接替麥那倫廣州代理一職。1856 年 12 月廣州夷館發生大火，它的廣州辦事處與眾外商一同遷往香港。今孖素銀行在香港成功與英商建立聯繫，知名鴉片商怡和洋行及沙遜洋行（David Sasson, Sons & Co.）亦曾利用它支付倫敦匯票。在香港，今孖素銀行與其他外商銀行在匯票業務上競爭劇烈，為爭取發展，連風險高的鴉片票據買賣亦積極參與，

11　參閱 "Reports of The Commercial Bank of India", *The Bankers' Magazine 1849*, p. 770。

12　今孖素銀行在中國設立的辦事處全是代理行（agency），而沒有用上分行（branch），故它沒有設立經理一職，只有代理人（agent）。一般相信是該行初期沒有在中國吸納存款業務及發行鈔票有關，而代理行的主要活動是匯票的買賣。英쒜商 William Melrose 於 1849 年 9 月出售價值一十英鎊倫敦支付的匯票，當時今孖素銀行開出與金寶銀行相同的匯率 4 先令 2 便士，但為 William Melrose 所拒絕。見 William Melrose 廣州信件 1849 年 9 月 24 日，參考 Mui Hoh-cheung and Mui Lorna H., *William Melrose in China 1845-1855*, Edinburgh: T. and A. Constable Ltd., 1973, p. 62；今孖素銀行於 1848 年底的業務主要來自印度和錫蘭，而存款業務乏善足陳，參閱 *The Bankers' Magazine* 1849, pp. 407, 770。

曾導致銀行損失嚴重。[13]

1853 年，今孖素銀行為增強中國業務的網絡，由印度總部集資 107,100 英鎊，準備在上海設置代理行，由儂・陳拿（Nun Chandler）主持，並由亨利・域堅氏（Henry H. Wiggins）為助理。1854 年，今孖素銀行是在上海的第二家銀行，故曾被稱為「新銀房」，以別於 1847 年已在上海設行的麗如銀行（即香港的東藩匯理銀行上海分行）。至於今孖素銀行上海代理的業務，是與華商拉不上直接關係的。從今孖素銀行駐華代理人或經理處事手法看，他們處理華籍買辦的交易非常小心，若沒有經代理人同意的交易，銀行是不會負責的。故銀行的業務，未曾發現與華商有直接接觸。如 1854 年 12 月發生於上海的商業訟裁事件中，今孖素銀行的廣東買辦周金貴（Chow Gin Kwei），因沒有履行購買香港英商義記洋行（Holliday, Wise & Co.）開出低水 32% 的 3,800 元匯票，被告上法院，但今孖素銀行大班安格司指出這宗事件是買辦的私人交易，與銀行無關。[14]

服務英軍和英籍公務員的丹拿銀行

與其他在中國出現的「英印銀行」比較，丹拿銀行（上海稱作呵加喇銀行，Agra Bank）是一間完全屬於英國人在印度開設的銀行，銀行成立的原意是提供高息存款給予服務於東印度公司的公務員及各職級的軍人，並利用存放的資金從事商業投資，以補償他們曾受結業代理行

13　參看 *The China Mail*, 11 May 1854。今孖素銀行發現 Hormusjee 及 Rustomjee 巴斯裔鴉片商人發出價值 441,747 盧布的票據是偽造的。今孖素銀行從利惠（D. S. Levi）在印度馬德拉斯（Madras）的物業中扣除部分損失；*The Bankers' Magazine, 1863*, pp. 367, 442, 443, 454。

14　這宗交易一般相信是銀行買辦與義記洋行的買辦所達成，銀行家及外商是沒有直接參與的。若不是交易不成，引起訴訟，事件是不可能曝光的，銀行是沒有相關的記錄。參閱 *North-China Herald*（《北華捷報》）, No. 337. January 10, 1857, p. 95。

▲　圖 14.3

　　銀行要儲存大量的白銀和銀元，也是匯票簽發的最重要保證。圖示滙
豐銀行於 1880 年代總行的銀庫。圖片由滙豐銀行檔案部提供。

▶　圖 14.4

　　今孖素銀行於 1862 年，在 *The China Directory* 刊登的廣告。

ADVERTISEMENTS.

COMMERCIAL BANK OF INDIA.

ESTABLISHED 1845.

Subscribed Capital—ONE MILLION STERLING.

Paid-up Capital—HALF A MILLION STERLING.

Head Office,—BOMBAY.

ROBERT ANGUS, *Manager.*

London Bankers,—THE LONDON JOINT STOCK BANK.

AGENCIES.

Calcutta,	D. BEDDINE CLINKER, Agent.
Foochow,	RICHARD NEWBY, Agent.
Hankow,	CHAS. S. S. LYNILL, Sub-Agent.
Hongkong,	PAT. ROSE HARPER, Interim Agent.
London,	DAVID ALLARDICE, Agent.
Shanghae,	{ H. HOWE WIGGINS, Agent, (on leave.)
	J. W. MACLELLAN, Interim Agent.

The Hongkong Agency negotiates Bills on any place when there is a Bank or Banker.

CURRENT DEPOSIT ACCOUNTS are kept, on which no Commission is charged, and no Interest is allowed.

FIXED DEPOSITS are received at the following rates of Interest, viz:—

On Monies lodged for

{ 1 month certain,...2 per cent per annum.
3 months ,, ...3 ,, ,,
6 ,, ,, ...5 ,, ,,
9 ,, ,, ...6 ,, ,,
12 ,, ,, ...7 ,, ,,

If payment is taken in the Bank's Drafts on London, Monies lodged as above for fixed periods may be withdrawn at any time on demand on favourable terms.

The Agency is prepared to discount Bills or grant Loans to Constituents on approved Banking securities.

PAT. ROSE HARPER,

Interim Agent.

Commercial Bank of India,
Hongkong, 1st January, 1863.

號所帶來的損失。[15] 銀行創辦於印度阿加拉（Agra）地區，故取名 Agra Bank。1854 年，丹拿銀行原本派遣孟買經理布朗（J. G. H. Brown）到中國，但受到部分董事的反對，只好改派加爾各答的約翰‧卡盧（John Cardno）到中國，他於同年 2 月起程前往香港。3 月 30 日，丹拿銀行於廣州寶順行 2 號樓建立代理行，以卡盧主理業務。[16] 從香港怡和洋行在 1855 年發出的鴉片付運通信中，得知丹拿銀行已開始購買怡和洋行從印度付運到廣州的鴉片匯票。由此可見，丹拿銀行在中國設立代理，處理匯票業務是急不容緩的。1856 年，卡盧於廣州夷館保和行東面 8 號以 25,000 盧布（2,500 英鎊）購買物業作永久行址，與今孖素銀行為鄰。可惜該物業於同年 12 月的廣州夷館大火中付之一炬，幸好銀行將全部的現金、文書記錄及時轉移到安全的地方，它的損失只限於物業和傢具，丹拿銀行經英國領使向中國政府提出索償，其後獲得 21,784 銀元賠款。廣州夷館大火後，該行遷往香港皇后大道中的銀行大樓（Bank Buildings）。在香港，亨利‧丹拿（Henry Turner）於 1858 年 5 月代替卡盧主理銀行業務，從此銀行被冠上的中文名稱為「丹拿銀行」。[17]

　　至於丹拿銀行的業務，1850 年前，主要服務對象是英籍公務員和軍

15　在印度，最早由英商成立的銀行是 Bank of Hindostan（由 Alexander & Co. 於 1770 年成立）、Commercial Bank of Calcutta（由 Mackintosh & Co. 於 1819 年成立）及 Calcutta Bank（由 Palmer & Co. 於 1824 年成立），此等銀行和代理行商相繼於 1828 年至 1830 年代初期結業，丹拿銀行的成立正好填補這方面的裂口。參閱 S. B. Singh, *European Agency Houses in Bengal (1783-1833)*, Calcutta: Firma K. L. Mukhopadhyay, 1966, pp. 276-288。

16　參閱 *The Friend of China of Hongkong Gazette*, 1 April 1854, vol. XIII, no. 26; letter from Jardine, Matheson & Co. to N. Mahadijal of Bombay, Hong Kong, 12 February 1855; *The Bankers' Magazine 1856*, p. 766；*An Anglo-Chinese Calender for 1856*, p. 107；*The Bankers' Magazine 1859*, p. 345；卡盧其後於 1858 年 5 月到上海杭州路設立上海辦事處，他在香港的職務由丹拿（Henry Turner）代替。參閱 *The Bankers' Magazine 1857*, p. 437；卡盧因中國代理行的業績表現優良，於 1862 年 2 月升任為丹拿銀行在印度的總經理，在加爾各答任職。參閱 *The Bankers' Magazine*, 1862, p. 304。

17　丹拿於上海工作兩年後離開該行，由該行馬德拉斯分行（Madras）經理莫理氏（Edward Morris）接受上海代理一職。參閱 *The Bankers' Magazine*, 1862, p. 306。

部人員（即東印度公司的英籍僱員），其中以存款及借貸為主要業務。
為吸納公務員、股東及「大眾基金」安穩的存款，銀行給予三個月定期
存款 4% 利息、六個月定期存款 5% 利息。至於貸款，最長為五年期個
人借款，貸款對象主要是軍部人員，因軍人及公務員以每月薪金作貸款
抵押，故銀行的借貸業務非常穩健，沒有壞賬。1846 年上半年，丹拿銀
行曾記錄 381,228 英鎊的存款和 823,957 英鎊的貸款。至於匯票和印度本
土的票據業務，只錄得 37,957 英鎊。因它不少賬務是在加爾各答地區進
行，故於 1850 年代中期將總部由呵加剌遷往加爾各答。為擴展利潤豐厚
的「三角匯兌」業務，它準備在中國建立分支，並於 1853 年 11 月 26 日
發行新股集資，最新股本總額為 700,000 英鎊。[18]

　　丹拿銀行充分利用中國辦事處的有利地位，積極發展倫敦、印度及
中國的「三角匯業」。它在倫敦支付的匯票業務增至 171,318 英鎊，銀行
總資本亦增至 2,000,000 英鎊。有見匯票業務的高速發展，它於 1857 年
申請皇家特許狀，並將總部遷至英國倫敦，實行大做匯兌、票據生意。
1861 年，它正式獲得皇家特許狀，名字加上 "limited" （有限公司）的
字眼，為 Agra and United Service Bank, Limited。在業務發展上，丹拿銀
行其後合併在英國經營的老牌金融財務公司，以求有突破性的發展。[19]

18　參閱 Amiya Kumar Bagchi, *The Evolution of the State Bank of India, The Roots, 1806-1876, Part
　　I: The Early Years, 1806-1860*, Bombay: Oxford University Press, 1987, p. 419。丹拿銀行借款
　　給軍部及公務人員，年息 8% 至 12%，年期一至三年，由兩位擔保人承保，還款直接由薪金扣
　　除，故銀行從沒有壞賬。參閱 *The Bankers' Magazine, 1847*, p. 338。該項集資實得總數應為
　　13,550 英鎊，主要用作發展中國市場。見 "Bank Movement", *The Bankers' Magazine, 1854*,
　　p. 107。

19　參考 Registered file 5243, "Summary of capital and shares dated 1 May 1858", PRO-UK（英國
　　檔案館），BT31/375/1380；丹拿銀行得到皇家特許狀後，依法例 7 及 8 條第 c.113 款授權進
　　行在倫敦地區以外的銀行業務。見於 "A letter from the Treasury Chambers, 9 October 1861",
　　PRO-UK, TS25/1160。

今孖素銀行的歷史意義

從今孖素銀行股東名錄分析，可以窺看到一個值得注意但被忽略的重要歷史因素。這個歷史因素，正好解答了西方銀行業在中國發展的源頭和它的延續。西方銀行業在中國發展是源於鴉片戰爭後，以「英印銀行」（Anglo-Indian banks）為首的西方銀行擴展業務至中國領土為開端。其中所謂「英印銀行」，泛指在印度成立，以英籍及印度籍商人為主要股東的西方銀行，其中的代表者有第一家進入中國的東藩匯理銀行（1845 年），緊隨着的今孖素銀行（1849 年）和有利銀行（1854 年）。

首先，須要弄清楚何謂「英印銀行」，必須深入分析「英印銀行」股東的組成部分。從出現於中國的三家「英印銀行」的股東名錄來看，得出的結論是大比數的所謂印度籍股東，實指在印度的巴斯裔商人（Parsees）。這個發現非常重要，亦是破解西方銀行業在中國發展源頭的線索，其中因素與巴斯商人在印度及中國的商貿金融發展有直接關係。在印度，不少早期到中國貿易的巴斯商人是來自加爾各答，但隨着地域的轉移，印度的商業中心於 1830 年代後期已由孟買代替。在孟買，巴斯商人的經貿發展到 1850 年代已超越其他本土印度商人，不少巴斯商人是當地有實力的銀行家或主要從事金融業的參與者，巴斯商人在金融上的影響力更直逼在孟買的英籍商人，不少商業項目的集資沒有巴斯商人的參與是難以成功。1840 年成立以英資為主的孟買銀行（Bank of Bombay）亦曾記錄三分之一的股東是巴斯人，佔該行股份總數的 23.6%。[20] 至於東藩匯理銀行在創行集資上，巴斯商人積極參與，其董事有大比數是在孟買有名的巴斯商人（參見圖 14.5）。

20　參閱 Amalendu Guha, "Parsi Seths as entrepreneurs, 1750-1850", *Economic and Political Weekly*, Review of Management August 1970, pp. M-113.

至於創辦於 1845 年的今孖素銀行，更明顯是一家印度本地銀行。雖然它採用西式及英籍銀行家管理銀行的運作，但它一直是巴斯人及印度人為主要股東的銀行。1853 年，今孖素銀行的董事會中，有 57% 是巴斯人，27% 是印度人，而歐籍人士只有 16%。[21] 事實上，它的董事並不着重增加歐籍股東的數目（實指在英國和在印度的英籍人士），以 1857 年的印度公司法註冊登記，避免大部分股權落入歐籍股東手上。其後它積極融入匯票業務，亦跟隨大勢申請皇家特許狀，並於 1864 年將總部遷到倫敦，正名為 Commercial Bank Corporation of India and the East，但巴斯裔的股東數目及所佔股權仍屬大多數，這個現象一直維持到 1866 年結業。其後成立的有利銀行的情況與今孖素銀行大致一樣，1858 年有利銀行的巴斯裔股東為數佔 39.57%，股數佔 22.48%，不少主要巴斯商人董事亦是今孖素銀行的董事，如架華治‧折航基爾‧瑞迪滿力（Cowasjee Jehangheer Readymoney）、多沙皮‧化林治‧克馬（Dossabhoy Framjee Cama）及打打皮‧羅心治（Dadabhoy Rustomjee）。[22]

1850 年代集資的「英印銀行」，更因為倫敦的資本市場非常緊張而須要倚靠在印度集資，如渣打銀行於 1853 年已取得皇家特許狀，但因在倫敦集資不足，令其正式開業延遲了四年。由此可見，巴斯人在印度銀行業的發展上，影響力不下於英籍商人。1840 年代至 1850 年代出現於中國的「英印銀行」，實質可界定為「英巴銀行」（Anglo-Parsee banks），其發展的歷史軌跡，亦離不開東印度公司年代（即 1834 年前），英國私商和巴斯商人在中國貿易中扮演金融業務銀行家角色的延續。其中的脈

21　報道指巴斯望族華迪雅（Wadia）其中成員打打皮‧百唐治（Dadabhoy Pestonjee Wadia）曾一次過擁有 37.5% 西印度銀行（金寶銀行前身）的股權。參閱 Christine Dobbin, *Asian Entrepreneurial Minorities: Conjoint Communities in the Making of the World-Economy 1570-1940,* London: Curzon, 1996, p. 90。

22　參閱 *The Bombay Gazette*, 18 October 1853, p. 995。

絡，可從今孖素銀行、有利銀行、東藩匯理銀行的巴斯裔股東背景追尋與中國的聯繫。事實上，「英印銀行」參股的巴斯裔商人有不少直接或間接參與中國的貿易。這些巴斯商人，有不少於 1840 年代已於中國設有辦事處，鴉片戰爭後，不少在中國進行貿易的巴斯商人撤離中國，但他們仍積極參股於從事英、印、中匯業的「英印銀行」。箇中原因，是巴斯商人非常了解中國的匯票業務，自東印度公司的年代，身為港腳商人（country trader）的巴斯商人是銀元的主要採購者及提供者，是東印度公司及英商發出匯票的主要購買者，亦是中國行商及私商的高利貸提供者。他們在中國金融業的認識和影響力，均不下於在華的英國商人。但他們屬少數族裔，只能依附於英國政府的保護傘下生存，故他們在金融銀行業的發展多被歷史學者所忽略。

至於今孖素銀行在中國的其他歷史意義，情況與東藩匯理銀行一樣，亦包含西方銀行業管理制度的輸入，而帶入西方銀行業制度的，正是銀行在華的經理、代理人和會計員。他們不少是蘇格蘭人或歐籍人士，在出任駐中國的銀行代理人或主要職位前，已有多年在英國或印度任職金融業務的經驗。可是，他們在中國初期的發展並非一帆風順，須要面對不少困難。首先是政治的不穩定。中英政府在兩次鴉片戰爭期間的鬥爭、太平天國在中國各地的動亂，其中最嚴重是廣州紅巾之亂及上海小刀會的破壞，皆對商埠造成嚴重的打擊。其次是商埠活動的轉移。1856 年 12 月的廣州夷館大火，起因是港督包令（或稱約翰·寶寧，John Bowring）下令進入廣州城，並攻打督署府所引致的報復行動，在廣州設行的西方銀行櫻房和設備全部付之一炬，無一倖免！從此，西方銀行在廣州的業務全部遷徙至香港，而香港的銀行業務因此得到突破性發展，並逐漸包攬中國南方全部的金融業務。[23]

23　丹拿銀行在年報中提及廣州大火損失的情況，參閱 *The Bankers' Magazine 1859*, p. 345。

銀行與洋行在匯票業務上的競爭

在中國，銀行家在業務上面對最大的競爭對手是大型的洋商行號（agency houses），如怡和洋行、寶順洋行及旗昌洋行（Russell & Co.）。它們立足中國經年，在匯票業務上早已支配整個中國市場。在這種情況下，銀行家在業務上必須找出切入點，避免與大型商行發生直接競爭，故銀行家早期在中國的活動屬協作性，他們積極參與外商的社交活動，從而了解在華洋商行號的信譽和主理人的辦事方針，並對不同洋商定出評級。他們最初的客戶多是中小型外商、匯票代理及巴斯商人。在匯票業務上，銀行家的經營手法與一般代理行號不同，銀行家本着以合同條款辦事，若客戶沒有如期履行合約上的交易，便告上法院。早期香港法院處理的商業案件，不少是銀行與外商在匯票交易上的糾紛。從法院的判決看，銀行多數是勝利者。這種情況的發展，是銀行家正式在中國建立匯票及銀行業務的法規，他們很快得到不少外商的支持，打破大型代理行號在這方面的壟斷，在中國成功建立有系統的銀行金融業制度。[24]

香港取代廣州成為金融中心

1856 年，中英爆發第二次鴉片戰爭，居住於廣州的外商開始擔心情況將影響到廣州，東藩匯理銀行的員工更向董事局質詢他們的人身安全能否受到保障，雖然銀行重申中國的分行安全穩定，但廣州的形勢發展已到了銀行不可以控制的惡劣情況。到了 10 月，香港總督包令派遣英海軍轟炸廣州城和葉名琛的總理衙門，引致華人於 12 月 15 日縱火燒毀廣

24　在華的銀行家，除要和外商打交道外，亦須了解市場的變化，原因是任何一間大型外商，可能因一宗交易的損失而令財務陷入困景，所以在處理貸款及匯票交易時，銀行家須非常小心。外商行號在處理匯票業務時，多考慮對手的商業關係，有不少情況是沒有依據合約條款完成交易。亦因如此，中國的匯兌業務是受到大型代理行號的操控，對小型外商不利。

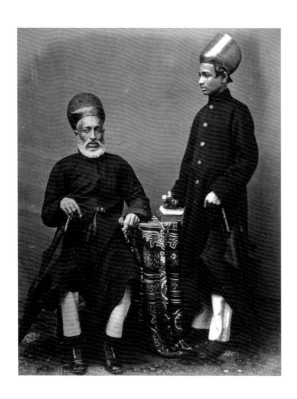

◀ 圖 14.5

巴斯商人在中國和香港，不只是洋商，他們積極參與匯票買賣，收集銀元，於 1840 至 1850 年代更是最早進入香港的「英印銀行」背後的大股東。

No. 4273

Canton May 19 1854

Exchange for £150 Stg

Six months after sight pay this our Third of EXCHANGE, (First and Second of the same tenor and date not paid,) to the Order of Bulldaveedass Pursam Esq the Sum of One hundred & fifty Pounds Sterling

Value received, and charge the same to account of Edw King Esq of Newport Rhode Island against your credit dated Boston March 4 1854

Your obedient servants

To Mess Baring Brothers & Co. London

THIRD.

Printed at the China Mail Office.

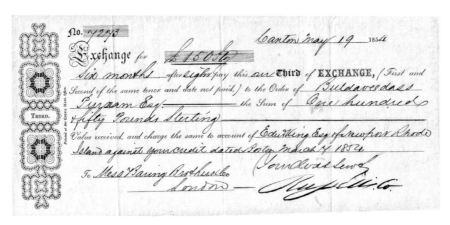

▲ 圖 14.6

1854 年 5 月 19 日，旗昌洋行在廣州簽發倫敦支付的匯票。作者藏。

▶ 圖 14.7

1856 年廣州大火後夷館被燒毀的分佈圖

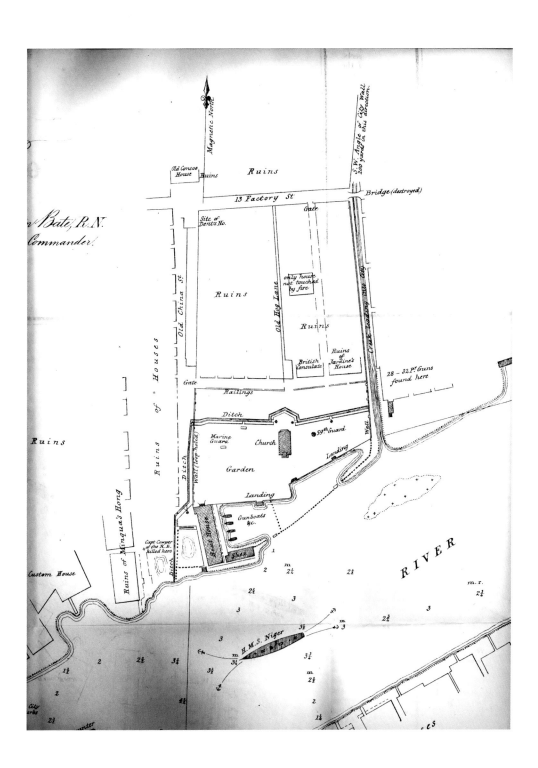

州夷館和旁邊一帶的商店。整個夷館區只有一幢建築物沒有被燒毀，東藩匯理和丹拿銀行的大樓和一眾洋商的辦事大樓全部付之一炬。幸好丹拿銀行及時將現金、數簿和一切文件搬到安全地點，損失只限於整幢已購買保險的樓房。東藩匯理銀行點算後的損失共 27,000 元。兩間銀行都經英使館向中國政府追討全部損失。

1856 年的大火亦引致廣州在商業上的巨大損失，怡和洋行的經營利潤由 1856 年的 1,430,000 元下跌至 1857 年的 61,000 元。大部分外商和全部西方銀行都遷移到香港。外商洋行在廣州的數目由 1856 年的 68 家，下跌到 1859 年的 54 家，而外籍僱員人數也由 295 人下跌到 81 人，大幅減少 73%。至於仍設行於廣州的外商行號，通常只有一兩名外籍員工在廣州負責檢驗出口貨品。踏入 1857 年，廣州再沒有任何西方銀行設有辦事處，全部華南的銀行業務已由香港包辦。

中英戰爭後，廣州雖然仍是出口商埠之一，但業務已今非昔比，早已被其他主要商埠超前。停泊於香港的外國貨船，從 1854 年的 1,100 艘，急增 90% 至 1856 年的 2,091 艘，載重亦由 443,554 噸，增加一倍至 811,307 噸，經香港轉口總貨值估計也增加了兩倍到 1,400 萬英鎊。[25] 其中銀行和各大小票據商人，均以香港為中心，簽發和收受各種形式的匯票，並積極參與白銀和貴金屬的轉運。從此，香港正式代替廣州，成為中國的金融中心。

25　參閱 *The Hong Kong Government Gazette Year 1857*, p. 6, 8, 13, 86 Return of Vessels, Tonnage and flags anchored at the Port of Hongkong; *Hong Kong Blue Book Years 1854 to 1856*, Return of vessels, tonnages。

後記

　　編寫《香港・開港》一書的動力，是源於近年出現了大量與香港歷史有關的書籍，不少本土專題歷史著作亦陸續鐫印，內容多姿多采，百花齊放，也是香港歷史得到廣泛關注的年代。可惜近年出版不同專題的歷史書籍，出現了量多不精的情況。內容談及香港早期的歷史，大多只作簡單的介紹，便輕輕帶過，並作出評論，至於所引用的資料，多是前人已發表的論點。若是判斷正確，問題也不大，可惜學者為求內容符合特定的觀點，選擇性地採用部分未經考證的論點，便作出判斷，結果往往與歷史事實有所出入。

　　香港不少歷史研究項目已是制度化地進行，與傳統歷史研讀的方式有很大分別。老一輩學者可能窮一生之精力和時間，只是研究一兩個大主題，他們翻閱的檔案和資料既廣且深，研究結論成一家之言。但是新一代的學者，都是朝着多產作業的模式去研究歷史：大教授接來研究項目和經費，分工給下屬教授或助教，再將研究主題分項給助理或研究生去尋找資料，翻閱檔案，定期聚會，交流研究結果，再作分析和報告。最後由主筆歸納、編輯整個項目，結集成書。這種項目分判研究方式，於科研上效果良好，節省時間。但是用在歷史研究上，是存在限制和風險。原因在於歷史是已發生的事實，不會因時間久遠而改變，歷史是人和事互動的結果，互相影響，要掌握事件的脈絡，需要翻閱大量不同的原始資料去分析，才能反映實際情況。故不同年代的史學名家，都是親自博覽群書和檔案資料，才有所成就。可惜項目分判方式用於歷史研究

上，主筆若是沒有親自審閱全部原始資料，單靠下屬的研究分析報告作論證，內容可能出現鬆散，導致主線不明確，分析欠缺說服力。若是處理不好，很容易跌進瞎子摸象的現象，更甚者是出現前後矛盾的情況。

本書安排出版時，巧遇中華書局（香港）有限公司新上任的侯明總編輯，她詢問我本書打算作消閒形式或是認真的歷史書籍出版。我表情一頓，便立即回應：「當然是嚴謹的歷史書！」這個簡單直接的答覆，足足花了很多個寒夜和假日，為複雜的內容加上註釋，也令書本增加了幾十頁的成本。完成後，頓感全部內容說有所依，論據充實。

寫作這本書的原意是增補香港開埠前後的史料，經過梳理不同的原始資料後，不難察覺香港開埠是由鴉片貿易問題所帶動。英軍於鴉片戰爭勝利後，香港的前途亦由英軍主導改變。首十五年的時間，港島幾乎是由英軍管治，除基建外，整體成績並不理想。雖然英廷嘗試改派文人總督戴維斯來主政，但是英軍和英商的固有勢力實難改變，香港華人的生活談不上有很大的進步，治安於極度貪腐的巡理廳總長管治下未見改善。

因為翻閱了不少原始資料，留意到香港現有的地名出處多有錯漏，故在這方面着力梳理，對於未能解答的問題，只能作多種推測，並以歸納法去推斷最可能的情況。其中對香港名稱由來的重新研究，更特別走遍廣東客家人聚居的城鎮，錄取不同地區的真人客家語音，作嚴謹的比較，在此特別向賴龍先生、林春友先生、陳群好女士、林世鍎先生和一眾客籍不想記名的人士致謝。

本書部分歷史觀點和見解與前人有別，目的不是推翻前人研究的成果，只希望更正其中的錯漏，並希望本書能被利用作研讀香港歷史的參考文本。可惜完成本書的編寫後，發覺帶出了更多的問題，未能解答。限於個人學養不足，內容多有錯漏之處，萬望讀者包涵見諒。至於本書帶出新的問題，期待學者能繼續研究和指正。